U0567322

De Lege

论 法 律

〔意〕阿奎那 著

杨天江 译

St. Thomas Aquinas

DE LEGE

《自然法名著译丛》总序

一部西方法学史就是一部自然法史。虽然随着 19 世纪历史主义、实证主义、浪漫主义等现代学说的兴起,自然法经历了持续的衰退过程。但在每一次发生社会动荡或历史巨变的时候,总会伴随着“自然法的复兴”运动。自然法所构想的不仅是人自身活动的基本原则,同时也是国家活动的基本原则,它既影响着西方人的日常道德行为和政治活动,也影响着他们对于整个世界秩序的构想。这些东西经历千多年之久的思考、辩驳和传承而积淀成为西方社会潜在的合法性意识。因此,在自然法名下我们将看到一个囊括整个人类实践活动领域的宏大图景。

经历法律虚无主义的中国人已从多个角度试图去理解法律。然而,法的道德根基,亦即一种对于法律的非技术性的、实践性的思考却尚未引起人们充分的关注。本译丛的主要目的是为汉语学界提供最基本的自然法文献，并在此基础上还原一个更为完整的自然法形象，从而促使汉语学界“重新认识自然法”。希望通过理解这些构成西方法学之地基的东西并将其作为反思和辩驳的对象，进而为建构我们自身良好的生存秩序提供前提性的准备。谨为序。

吴彦

2012 年夏

目　录

问题九十　论法律的本质

（四节）

我们接下来要思考行为的外在原则（the extrinsic principles of acts，*de principiis exterioribus actuum*）。倾向于罪恶的外在原则是魔鬼，我们在第一集中已经提到了他的诱惑。[①] 但是，把我们推向善的外在原则是天主，他既通过其法律训导我们，也通过其恩宠佑护我们。因此，我们要先讨论法律，然后再探究恩宠。[②]

---

① 《神学大全》（*Summa Theologica*），第一集，问题 114。

② 问题 109。

关于法律,我们必须思考:(1)总体上的法律本身;(2)法律的组成部分。[①] 就总体上的法律本身,我们需要思考三点:(1)法律的本质;(2)法律的不同种类;[②] (3)法律的效果。[③]

对于第一个论题要探讨四点:(1)法律与理性有关吗?(2)法律的目的。(3)法律的原因。(4)法律的公布。

第一节　法律与理性有关吗?

我们这么展开第一节:

反论1:法律似乎与理性无涉。因为宗徒说(《罗马书》第7章23节):"我发觉在我的肢体内另有一条法律",等等。但是由于理性不利用身体器官,所以,任何与理性相关的东西都不在肢体之内。因此,法律不是关涉理性之物。

反论2:再者,理性中除了机能(power, *potentia*)、习性(habit, *habitus*)和行为(act, *actus*)外没有其他内容。但法律不是理性自身的机能。同样,它也不是理性的习性,因为理性的习性是理智性的德性(intellectual virtues, *virtutes*

① 问题93。
② 问题91。
③ 问题92。

intellectuales)，上文我们已经论及这些德性。[①] 它也不是理性的行为，因为如果是那样的话，当理性的行为停止时，如当我们入睡时，法律就会停止。因此，法律与理性无关。

反论3：还有，法律推动那些服从者正当地行为。但从上述可以清楚看到，推动行为的恰恰是意志。[②] 因而，法律不是与理性相关，而是与意志相关，正如大法学家(Jurist)所言[③]："最高统治者所意愿的即有法的效力"(Whatsoever pleaseth the sovereign has the force of law, *Quod Principi Placuit, legis habet vigorem*)。

但是相反(on the contrary, *sed contra*)，法律的职能是命令和禁止。但如前所述，正是理性在发布命令。[④] 因此，法律与理性相关。

我的回答是，法律是行为的规则和标准，人们借此实施行为或限制行为；法律(*lex*)在词源上来自束缚(*ligare*)，它约束着人的行为。上述明确表明，人的行为的规则和标准是理性，它是人的行为的首要原则(first principle, *principium primum*)。[⑤] 大哲学家亚里士多德认为，理性指向目的，是所

---

① 问题57。

② 问题9，第1节。

③ 《学说汇纂》(*Dig.*)，卷一，第四题，第一条。

④ 问题17，第1节。

⑤ 问题1，第1节答复3。

有行动的首要原则。[1] 任何种类的原则就是那个种类的规则和标准:例如,在数字的类中是单位,在运动的类中是第一推动力。由此可以得出结论,法律与理性相关。

答复1:由于法律是某种规则和标准,它可以两种方式存于事物之中。其一,存在于权衡者和统治者之中。由于这对理性是恰当的,那么此时法律单独存在于理性之中。其二,以被权衡者和被统治者的方式存在。在这种情况下,法律存在于那些因为法律的存在而有所倾向的所有事物中;结果,任何产生于法律的倾向都可以称之为法律,这不是本质意义上的法律,而是对法律的某种程度的分有(participation, *participative*)。因此,肢体对邪情恶欲(concupiscence, *concupiscendum*)的趋向乃称之为肢体的法律。[2]

答复2:在外部行为中,我们需要考虑活动和活动对象,例如,建造的活动和建成的房屋。同理,在理性行为中,我们需要思考理性自身的行为,即,理解和推理,以及由这种行为产生的结果。至于思辨理性,这首先是定义,其次是命题,最后是三段论或者论证。根据前文所述,[3]同样也是大

---

① 《物理学》(*Physics*),卷二,第九章(200a 22);《伦理学》(*Ethics*),卷七,第八章(1151a 16)。

② 彼得·伦巴德(Peter Lombard),《嘉言录》(*Sentences*),卷二,第三十章,第八节(Ⅰ, 464)。

③ 问题13,第3节;问题76,第1节;问题77,第2节,答复4。

哲学家亚里士多德的教导,[①]由于实践理性在实践问题上也使用着三段论,由此我们在实践理性中可以发现,对于实践而言也有着如同命题之于结论在思辨理性中同等地位的东西。这类要求得到执行的实践理性的全称命题具有法律的性质。我们有时实际地考虑了这些命题,有时却习惯性地将其存留于理性之中。

答复3:如前文所述,理性从意志处获得其推动力;[②]这是由于这一事实:人们意欲某种目的,理性就发布关于这一目的所要求的事物的命令。但为了使得命令的意志具有法律的性质,它就需要与特定的理性规则保持一致。应当在这个意义上理解最高统治者的意志即有法的效力这样的说法,否则最高统治者的意志毋宁是不义而非法律。

第二节　法律是否总是指向共同善?

我们这么展开第二节:

反论1:似乎并不要求法律总是把指向共同善(common good, *bonum commune*)作为目的。这是因为法律的职责是

① 《伦理学》,卷七,第三章(1147a 24)。
② 问题17,第1节。

命令和禁止，但这些命令指向个人的善（individual good，*singularia bona*）。因此，法律的目的并不总是共同善。

反论2：再者，法律指引人的行为。但是，人的行为总是与个别的事项相关。因此，法律指向一些特定的善（particular good，*particulare bonum*）。

反论3：还有，伊西多尔（Isidore）说："如果法律是基于理性的，那么以理性为基础的都是法律。"①但是，理性不仅是共同善所要求的事物的基础，也是指向特定善的事物的基础。因此，法律不仅指向共同善，也指向个人的善。

但是相反，伊西多尔却说："法律的制定并非为着私利，而是为着公民的共同利益。"②

我的回答是，正如前述所言，法律是人的行为的一种原则，因为它是行为的规则和标准。那么，如果理性是人的行为的一个原则，理性本身之中即存在着关于其他一切事物的原则。因此，法律必定主要地涉及这一原则。实践事物的首要原则是实践理性的对象，它来自最终目的：如我们已经表明的，人生的最终目的是幸福或者至福。③ 因此，法律

---

① 圣·伊西多尔（St. Isidore），《词源学》（*Etymology*），卷二，第十章；卷五，第三章（PL82，130；199）。

② 同上书，卷五，第二十一章（PL 82，203）。

③ 问题2，第7节；问题3，第1节；问题69，第1节。

一定首要地承载着至福的安排。而且,由于正如不完善注定趋向完善,部分注定要归于整体,又由于个人是完善共同体的一部分,所以,法律必然正当地使自身与通向普遍幸福的安排相关。因此,大哲学家在其关于"合法"的定义中既提到了幸福也提到了政治体。他说,我们称下述为合法行为:适于产生和保存政治体幸福及其部分的东西。[①] 而他在《政治学》中说,国家就是一个完善的共同体。[②]

在每一种类中,属性就是其他事物的原则,其他事物依据趋向那一事物秩序而从属于该种类。因此,火是所有事物中最热的东西,它在混合物中是热的原因,那些事物在其分有了火的自然本质的意义上被说成是热的。那么,由于法律首要地指向共同善,除非关涉共同善,任何其他有关个人行为的规则必定缺乏法律的自然本质。因此,法律都指向共同善。

答复1:命令意指法律在其调整事项上的应用。那么,指向共同善的命令,那是法律要实现的目的,是可以应用在特定的目的上的。因此,命令可以指向特定的事项。

答复2:行为固然与特定事项相关,但这些特定事项可归因于共同善,这不是关于一个共同的种或属,而是关于一

---

① 《伦理学》,卷五,第一章(1129b 17)。

② 亚里士多德(Aristotle):《政治学》(*Politics*),卷一,第一章(1253a 5)。

个共同的终极因,因此可以说共同善是统一的目的。

答复3:正如除非回溯到不能证明的首要原则,否则在思辨理性上就没有任何事物是稳固的;那么除非指向共同善这一最终目的,否则在实践理性上也没有任何事物是牢靠的。而且,任何以这种方式坚守理性的事物都具有法律的性质。

第三节 是否任何人的理性都有资格立法?

我们这么展开第三节:

反论1:似乎任何人的理性都能立法。因为宗徒说(《罗马书》第2章14节):"没有法律的外邦人,顺着本性去行法律上的事,他们虽然没有法律,但自己对自己就是法律。"他这是在一般意义上说的,因此任何人都能为其自身立法。

反论2:再者,正如大哲学家所说,立法者的目标是导人向善。[①] 但每个人都能将他人引向德性,因此,任何人的理性都有资格立法。

反论3:还有,正如城邦的统治者管理着城邦,家长管理着家庭。城邦的统治者能为其城邦立法。因此,家长也能为其家庭立法。

---

① 《伦理学》,卷二,第一章(1103b 3)。

但是相反，伊西多尔曾认为，《教令集》也写道："法律是人民的构造，遵循尊长和民众共同的规定"（*Lex est constitutio populi, secundum quam majores natu simul cum plebibus aliquid sanxerunt*）。[①] 因此，不是所有人都可以立法。

我的回答是，恰当称谓的法律首先是关于共同善的命令。但规定何者实现着共同善，这或者属于全体民众，或者属于全体民众的代理人。因此，法律的制定或者属于全体民众，或者属于关心全体民众的公共人格者；因为在所有其他事项上将某物导向目的也与属于该目的者相关。

答复1：如前文所述，法律不仅以统治者的方式，而且也以被统治者分有的方式存在于人中。就后一种方式而言，在人分有其所收到的统治者命令的意义上，每个人都是其自身的法。因此，经文接着写到（《罗马书》第2章15节）："如此证明了法律的精华已刻在他们的心上。"

答复2：个人无法有效地导人向善，因为他只能劝告，如果不被接受，就没有像法律所应有的那种强制力，而正如大哲学家所言，这是法律为了确保有效地导向德性所应当具有的。[②] 但是，这种强制力归属于全体人民或者某种公共人

① 《词源学》，卷五，第十章（PL 82, 200）；格拉提安（Gratian），《教令集》（*Decretum*），卷一，第二章，第一节（Ⅰ, 3）。

② 《伦理学》，卷十，第九章（1180a 20）。

格，他们以此施加痛苦的惩罚，对此我们将会在后面进一步加以讨论。[①] 因此，法律的制定仅仅属于他们这样的人。

答复3：个人是家庭的一部分，家庭是城邦的一部分，因为正如《政治学》所论，城邦是完善的共同体。[②] 因而，正如个人的善不是终极目的，它注定要达到共同善，那么一个家庭的善注定要达到城邦的善，而城邦则是完善的共同体。因此，家庭的管理者确实可以发布特定的命令和指示，但这些都不完全具备法律的自然本质。

第四节　颁布是否为法律所必需？

我们这么展开第四节：

反论1：颁布对于法律而言似乎是不必要的。因为自然法当然具有法的属性，但却无需颁布。所以，颁布对于法律而言是不必要的。

反论2：再者，法律的内容即是责成人们做某事或不做某事。但不仅那些亲历法律颁布的人有义务履行法律，其他人也是如此。因此，颁布对于法律而言并不必需。

---

① 问题92，第2节，答复3；Ⅱ—Ⅱ，问题64，第3节。

② 亚里士多德，《政治学》，卷一，第一章（1252a 5）。

反论3:还有,正如法学家们所言,法律约束未来之事。因此,法律的约束力甚至扩展到将来。[①] 但颁布只与当下的人相关,所以不是法律所必需的。

但是相反,《教令集》表明,当法律颁布时就制定出来了。[②]

我的回答是,正如上述所言,法律作为规则和标准加于他人。规则或标准通过适用于那些被统治的人而得以实施。因此,法律为了获得其正当的约束力,必须适用于那些被其统治的人。但这种适用只能通过颁布从而使得那些人知晓才能进行。因此,颁布对于法律获得其约束力是必需的。

因此,从上述四节,我们可以总结出法律的定义。法律不过是由照管共同体的人为着共同善制定并颁布的理性指令。

答复1:自然法经由天主将其注入人的心灵从而以人所自然知晓的方式得到颁布。

答复2:在法律颁布时未在场的人具有遵守的义务,因为当法律颁布后他通过他人得知或者可以通过他人得知法

---

① 《优士丁尼法典》(*Codex Justinianus*),卷一,第十四题,第七条(Ⅱ, 68a)。

② 格拉提安,《教令集》,卷一,第四章,第三节(Ⅰ,6)。

律的内容。

答复3:当前的颁布经由文字书写的持存而扩展到将来,这表明颁布是持续着的。故而伊西多尔说,法源于读,因为它是书写着的。①

---

① 《词源学》,卷二,第十章(PL 82, 130)。

问题九十一　论法律的不同种类

（六节）

我们现在要思考法律的不同种类，在这一论题之下有六点需要探讨：(1)永恒法是否存在？(2)自然法是否存在？(3)人法是否存在？(4)神法是否存在？(5)只有一种神法还是有多种？(6)罪的法是否存在？

第一节　永恒法是否存在？

我们这么展开第一节：

反论1：似乎不存在永恒法。这是因为法律都加之于人,但除了永恒的天主,不存在法律所要施加的永恒的人。因此,不存在永恒的法律。

反论 2:再者,颁布对于法律而言是必需的。但是颁布不可能是永恒的,因为不存在颁布所针对的永恒的人。因此,不存在永恒的法律。

反论 3:还有,法律意指实现目的的指令。但任何指向目的的事物都不是永恒的,只有终极目的才是永恒的。因此,不存在永恒的法律。

但是相反,奥古斯丁(Augustine)说:"那种被视为至高理性的法律只能被理解为永恒不变的。"①

我的回答是,如前所述,法律不过是实践理性的指令,源于治理完善共同体的统治者。② 既然如第一部分所言,世界是由天主的智慧所统治的,③那么,显然整个宇宙共同体也就由天主的理性所统治。因此,在天主作为宇宙统治者统辖万物这一观念中存在着法律的本质。并且,由于天主的理性不是在时间之内形成关于事物的概念,而是具有永恒的概念,那么根据《箴言》第 8 章 23 节,这种法律必然被称作永恒的。

---

① 《论自由意志》(*De Libero Arbitrio*),卷一,第六章(PL 32, 1229)。

② 问题 90,第 1 节,答复 2;第 3 节和第 4 节。

③ 《神学大全》,第一集,问题 22,第 1 节,答复 2。

答复1:人自身中不存在的事物存在于天主中,这些事物是天主知道并预定的,正如《罗马书》第4章17节所言:"他叫那不存在的成为存在的。"因此,天主之法律的永恒概念就其是天主为统辖其预知的事物而规定的而言具有永恒法的特征。

答复2:颁布是借助口头的语词或者书写的文字进行的,在这两种情况下,永恒法都得以颁布出来,因为天主的圣言和生命书都是永恒的。但是,从听或者读的造物这一方来说,颁布却不可能是永恒的。

答复3:法律意指主动实现目的的指令,即它引导事物指向其目的;但这不是被动的,即是说,除非偶然的情况下,对于一个目的外在于自身的统治者,他的法律必须要指向该目的,否则的话,法律本身是不要求指向一个目的的。但是,神圣统治的目的是天主自身,而他的法律即是他自身。因此,永恒法不指向其他目的。

第二节　自然法是否存在于我们之内?

我们这么展开第二节:

反论1:我们之内似乎不存在自然法。因为人有永恒法统治就足够了,正如奥古斯丁所言,借助永恒法所有事物都得到了最有秩序的安排。[①] 但是,自然既不失于不足也不会过度丰盈。因此,人内没有自然法。

反论 2:再者,前述表明,人通过法律将其行为导向目的。[②] 但将人的行为导向目的不是自然的功能,如对于非理性造物而言,将其行为导向目的的仅是自然的欲求,而人却通过其理性和意志实现目的。因此,人没有自然法。

反论 3:还有,人愈加自由就愈不受制于法律。但人基于自由选择而比所有动物都更加自由,这些自由选择是其区别于其他动物的天然条件。因此,由于其他动物不服从自然法,人同样也不服从自然法。

但是相反,对于《罗马书》第 2 章 14 节"没有法律的外邦人,顺着本性去行法律上的事",《注解》(*Gloss*)这样评论道:"尽管他们没有成文法,但却有自然法,以此人们都认知并理解什么是善什么是恶。"[③]

我的回答是,正如前述所言,[④]法律是一种规则和标准,可以两种方式存在于人内:一种是以统治者和权衡者的方式存在;另一种是以被统治者和被权衡者的方式存在,事物在分有

---

① 《论自由意志》,卷一,第六章(PL 32, 1229)。

② 问题 90,第 2 节。

③ 《注解》(Ⅵ, 7E);彼得·伦巴德,《罗马书释义》(*In Rom.*),关于第二章,第十四节(PL 191, 1345)。

④ 问题 90,第 1 节,答复 1。

规则和标准的范围内是被统治和被权衡的。因此,如上所述,由于服从天主智慧统治的万事万物都被永恒法统治或权衡,显然万事万物都以某种方式分有着永恒法,永恒法铭刻在它们身上,从而派生出指向恰当行为和目的的各自倾向。与其他事物相比,理性造物以一种更为卓越的方式服从天主的智慧统治,他自身即分有着这种智慧统治,既照管着自身也照管着他物。因此,理性造物有一种对永恒理性的分有,借此他们拥有了一种指向恰当行为和目的的自然倾向。这种理性造物对永恒法的分有就称之为自然法。因此,圣咏作者吩咐"奉上正义的祭献"(《圣咏集》(*Psalterion*)第4章6节),他似乎已经预见到有人会提出正义功用的疑问,然后补充说:"很多人问,谁向我们显现善的事物?"他回答说:"上主,望你向我们显示你光辉的仪容。"这即是在表明我们借以辨别善恶的理性之光,也就是自然法的功能,不过是天主之光在我们身上的铭刻。因此,自然法无疑即是理性造物对永恒法的分有。

答复1:如果自然法不同于永恒法,则这个论点是成立的,但正如前述所言,自然法不过是对永恒法的分有。

答复2:如前述所言,我们理性和意志的每一行为都源于我们的自然本性。[①] 因为每一推理都基于自然地认识到

① 问题10,第1节。

的原则,手段方面的每一欲求都源于终极目的方面的自然欲求。因此,我们指向目的的首要指令必须通过自然法。

答复3:每一非理性动物都以其自身的方式分有着永恒理性,这与理性造物是一致的。但是,理性造物是以一种理智性的方式分有的,这种理性造物对永恒法的分有可以恰当地称为法律,因为如前所述,法律是与理性相关者。[①] 然而,非理性造物并不以这种理性的方式分有,因此,除了在比喻意义上,它们自身中并不存在这种对永恒法的分有。

第三节 人法是否存在?

我们这么展开第三节:

反论1:似乎不存在人法。因为如前所述,自然法是对永恒法的分有。奥古斯丁说,通过永恒法,所有事物都得到了最有秩序的安排。[②] 因此,自然法足以安排一切人间秩序。这样就不需要人法了。

反论2:再者,如前所述,法律具有标准的特性。[③] 但是

① 问题90,第1节。

② 《论自由意志》,卷一,第六章(PL 32, 1229)。

③ 问题90,第1节。

根据《形而上学》所阐明的,[①]人的理性不是事物的标准,真实情况恰恰相反。因此,人的理性不能产生法律。

反论3:还有,如《形而上学》所论,标准应当至为确定。[②] 但根据《智慧篇》第9章14节:"有的人的思想常是不定的;我们人的计谋常是无常的。"可见,人的理性指令是不确定的。因此,法律不能产生于人的理性。

但是相反,奥古斯丁区分了两类法律,一类是永恒法,另一类是非永恒法,他称后者为人法。[③]

我的回答是,前文业已表明,法律是实践理性的指令。[④]我们可以看到实践理性和思辨理性遵循着类似的步骤,如前所述,[⑤]二者都是从某些原则出发到达特定的结论。正如思辨理性中发生的事情,我们可以从自然可知的不可证明的原则中得出各种不同科学的结论,这种知识并非通过我们的本性即可得知,而是通过理性的努力方可获得,因此,从自然法的原则,从共同的不证自明的原则,人类理性需要进入到对特定事项的更为具体的决定。如果符合前述关于法律的其他必要条件,这些由人类理性所产生的具体决定

---

① 亚里士多德,《形而上学》(*Metaphsica*),卷十,第一章(1053a 31)。

② 同上。

③ 《论自由意志》,卷一,第六章(PL 32, 1229)。

④ 问题90,第1节,答复2。

⑤ 同上。

就称为人法。[①] 因此,西塞罗在他的《修辞学》中说,正义植根于自然,习俗发端于效用,然后这些从自然流溢出来而为习俗所称许之物被敬畏为法律。[②]

答复1:人的理性无法完全分有天主的理性命令,而只能根据其自身的形式不完善地分有。因此,正如就思辨理性而言,通过对天主智慧的自然分有,我们就有了共同原则的知识,但却不是特定真理的完善知识,而这种完善知识只包含于天主智慧之中;就实践理性而言,人有着按照共同原则对永恒法的自然分有,但这不是关于特殊情形的特定决定,而它们只包含于永恒法中。因此,需要人的理性进一步制定具体的法律。

答复2:人的理性自身不是事物的尺度。但是通过自然铭刻在人的理性之上的原则却是所有与人的行为有关的事物的一般规则和标准,对于这种行为,自然理性是它的规则和标准,虽然它不是来自自然的事物的标准。

答复3:实践理性与实践活动相关,这些活动是个别的和偶然的,但却不与必然性事物相关,那些事物与思辨理性相关。因此,人法不可能具有科学证明结论所具有的绝对

① 问题90。

② 《修辞学》(*De Inventiones*),卷二,第五十三章(p. 148[b])。

正确性。无法要求每种标准都确定无误,而是要视其特定的种类范围而定。

第四节　是否需要神法?

我们这么展开第四节:

反论1:神法似乎是不必要的。因为如前所述,自然法是我们对永恒法的分有。而前面已经表明,永恒法即是天主的法律。因而在自然法以及派生于自然法的人法之外,就无需另一种神法。

反论2:再者,经文写到(《德训篇》第15章14节):“天主任人自行考虑。”而如上所述,考虑是理性的一种行为。①因此,人就处于其理性的指引之下。而前述表明人的理性指令是一种人法。所以,对于人来说,无需另有神法进行统治。

反论3:还有,人在自然本性上比非理性造物更为自足。但非理性的造物除了铭刻在其身上的自然倾向之外没有神法。因而,理性造物除了自然法之外更不应有另一种神法。

但是相反,达味祈求天主为其设定天主的律法(《圣咏

① 问题14,第1节。

集》第118章33节)："上主，给我指出你章程的道路，我要一直到死仔细遵守。"

我的回答是，除自然法和人法外，依然需要神法引导人的行为。这有四个理由。首先，鉴于人类的最终目的，怎样去实施恰当的行为，这正需借助法律。如果人类除了与其自然能力相适应的目的外没有其他的目的，那么就理性而言，除了自然法和由自然法而来的由人设定的人法之外，就不再需要更进一步的指引。但上文曾言，[①]人类永福的目的超越了人的自然能力，所以除了自然法和人法之外，人类还需要天主所赋予的法律指引其达到最终目的。

其次，由于人的判断是不确定的，特别是在偶然而又具体的事件上，不同的人会形成不同的行为判断，因此也会导致不同的甚至对立的法律。为使人类毫无疑问地认识其应该实施的和应当避免的，需要天主设定法律指导其正确地行为，因为只有这种法律才是绝对不会出错的。

第三，因为人只能就其能够判断的事项立法，但人不能对内部的活动作出判断，只能对可观察到的外部行为作出判断，而道德的完善需要人在这两种行为上都作出正确的判断，所以人法不足以约束和指引内部的行为，这样，为了

---

① 问题5，第5节。

实现这一目的就需要神法的介入。

第四,如奥古斯丁所说,[①]人法不可能禁止和惩罚所有罪恶的行为,因为尽管旨在袪除所有的罪恶,它同时也会排除许多善的事物,而这会阻碍人生所需的共同善的实现。因此,为了不使任何恶处于不受禁止和不变惩罚的状态,就需要神法的介入,由此一切罪都是受到禁止的。

《圣咏集》第 19 章 8 节在提及这四个原因时说,上主的法律是完善的,不容许任何的罪愆,能畅快人灵,因为它不仅引导外部行为也引导着内部行为;上主的约章是忠诚的,因为它对何者为正确和正当是完全肯定的;能开启愚蒙,以引导人通往超自然的和神圣的目的。

答复 1:通过自然法,人性的能力恰当地分有永恒法。但是对于人的超自然目的而言,则需要以一种更高层次的方式加以引导。因此,天主给予了另外一种法,以此人更为完善地分有永恒法。

答复 2:考虑是某种探寻,也必须依照一些原则进行。通过上述列出的理由可知,仅仅根据自然本性所具有的原则也是不充分的,因此,在自然法的原则之外,还需要某些其他原则,这就是神法的戒律。

---

① 《论自由意志》,卷一,第五章(PL 32, 1228)。

答复3:不要求非理性的造物实现一种高于其自然能力的更高层次的目的。因此,那种比较是不成立的。

第五节　是否只有一种神法?

我们这么展开第五节:

反论1:似乎只存在一种神法。因为一国只有一王,则只有一法。那么,整个人类只有天主一王,正如《圣咏集》第47章8节所言:"天主是普世的君王。"因此,有且只有一种神法。

反论2:再者,所有法律都指向立法者针对立法对象所欲实现的目的,但天主对所有人都要求同样的事情,正如《弟茂德前书》所言:"他愿意所有的人都得救,并得以认识真理。"因此,有且只有一种神法。

反论3:还有,与自然法相比,神法似乎与永恒法更为相近,因为神恩的启示高于自然的知识。但自然法对于所有人只有一种,所以神法也只有一种。

但是相反,宗徒说(《希伯来书》第7章12节):"司祭职一变更,法律也必然变更。"但在同一段也说,司祭职有两种:肋未人的司祭职和基督的司祭职。因此,神法也有两部分,即旧约法律和新约法律。

我的回答是,如我们在第一部分所言,区分是数目的原因。[①] 事物可以两种方式区分。首先,那些完全不相同的事物,如一匹马和一头牛。其次,同一类中的不完善者和完善者,如,一个孩子和一个成人;以这种方式,神法被分为旧约法律和新约法律。因此,宗徒[《迦拉达书》(*Galatians*)第3章24、25节]将旧约法律下人的状态比作启蒙师教导下的孩子,而新约法律下人的状态则是完全长大的成人,他们不再处于启蒙师的教导之下。

如前所述,这两种法律的完善和不完善被认为与上述与法律相关的三个条件相联系。这是因为,如前所述,首先法律指向共同善,以此作为其目的。[②] 这种善有两种。一种是可感知的世俗的善,在这方面人直接由旧约法律规定。因此,在立法伊始,人们被带到迦南的世俗王国(《出谷纪》第3章8—17节)。另一种是精神的神圣的善,在这方面人由新约法律规定。因此,基督在宣讲之初便邀请人们去天国(《玛窦福音》第4章17节):"你们悔改罢!因为天国临近了。"因此,奥古斯丁说世俗善的许诺包含在旧约之中,因此称之为旧的;但永生的许诺属于新约。[③]

---

① 《神学大全》,第一集,问题30,第3节。
② 问题90,第2节。
③ 《驳浮士德》(*Contra Faust.*),卷四,第二章(PL 42, 217)。

其次,法律要求人依正义的命令去行为,这也是新约法律比旧约法律更为饱满的原因,因为它也管辖着我们的内心活动;正如《玛窦福音》所言:“除非你们的义德超过经师和法利赛人的义德,你们绝不能进天国。”因此,就有了这样的说法:旧约法律约束着身体,但新约法律却看管着灵魂。[①]

第三,法律引导人们遵守诫命。旧约法律通过人们对惩罚的恐惧,而新约法律却通过爱,这种爱由基督的恩宠浇灌到我们的内心之中,旧约法律预示了这种爱,而新约法律却赐给了这种爱。因此,奥古斯丁说,法律与福音之间的区别即是敬畏与爱之间的区别。[②]

答复1:对于孩子和成人,家长发布着不同的命令;同样,天主在他的国度中当人不完善的时候为人颁布一种法律,当人通过先前的法被导向对天主之事具有更多的能力时颁布另一种较为完善的法律。

答复2:除非通过基督人无法得救,根据《宗徒大事录》:“在天下人间,没有赐下别的名字,使我们赖以得救的。”因此,在基督降生之前都无法发布让所有人都得救的法律。但是,在基督降生之前需要为基督降生于其间的人们颁布

① 参照彼得·伦巴德,《嘉言录》,卷三,第四十章,第一节(Ⅱ,734)。

② 《驳阿蒂芒特》(*Contra Adimant.*),卷十七(PL 42,159)。

一种包含得救之基本正义的法律，以便让人们做好接受他的准备。

答复3：自然法通过特定的普遍原则指引着人，不管是完善的人还是不完善的人都是如此。因此，它对所有人来说都是一致的。但是，神法在特定的具体事物上指引着人，这对于完善的和不完善的人却是不同的。因此，如我们前面已经证明的，需要双重的神法。

第六节　是否存在一种欲火的法律？

我们这么展开第六节：

反论1：似乎不存在一种欲火的法律。[①] 因为伊西多尔说过，法律建立于理性的基础之上。[②] 但是欲火不以理性为基础，反而偏离了它。因此，欲火不具有法的性质。

反论2：再者，所有法律都有约束力，那些不遵守它的人被称为违法者。但对于不遵守欲火教唆的人却不能称为违法者，相反却只能称那些遵守者为违法者。因此，欲火不具

---

① 参照彼得·伦巴德，《嘉言录》，卷二，第三十章，第8节（I，464）；大马士革的圣若望（St. John Damascene）：《论正统信仰》（*De Fide Orthodoxa*），卷四，第二十二章（PG 94，1200）。

② 《词源学》，卷五，第三章（PL 82，199）。

有法的性质。

反论3:还有,如前所述,法律指向共同善。[①] 但是欲火使我们偏向自身的私人善而不是共同善。因此,欲火不具有法的性质。

但是相反,宗徒却说(《罗马书》第7章23节):“我发觉在我的肢体内,另有一条法律,与我理智所赞同的法律交战。”

我的回答是,如前所述,法律就其本质存在于统治者,但以一种分有的方式也存在于被统治者;[②]结果,如前所述,在服从于法的事物中所发现的每一倾向和指令都被称作分有的法。[③] 服从于法的那些人会从立法者那里获得两种倾向。第一种是在立法者直接引导臣民趋向某物的意义上。据此,他引导不同的臣民实施不同的行为,在这一意义上,我们可以说存在着一种军法和一种商事法。第二种是在一种间接的意义上,基于立法者剥夺臣民的一些身份这样的事实,臣民变成另一种秩序的部分,结果就服从另一种法。例如,如果一个士兵被赶出军队,他将变成农业或商业立法的对象。

---

① 问题90,第2节。
② 第2节;问题90,第1节,答复1。
③ 同上。

相应地,在神圣立法者之下,不同造物有不同的自然倾向,在某种程度上可以说,为某人的立法与为他人的立法相对。因此,我可以说凶猛在某种程度上是狗的法,但却与绵羊或其他温顺的动物的法不同。因此,天主为人立的法律符合人的自然条件,要求人应当据理性而行为;这种法在人类原初国度中非常有效,理性之外或与理性相对的任何事情都不能逃脱人的觉察。但当人背离了天主,就受到了感观冲动的影响。实际上,人越是远离理性就越是如此,以致人近乎成为由感观冲动支配的动物。正如《圣咏集》第48章21节所言:"人在富贵中不深思远虑,将变成与无知的牲畜无异。"

因此,这种被称为欲火的感官倾向在其他动物那里绝对具有法律的性质,但这只是在下述意义上:在它们身上凡是合乎自然倾向者皆被视为法律。然而对人来说,它不具有法律的性质,相反却是对理性法律的偏离。但是由于天主的公正审判,人被剥夺了原初的正义,他的理性丧失了活力,驱使着他的这种感官冲动就具有了法律的性质,但这只是在神法剥夺人的原有尊严的惩罚意义上如此。

答复1:这种论证视欲火自身为恶的诱因。如前所述,这不是它具有法的性质的原因,那取决于它是否来自天主之法律的正义。这非常类似于我们说"贵族因为罪行应当去做奴仆的工作”是法律使然。

答复2:这种论证借助规则和标准来认识法律,因为在这种意义上那些偏离法律的人变成了违法者。但是,如前所述,欲火不是以这种方式成为一种法律,而是以一种分有的方式。

答复3:这种论证所考虑的是欲火特有的倾向,而没有考虑其根源。然而,如果根据与其他动物一样的方式看待感官倾向,那么它也是指向共同善的,即个体或者种类的自然保存。人的感官如果服从理性也是如此,但只有在其偏离理性指令的意义上才被称为欲火。

问题九十二　论法律的效果

（二节）

我们现在要思考法律的效果，在这一论题下有两点需要探讨：(1)使人成为善人是否是法律的一种效果？(2)是否如法学家所言，法律的效果是命令、禁止、准许和惩罚？[①]

第一节　使人成为善人是否是法律的一种效果？

我们这么展开第一节：

反论1：使人成为善人似乎不是法律的一种效果。这是

---

① 《学说汇纂》，卷一，第三题，第七条（I，34a）。

因为,正如《伦理学》所言,德性使人向善,[①]所以,人通过具有德性而向善。但人的德性仅仅源于天主,诚如德性的定义所述,天主使德性不依靠我们而在我们之内生效。[②] 因此,使人成为善人不是法律所要实现的。

反论2:其次,除非人遵守法律,否则不会从中受益。但遵守法律的事实是由人是善的而产生的。所以说人的善是法律的前提。因此,法律不使人成为善人。

反论3:再者,如前所述,法律指向共同善。[③] 但是,有些人在共同体事务中举止得体,但在自身事务中却行为恶劣。因此,使人成为善人不是法律所要实现的。

反论4:还有,正如大哲学家所言,有的法律是暴君式的(tyrannical, *tyrannicae*)。[④] 但暴君只关心自己的私利,而不欲求臣民的善。因此,法律不都使人成为善人。

但是相反,大哲学家却说:"所有立法者的目的都在于使其治下的人成为善人。"[⑤]

我的回答是,正如前面所论,法律不过是统治者管理其

---

① 亚里士多德,《伦理学》,卷二,第六章(1106a 15)。
② 问题55,第4节。
③ 问题90,第2节。
④ 《政治学》,卷三,第六章(1282b 12)。
⑤ 《伦理学》,卷二,第一章(1103b 3)。

臣民的理性指令。[①] 任何从属者之德性皆在于其恰当地服从统治者。因此,我们可以发现易怒和性欲力量的德性在于其对理性的驯服。同样,如大哲学家所言,所有臣民的德性在于对其统治者的良好服从。[②] 因此,法律的恰当效果明显旨在引导其臣民获得恰当的德性,而德性是使得其臣民向善的事物,那么法律的恰当效果即是使得其臣民成为绝对意义上或者特定方面上的善人。因为,如果立法者的目的在于真正的善,这是根据天主之正义所规定的共同善,那么法律的效果就是使人成为绝对意义上的善人;然而,如果立法者的目的并非绝对意义上的善,而只是对自身的功用或快乐,或者与天主之正义相违逆,那么法律就不是使人成为绝对意义上的善人,而只是相对意义上的善人,即与特定统治相关的善人。这样的善甚至也出现在那些自身坏的事物之中。因此,可以称一个人善于偷盗,因为他的工作在某种意义上与他的目的相适应。

答复1:如前所述,德性有两种,即,先天灌输的和后天修成的。[③] 惯常行为的事实有助于二者,但却以不同的方式,它促成后天的德性,同时倾向先天的德性,在先天的德

① 问题90,第1节,答复2;第3节和第4节。

② 《政治学》,卷一,第五章(1260a 20)。

③ 问题63,第2节。

性已经存在时保存它并培育它。并且,由于法律是为指引人的行为这一目的而颁布的,在人的行为有助于德性的范围内,法律使人成为善人。因此,大哲学家在《政治学》中说:"立法者通过使人经常行善而成为善人。"①

答复2:守法有时并非由于德性的完善,而是因为对惩罚的恐惧,有时甚至仅仅是源于理性的指令,这是德性的开端,我们前文对此已有论述。②

答复3:部分的良善应置于其整体中加以考虑,因而奥古斯丁说,部分与其所属的整体不和谐这是不得体的。③ 由于每个人都是城邦的一部分,除非他恰当地分配共同善,否则就不可能本身即是善的,同样,除非部分与整体协调,否则整体也是无法形成良好秩序的。因此,除非公民是有德性的,至少那些具有统治职责的公民是有德性的,否则城邦的共同善就不可能繁盛。但是,其他的公民的德性只要达到遵从其统治者的程度,这对于共同体的善就足够了。因此,大哲学家说,统治者的德性与善人相同,而普通公民的德性却与善人不同。④

---

① 参照《伦理学》,卷二,第一章(1103b 3)。

② 问题63,第1节。

③ 《忏悔录》(*Confesslon*),卷三,第八章(PL 32, 689)。

④ 《政治学》,卷三,第二章(1277a 20)。

答复4:在严格意义上,暴君的法律因未能遵从理性就不是法律,而毋宁是对法律的歪曲;但就它属于法律这一点而言,它的目标仍然是使人向善。它具有法律的性质仅仅在于它是上级对臣民发布的指令,目标在于要求他们的服从;这不是绝对意义上的使人向善,而只是与特定统治相关。

第二节　法律的行为是否规定得适当?

我们这么展开第二节:

反论1:规定法律的行为包括命令、禁止、准许和惩罚,这似乎是不适当的。[①] 因为正如法学家所言,所有法律都是一般性的训令。[②] 但命令(command, *imperare*)和训令(precept, *praecipere*)含义相同。因此,其他三者是多余的。

反论2:其次,如前所述,法律的效果是使人成为善人。但劝告指向比命令更高的善。因此,法律的内容应包括劝告而不是命令。

反论3:再者,惩罚驱使人做好事,奖赏也是如此。因此,如果将惩罚视为法律的效果,那样奖赏也应如此。

---

① 格拉提安,《教令集》,卷一,第三章,第四节(Ⅰ, 5)。——参照圣·伊西多尔,《词源学》,卷五,第十九节(PL 82, 202)。

② 《学说汇纂》,卷一,第三题,第一条(Ⅰ, 33b)。

反论4:还有,如前所述,立法者的目的是使人成为善人。但仅因惧怕惩罚而守法的人并非善人,因为如奥古斯丁所言,尽管由于慑于恐惧,如惧怕惩罚,人可以做好事,但却不会做得好。[①] 因此,惩罚不是法律的恰当效果。

但是相反,伊西多尔却说:法律或者准许某事,如勇敢的人应当受赏;或者禁止某事,如不能与修女结婚;或者惩罚某事,如处死杀人者。[②]

我的回答是,正如命题(enunciation, *enuntiatio*)是陈述事物的理性指令,法律是命令事物的理性指令。那么,从一件事推导出另一件事对理性而言是恰当的。因此,在证明的科学中,理性引导我们从特定的原则出发接受某结论,它同样也通过某些途径引导我们接受法律的训令。

如前所述,法律的训令与法律所指引的人的行为相关。[③] 但存在着三种不同的人的行为。因为如上所述,一些行为就其本质而言即是善的,如,德性的行为,[④]就此而言,法律的行为是命令或者训令,法律命令所有德性的行为。[⑤]

---

① 《驳贝拉基派的两封信》(*Contra duas Epist. Pelag.*),卷二,第九章(PL 44, 586)。

② 《词源学》,卷五,第十九章(PL 82, 202)。

③ 问题90,第1节和第2节;问题91,第4节。

④ 问题18,第8节。

⑤ 亚里士多德,《伦理学》,卷五,第一章(1129b 19)。

其他行为在其本质上是恶的,如不道德的行为,这些是法律所禁止的。还有些行为就其本质而言是中性的,这些是法律所准许的(我们可以补充说,行为如果既不是明确善也不是明确恶就可称之为中性的)。而且,法律利用人们对惩罚的恐惧以确保服从,就此而言,惩罚也是法律的一种效果。

答复1:正如停止作恶是一种善,禁止也是一种训令;相应地,如果采取训令的广泛定义,则所有法律通常都可以称之为训令。

答复2:劝告不是法律的恰当行为,甚至不能立法的私人也具有这种能力。因此,宗徒在给出特定劝告后说(《格林多前书》第7章12节):"是我说,而不是主说。"所以劝告不是法律的一种效果。

答复3:给予奖赏是任何人都能做的事,但施加惩罚却只属于法律的执行者,他们基于其权威而施加痛苦。因此,奖赏不是法律的一种效果,只有惩罚才是。

答复4:从因惧怕惩罚而经常避免恶和践行善,人们会进而被引导自愿而又愉快地避恶行善。因此,即使通过惩罚法律也会引导人成为善人。

问题九十三　论永恒法

（六节）

我们现在要逐一思考每一种法律:(1)永恒法;(2)自然法;[①](3)人法;[②](4)旧约法律;[③](5)新约法律,即关于福音的法律;[④]以及第六种关于欲火的法律,对此我们在讨论原

① 问题94。
② 问题95。
③ 问题98。
④ 问题106。

罪时已经充分说明了。[①]

至于第一种法律有六点需要探讨:(1)什么是永恒法?(2)是否所有人都认识它?(3)是否所有法都源于它?(4)是否必然性的事物都服从永恒法?(5)是否自发的偶然之物都服从永恒法?(6)是否所有人事都服从它?

第一节　永恒法是否是存于天主内的至高理型?

我们这么展开第一节:

反论1:永恒法似乎不是天主内的至高理型(supreme exemplar, *summa ratio*)。因为只有一种永恒法。但在天主的神圣心识中却有许多事物理型,因为奥古斯丁说天主是依据事物理型造物的。[②] 因此,永恒法似乎与天主神圣心识中的理型不同。

反论2:再者,如前所述,以语词的形式颁布是法律的本质。[③] 但根据第一部分所说,[④]语词是表示天主位格的术语,而理型涉及的却是天主的本质。因此,永恒法与天主的理

① 问题81、82、83。

② 《杂题八十三》(*Lib. 83 Quaest.*),第四十六题(PL 40, 30)。

③ 问题90,第4节;问题91,第1节,答复2。

④ 《神学大全》,第一集,问题34,第1节。

型不同。

反论3:还有,奥古斯丁说:“我们在心灵上发现一种法律,称之为真理。”[①]但在我们心灵上的法律即是永恒法。因此,真理即是永恒法。但是真理与理型并非同一概念。因此,永恒法与至高理型不同。

但是相反,奥古斯丁却说:“永恒法是我们必须一直遵守的至高理型。”[②]

我的回答是,正如在每位工匠心里都预存着以其技能所要创造的事物的理型,在每位统治者心里也一定存在着那些服从其统治的人所要执行事情的秩序的理型。依技能创造事物的理型称之为那种技能产品的模型,同样,统治其臣民的人心中的理型如果还符合前述所提及的其他属于法律本质的条件就具有法律的特征。[③] 如第一集所言,天主以其智慧创造万物,以此成为其技能产品的创造者。[④] 同样,第一集还表明,天主统治着每一单一造物的运动和行为。[⑤] 因此,正如超凡智慧的理型在其创造万物的意义上具有技艺、模型或者理念的特征,它在推动万物实现其预定目的的

---

① 《论真正宗教》(*De Vera Religione*),卷三十(PL 34, 147)。

② 《论自由意志》,卷一,第六章(PL 32, 1229)。

③ 问题90。

④ 《神学大全》,第一集,问题14,第8节。

⑤ 《神学大全》,第一集,问题103,第2节。

意义上就具有法律的特征。所以说,永恒法即是超凡智慧的理型,指引着所有的运动和行为。

答复1:奥古斯丁在那段文字中论及单一事物真正本质所涉及的观念理型,依据与事物的不同关系,它们中间存在着差别和多样性,这在第一集已经讲明。[①] 但如前述,法律通过要求人们实现共同善而指引人们的行为。[②] 那么,对于那些本身不同的事物,如果它们指向一个相同的东西,也会被视为一个整体。因此,永恒法由于是这种秩序的理型而统一于一种。

答复2:对于任何种类的语词来说,都需要考虑两点:语词本身以及语词所要表达的对象。这是因为,口语由人口发出,表达的是人类语言所要表明的事物。这同样适用于人类的思维语言,它不过是心灵的构思,以此人们在思维中表达其所思维的对象。因此,天主内的圣言是圣父理智的构思,是一个位格的术语。但正如奥古斯丁所言,天主知识范围内所有事物不管涉及本质或者位格,又或者天主的作品,都是通过这圣言表达的。[③] 但在这圣言所表达的事物中也包括永恒法。这不能说明永恒法是天主位格的名称。然

---

① 《神学大全》,第一集,问题15,第2节。

② 问题90,第2节。

③ 《论三位一体》(*De Trini-tate*),卷十五,第十四章(PL 42, 1076)。

而，由于语词和理型的契合，这与圣子却是相称的。

答复3：在与事物的关系上，神圣理智的理型与人类理智的理型却不相同。这是因为人类理智由事物加以权衡，它的概念的真假并非基于自身，而是基于与事物是否相符，正所谓“意见或真或假取决于事物或是或否”。但是，神圣理智自身即是事物的标准，因为正如第一集所言，事物只要反映神圣理智即为真。[①] 因此，神圣理智自身即真，其理型也自身即真。

第二节　永恒法是否为所有人所认识？

我们这么展开第二节：

反论1：似乎永恒法并不为所有人所认识。因为宗徒说（《格林多前书》第2章11节），除了天主圣神外，谁也不能明了天主的事。但永恒法是存在于神圣心识中的理型。因此，除了天主自身外谁都不知道。

反论2：再者，正如奥古斯丁所言，借助永恒法，所有事物都得到了最有秩序的安排。[②] 但并不是所有人都知道一

---

① 《神学大全》，第一集，问题16，第1节。

② 《论自由意志》，卷一，第六章（PL 32，1229）。

切事物是怎样最有秩序安排的。因此,他们不是都认识永恒法。

反论3:还有,正如奥古斯丁所言,永恒法不从属于人的判断。[①] 但根据《伦理学》,每个人都可以对其所认知的事情进行良好的判断。[②] 因此,永恒法不是我们都认识的。

但是相反,奥古斯丁却说:"永恒法的概念铭刻在我们心中。"[③]

我的回答是,认识事物有两种方法:其一,通过其自身;其二,通过其效果,由此可以发现事物的特征:例如,人们无法看到太阳的本体,却可以通过其光线认识它。因此,我们可以说,除了天主自己和荣见天主本体的有福者之外,无人能够认识永恒法本身。但是,每一理智造物都会通过一些或多或少的反思认识永恒法。这是因为,正如奥古斯丁所言,每种真理的知识都是对永恒法的某种反思和分有,而永恒法是不变的真理。[④] 那么,所有人都在特定程度上认识真理,至少就自然法的共同原则而言是如此。至于其他真理,人们也分有着真理的知识,有些多而有些少;在这方面人们

---

① 《论真正宗教》,卷三十一(PL 34, 148)。

② 亚里士多德,《伦理学》,卷一,第三章(1094b 27)。

③ 《论自由意志》,卷一,第六章(PL 32, 1229)。

④ 《论真正宗教》,卷三十一(PL 34, 147)。

在不同程度上认识着永恒法。

答复1:我们不能通过其本体认识天主的事物,但它们却以其效果为我们所知,正如《罗马书》第1章20节写道:“他那看不见的美善,……都可凭他所造的万物,辨认洞察出来。”

答复2:尽管每个人都可以通过其自身的能力认识永恒法,方式如前述正文所述,但是却无人能全面理解它,因为通过其效果不可能完整地认识它。因此,不能得出结论说,以前述方式认识永恒法就是认识了最佳安排的全部事物秩序。

答复3:对事物作出判断可有两种理解。首先,认知的能力判断其特有的对象,如《约伯纪》第12章11节:“耳朵不是为明辨言语,口腔不是为辨尝食物吗?”大哲学家在论及“任何人都可以对其认知的进行良好的判断”时所暗指的即是这种判断,[①]通过判断可知所提出的是否为真。其次,还有一种是上级对下级的实践判断,即关于他是否应当如此或不应当如此的判断。因此,无人能够对永恒法作出判断。

第三节　是否每种法都源于永恒法?

我们这么展开第三节:

反论1:似乎并非每种法都源于永恒法。因为如前

① 《伦理学》,卷一,第三章(1094b 27)。

所述，[①]存在着一种关于欲火的法律，它不是源于永恒法，那是天主的法律。它与肉体的审慎相关联，而宗徒说它（《罗马书》第8章7节）：绝不能服从天主的法律。因此，并非每种法都源于永恒法。

反论2：再者，非正义的事物不是源于永恒法，因为如前所述，永恒法是所有事物得以恰当安排的法。但是，根据《依撒意亚书》第10章1节所言："祸哉，那些制定不义的法律的人。"因此，不是每种法都源于永恒法。

反论3：还有，正如奥古斯丁所言，为统治人民所制定的法律准许众多为天主所要惩罚的事物。[②] 但是如前所述，天主统治的理型即是永恒法。因此，不是每种法都源于永恒法。

但是相反，天主的智慧说（《箴言》第8章15节）："借着我，君王执政，元首秉公行义。"但如前所述，天主智慧的理型是永恒法。因此，所有法都来自永恒法。

我的回答是，如前所述，法律意指一种将行为导向其目的的规划。[③] 那么，不管推动者处于何处，次级推动者的权

---

① 问题91，第6节。

② 《论自由意志》，卷一，第五章（PL 32, 1228）。

③ 问题90，第1节和第2节。

力一定源于首要推动者的权力，除非由首要推动者加以推动，否则次级推动者就无法推动。因而，我们在那些执行统治的人身上也可以发现同样的情形，次级统治者的规划源于首要统治者。因此，在一个国家中要做什么的规划从国王的命令延伸到其下级的官吏；而在技艺的事物中，通过技艺做什么的规划从首席的工匠向下级的手工工匠传达。那么，由于永恒法是首要统治者的统治规划，所有下级统治者的统治规划一定源于永恒法。但是，这些下级统治者的规划都是永恒法之外的其他类别的法。因此，在分有正当理性的范围内，所有法都源于永恒法。因此，正如奥古斯丁所言，在世俗法律中，除了人从永恒法中复制的之外，没有什么是正义而又合法的。①

答复 1：欲火在其是源自天主正义的一种惩罚的意义上在人内具有法律的性质，就此而言它显然来源于永恒法。但正如前面所述，在它指向一种罪的倾向的意义上，它与天主的法律是相悖的，不具有法的性质。②

答复 2：人法在其分有正当理性的意义上具有法的性质；显然，就此而言它源自永恒法。但在其偏离理性的意义

---

① 《论自由意志》，卷一，第六章（PL 32, 1229）。

② 问题 91，第 6 节。

上,可以称之为一种不正义的法,所具有的不是法的性质,而是强力的性质。然而,甚至一种非正义的法,由于它是由有权力者制定的,在其保有法的某种外观的意义上,也是源自永恒法的;因为根据《罗马书》第13章1节:"所有的权柄都是由天主规定的。"

答复3:人法准许特定的事物,这不是赞同它们,而是不能规制它们。许多事物是由天主的法律规制的,而人法不能规制,因为较多的事物服从较高而不是较低原因。人法不关注其不能规制的事物,这个事实也来自永恒法的安排。如果人法赞同永恒法所谴责的,情况又有所不同。因此,不能得出结论说人法不是源于永恒法,毋宁说它并不与永恒法完全相合。

第四节　必然和永恒之物是否从属于永恒法?

我们这么展开第四节:

反论1:似乎必然和永恒之物服从永恒法。因为理性之物服从理性。但天主的意志因其是正义的而是理性的。所以,它服从理性。但永恒法是天主的理性。所以,天主的意志服从永恒法。但天主是永恒的。因此,永恒和必然之物服从永恒法。

反论2:再者,服从国王之物也服从国王的法律。根据《格林多前书》第15章28节及24节:"万物都屈服于他以后,子自己也要屈服于那使万物屈服于自己的父。"因此,子是永恒的,他服从永恒法。

反论3:还有,永恒法是天主统治的理型。但许多必然之物服从天主的统治:例如,无形体之物和天体的稳定性。因此,即使必然之物也从属于永恒法。

但是相反,必然之物只能如其所是,因此无需限制。但如前所释,法律施加于人是为了使其远离罪恶。[①] 因此,必然之物不从属于法律。

我的回答是,正如我们前面所述,永恒法是天主统治的理型。因此,服从天主统治之物也服从永恒法;如果某物不服从天主统治,它也就不服从永恒法。我们可以通过身边的事物发现这种区别。因为那些服从人类统治之物能被人实施;但与人的自然本性相关之物(如,人应该有灵魂、手和脚)并不服从人类统治。相应地,天主所创造的事物中,不管是偶然的还是必然的,都从属于永恒法;然而,与天主的本质或自然本性相关之物不从属于永恒法,而恰恰是永恒法自身。

---

① 问题92,第2节。

答复1:我们在两种方式上论及天主意志。首先,涉及意志本身,由于天主意志即是其本质,因此,它既不从属于天主统治,也不从属于永恒法,而是与永恒法同一的事物。其次,我们在论及天主的意志时指向那些天主以意志创造的事物自身。在其理型存在于天主智慧之中的意义上,这些事物从属于永恒法。就这些事物而言,天主意志是理性的;但就其自身而言,更应当称之为它们的理型。

答复2:圣子不是天主所造,而是自然地生于天主。因此,他不从属于天主统治或者永恒法,而通过一种类比的方式自身即是永恒法,这正如奥古斯丁所解释的。[①] 但由于他的人性他是从属于父的,这一点与说父比他更伟大是相同的(《若望福音》第14章28节)。

我们同意第三个反论,因为它涉及那些受造的必然之物。

答复3:正如大哲学家所言,一些必然之物有着必然性的原因,因此,它们源自他物,它们只能如此。[②] 而且,这对其自身是最为有效的限制,因为所谓限制即是说除了做被允许的事情外,它不能做任何事情。

---

① 《论真正宗教》,卷三十一(PL 34, 147)。

② 《形而上学》,卷四,第五章(1015b 10)。

第五节 自然的偶然事件是否从属于永恒法?

我们这么展开第五节:

反论1:似乎自然的偶然事件不受永恒法支配。这是因为如前所述,颁布是法律的本质。① 但除非针对理智的造物,对于他们来说宣布才是可能的,否则法律是无法颁布的。因此,理智造物之外的所有事物都不受永恒法支配,进而,自然的偶然事件就不受永恒法支配。

反论2:再者,正如《伦理学》所阐明的,遵从理性之物在某种程度上分有理性。② 但如前所述,永恒法是至高的理型。由于自然的偶然事件不以任何形式分有理性,不具有理性,因此,它们似乎不受永恒法支配。

反论3:还有,永恒法至为有效。而自然的偶然事件却存在瑕疵。因此,它们不受永恒法支配。

但是相反,经文(《箴言》第8章29节)写道:"当他为沧海划定界限,令水不要越境时。"

我的回答是,我们必须指出人法与作为天主之法的永

---

① 问题90,第4节。

② 亚里士多德,《伦理学》,卷一,第十三章(1102b 25; b 13)。

恒法不同。因为人法仅仅延伸到受人支配的理智造物。这是因为法律指引的是那些受人统治的人的行为。严格来说，没有人为其自身行为制定法律。那么，就对受人支配的非理性事物的运用而言，任何行为都是人推动那些事物的行为；如前所述，这些非理性事物并不自行运动，而是由其他事物加以推动。[①] 因此，人不能使非理性事物接受法律，不管这些事物是如何地受制于人。但是，人可以为受其支配的理性存在物制定法律，通过某种形式的命令或者宣言，他将规则印刻在他们心中以作为行为的原则。

正如人通过这类宣言将某种内在的行为原则印刻在受其支配的人心中，天主将恰当行为的原则铭刻在整个自然之上。由此天主统治着整个自然，正如《圣咏集》第 148 章 6 节说："他颁布的规律，永不变更。"因此，整个自然的运行都服从永恒法。因此，非理性的造物为天主的统治所推动，从属于永恒法；但这不像理性造物通过对天主命令的理解从而服从永恒法那样。

答复 1：自然事物对一种内在行动原则的映现正如法律对人的颁布；因为如前所述，法律通过颁布在人心中印刻了一种行动的指引原则。

---

① 问题 1，第 2 节。

答复2:非理性造物既不分有也不服从人的理性,但却通过服从而分有天主的理性;因为天主的理性能力超出人的理性能力,扩展到更多事物。正如人的肢体由于不理解服从理性,虽然受到理性命令的推动,却不分有理性,同样,非理性造物为天主所推动,但却不具有理性的特征。

答复3:虽然自然物的瑕疵处于特定的因果秩序之外,但却不处于普遍的因果性之外,特别是第一因的秩序,即,正如第一集所言,任何事物都无法逃避天主的统治。[①] 由于如前所述,永恒法是天主统治的理型,因此,自然物的瑕疵也从属于永恒法。

第六节 是否所有人类事务都服从永恒法?

我们这么展开第六节:

反论1:似乎并非所有的人类事务都服从永恒法。因为宗徒说(《迦拉达书》第5章18节):“如果你们随圣神的引导,就不在法律权下。”但是,根据《罗马书》第8章14节:“凡受天主圣神引导的,都是天主的子女。”而义人们是天主的义子,他们即受圣神引导。因此,不是所有人都处以永恒

① 《神学大全》,第一集,问题22,第2节。

法之下。

反论2:再者,宗徒说(《罗马书》第8章7节):"随肉性的切望是与天主为敌,绝不服从,也绝不能服从天主的法律。"但是许多人即是受到肉性审慎的统治。因此,并非所有人都服从于天主的永恒法。

反论3:还有,正如奥古斯丁所言:永恒法即是邪恶者遭致永劫,而善良者享受至福。[①] 但那些已经得到至福和那些没入歧途者都不处于善举之中。因此,他们不处于永恒法之下。

但是相反,奥古斯丁却说:任何事物都无法躲避至高造物主和统治者的法律,他掌管着宇宙的和平。[②]

我的回答是,正如前面所解释的,事物可以通过两种形式服从永恒法:首先,通过认知分有永恒法;其次,通过主动或者被动方式,如以内在行动原则的形式分有永恒法。如前所述,非理性造物即是以第二种形式从属于永恒法。但是,由于理性造物除了具有与所有造物共同的特征之外,还具有符合其自身理性本性的特征。因此,它在两种方式上服从于永恒法。这是因为如前所述,每一理性造物既有关

---

① 《论自由意志》,卷一,第六章(PL 32, 1229)。

② 《天主之城》(*De Civit. Dei*),卷十九,第十二章(PL 41, 640)。

于永恒法的某种知识,也有与永恒法相和谐的自然倾向;正如《伦理学》所言,我们自然地倾向接受德性。[①]

然而,这两种方式都是不完美的,在恶人身上受到了某种程度的破坏;在他们身上德性的自然倾向被邪恶的习惯所败坏,甚至善的自然知识在他们身上也为情欲和罪恶所削弱。但对善人而言,这两种方式都以比较完美的形式存在着,因为在他们身上除了有着关于善的自然知识,还有智慧和信仰的额外知识;而且,除了善的自然倾向,还有着美德和恩宠的额外的内在动机。

因此,善人完全服从永恒法,总是按照它行动。而恶人的行为并非完全地服从于永恒法,这是由于他们善的知识和倾向都是不完美的;他们因未能与法律一致地行为而遭受永恒法所裁决的痛苦,在这个范围内,行动上的不完美由痛苦加以填补。因此,正如奥古斯丁所说:"我珍视义人依循永恒法的行为",[②]而且又说,"对于那些背离他的灵魂的苦难,天主知道如何为其创造的低级部分提供最为适当的法律"。[③]

答复1:宗徒的这种说法可以通过两种方式理解。首

---

① 亚里士多德,《伦理学》,卷二,第一章(1103a 25)。

② 《论自由意志》,卷一,第十五章(PL 32, 1238)。

③ 《启蒙教理讲授法》(*De Catech. Rud.*),卷十八(PL 40, 333)。

先,说人处于法律之下是因为他不愿服从法律的约束性力量,似乎这是一个重大的负担。因此,在《注解》的相同段落写道:“他服从法律是由于惧怕惩罚从而抑制作恶,而不是基于对德性的爱。”[①]属神的人不以这种方式服从法律,他基于仁爱而自愿地践行法律,这是圣神灌输到他的心灵中去的。而这还可以理解为,圣神所引导的人的行为即是圣神的行为而不是其自身的行为。因此,由于圣神不处于法律下,如前所述,圣子亦是如此,结果这类行为因其是圣神的行为而不服从于法律。宗徒的说法可以证明这一点[《格林多后书》(*II Corinthians*)第3章17节]:“主的神在哪里,哪里就有自由。”

答复2:肉体的审慎在主动方面不能服从天主的法律,因为它倾向于反对天主的法律;然而,它在被动方面服从天主的法律,因为它依据天主的正义接受惩罚。但是,不存在这样的人:他的肉体的审慎完全破坏了良好的本性;因此,人保有着做属于永恒法的事物的倾向。我们在上面已经看到罪恶无法完全破坏本性的善。[②]

答复3:事物由目的所维系,并基于同一原因而趋向目

---

① 彼得·伦巴德,《迦拉达书释义》(*In Gal.*),关于第五章,第十八节(PL 192, 158)。

② 问题85,第2节。

的。这就好似重力使得物体停留在低处,也同样是使得物体趋向低处的原因。我们因此可以回答说,正如按照永恒法一些人收获幸福,而一些人却遭受不幸,结果仍然是基于永恒法一些人保持在幸福状态,而其他人则处于不幸状态。相应地,受祝福的和受谴责的都同处于永恒法之下。

问题九十四　论自然法

（六节）

我们现在要思考自然法，关于这个论题有六点需要探讨：(1)什么是自然法？(2)自然法的训令是什么？(3)自然法是否规定了所有德性行为？(4)自然法对所有人是否都是相同的？(5)自然法是否变化？(6)自然法能否从人的心中废除？

第一节　自然法是否是一种习性？

我们这么展开第一节：

反论1：自然法看起来是一种习性。因为正如大哲学家所言，灵魂中有三种东西：机能（power，*potentia*）、习性（habit，*habitus*）和感受（passion，*passio*）。[①] 但我们通过逐个检视发现，自然法不是心灵机能之一种，也不是感受之一种。那么自然法就是一种习性。

反论2：再者，巴希尔（Basil）说"良心（conscience，*conscientia*）或良知（*synderesis*）是心灵中的法律"，[②]这只能是指自然法。但如在第一集所表明的，良知是一种习性。[③]因此，自然法是一种习性。

反论3：还有，如后面将要表明的，自然法一直在人内延续。但与自然法相关的人的理性并不总是想到自然法。因此，自然法不是一个行动而是一种习性。

但是相反，正如奥古斯丁所言，"习性是指当必要时以此做某事"。[④] 但自然法并非如此，因为它虽然存在于婴幼儿和下地狱者之中，但他们却不能以此行为。所以，自然法不是一种习性。

我的回答是，可在两种意义上称一物为习性。第一种

---

① 《伦理学》，卷二，第五章（1105b 20）。

② 参照《论六天创造》（*In Hexaëm*），卷七（PG 29，158）；大马士革的圣若望，《论正统信仰》，卷四，第二十二章（PG 94，1200）。

③ 《神学大全》，第一集，问题79，第12节。

④ 《论婚姻的价值》（*De Bono Coniug.*），卷二十一（PL 40，399）。

是在严格的、本质的意义上，自然法不是一种习性。因为如前所述，自然法是由理性确立的，这正如命题是理性的产物。[①] 人所做的事情与他借以去做的东西是不同的，这正如他遵照语法习惯做了一个引人入胜的演讲。由于习性是我们借以行为的东西，那么，法律不能是一种严格的、本质的意义上的习性。

在第二种意义上，习性这个术语可以用于我们以一种习惯的方式所坚持的事物。因此，信仰意指我们以信仰坚持的事物。相应地，由于自然法训令有时会被理性实际地考虑，而有时它们只是习惯性地处于理性之内，在这个意义上自然法或许可以被称为习性。同样，对于思辨性事物，不可证明的原则不是我们借以坚持这些原则的习性本身，毋宁说它们是我们维持习惯的原则。

答复1：大哲学家意欲于此发现德性的类别；[②]而且，由于德性明显是行动的一种原则，所以他只提到了诸如机能、习性和感受这样的人类行为原则。但是，除了这三者外，灵魂中还存在着其他东西：例如，还存在着行动，意志的行为处于意欲者之内，认知的行为处于认知者之内；还有，灵魂

① 问题90，第1节，答复2。

② 《伦理学》，卷二，第五章(1105b 20)。

的自然属性,例如不朽性,诸如此类。

答复2:据信良知是我们理智的法则,因为它是一种包含自然法训令的习性,这些训令是人类行为的首要原则。

答复3:这个论点证明了自然法被习惯性地遵守,我们同意这一点。

对于在相反意义上提出的论点,我们的回答是,有时人不能利用对他来说是习惯性的东西,这是由于存在着某些障碍。因为入睡,人就不能利用知识的习惯。同样地,由于年龄上的缺陷,孩子就不能运用智性原则和自然法上的习性,尽管在他之内这二者都是习性地存在着的。

第二节 自然法是包含几项训令还是只有一项?

我们这么展开第二节:

反论1:自然法似乎只包含一项训令而不是多项。因为如前所述,法律是一种训令。① 如果存在许多项自然法训令,则将得出有许多自然法的结论。

反论2:再者,自然法是伴着人性而发生的。但人性尽管对于各个部分而言是多重的,但总体上只有一个。因此,

① 问题92,第2节。

要么因为作为一个整体的本性统一只存在一项自然法训令,要么由于人性的多种部分而存在多项自然法训令。那样的结果将会是,即便是关于情欲的倾向也属于自然法的内容。

反论3:还有,如前所述,法律与理性相关。[①] 但人的理性只有一个。因此,只存在一项自然法训令。

但是相反,自然法训令与实践事物的关联就像思维的首要原则与证明事项的关联。但是,存在着几项不可证明的首要原则。因此,同样存在着几项自然法训令。

我的回答是,如前所述,自然法的训令对于实践理性而言就是证明的首要原则对于思辨理性,因为两者都是不证自明的原则。[②] 一个事物可以在两种意义上被说成是不证自明的:第一,在它自身的意义上;第二,在它与我们相关联的意义上。如果命题的谓词包含在主词之中,那么这个命题自身就是不证自明的。但可能发生这样的情况,一个人并不了解主词的定义,这一个命题就不再是自明的了。例如,人是理性的存在物这一命题,就其本质而言是自明的,人们说到人也就是在说理性的存在物。但对于一个不了解

① 问题90,第1节。
② 问题91,第3节。

什么是人的人来说,这个命题就不再是自明的了。正如波依修斯(Boethius)所言,[①]有些命题和公理对于所有人来说都是自明的;例如,整体比其部分要大(Every whole is greater than its part, *Omne totum est majus sua parte*),与同一事物相等的事物也彼此相等(Things equal to one and the same are equal to one another, *Quae uni et eidem sunt aequalia sibi invicem sunt aequalia*),这些所有人都理解其术语的命题即是如此。但一些命题仅仅对于那些理解其术语的智慧者是自明的。因此,对于知道天使不是形体的人,天使不受地点限制这是自明的。但这对于没有学识的人来说却不是自明的,因为他们不能理解它。

在人类理解的那些事物中存在着特定的顺序。首先进入人类理解之中的是物或存在(being, *ens*),对它的理解纳入到人类所理解的所有事物之中。因此,首要的不可证明的原则是"同一事物不能同时被肯定又被否定"(the same thing cannot be affirmed and denied at the same time, *quod non est simul affirmare et negare*),这建立于存在和非存在的概念之上:如在《形而上学》中所论述的,[②]基于这一原则所有其

① 波依修斯(Boethius),《论七天创造工程》(*De Hebdom*,PL 64, 1311)。

② 亚里士多德,《形而上学》,卷三,第三章(1005b 29)(似乎应是卷四,第三章——译者)。

他原则得以确立。正如存在绝对是理解的首要事物，善就是进入实践理性理解的首要事物，它指向行动（因为每个主体都为目的而行动，这就具有善的性质）。因此，实践理性的首要原则是建立在善的本质基础上的，即，善即是所有事物所追求的（good is that which all things seek after, *bonum est quod omina appetunt*）。那么，法律的首要规范就是行善、追求善并避免恶（good is to be done and promoted, and evil is to be avoided; *bonum est faciendum et prosequendum, et malum vitandum*）。所有其他的自然法训令都以此为基础；实践理性自然地理解为人类善的所有事物都属于以追求或避免的事物的形式所存在的自然法训令。

然而，由于善有着目的的性质，恶有着相反的性质，因此，人对之有着自然倾向的那些事物自然地被理性理解为善，然后作为追求的对象，而与之相反的恶则作为予以避免的对象。因此，自然法训令的序列是与自然倾向的序列相应的。首先，人有着向善的倾向，这是与一切物质所共有的本质一致的，亦即每一本体依其本性都追求着自我保存。由于这种倾向，保存人的生命避开其障碍的全部手段都属于自然法。其次，依据与其他动物共有的本性，人有着一种向着与他有特殊关联的事物的倾向，由于这种本性，自然传授给所有动物的全部东西都被说成是自然法的内容，[①]诸如性活动、教育后代，等等。再次，根据人的理性本质，人内在地专有着一种向善的倾向。例如，人有一种去认识天主真理、生活于社会之中的自然倾向。与在这一方面相关的任何东西都属于自然法，例如，祛除无知，避免冒犯自己生活群体中的人，以及其他与上述倾向相关的事情。

答复1：所有这些自然法的训令在其源自首要原则的意义上都体现着一种自然法的特征。

答复2：如前所述，人性任何部分的倾向，诸如情欲和易怒，在其为理性所统治的意义上都属于自然法，它们都可被还原为首要原则。因此，自然法训令自身有多种，但却都建立于一项共同的基础之上。

答复3：尽管理性自身只有一个，但它却指导着与人相关的所有事情，因此，为理性所统治的任何事物都被包含在理性的法律之中。

第三节　自然法是否规定了所有德性行为？

我们这么展开第三节：

反论1：看起来并非所有的德性行为都由自然法所规

① 《学说汇纂》，卷一，第一题，第一条（I，29a）。——参照奥东·洛坦（O. Lottin），《论自然法》（*Le droit naturel*），第34—78页。

定。因为,如前所述,法律的本质被规定为指向共同善。[①] 但是一些德性行为却指向个体的私人善,这在节制的行为中表现得尤为明显。因此,并非所有的德性行为都从属于自然法。

反论 2:再者,所有的罪恶都与德性的行为相反。如果所有的德性行为都由自然法规定,那么似乎可以得出结论认为所有罪恶都反对自然本性,然而只是某些特定的罪恶是这样的。

反论 3:还有,符合自然本性的那些事物对所有人来说都是共同的。但是,德性行为对所有人而言却不是共同的,因为有些事对某人来说是善良的,对其他人却是邪恶的。所以,德性行为对所有人不是共同的。因此,并非所有的德性行为都由自然法规定。

但是相反,大马士革的圣若望(Damascene)却说:德性都是自然的。[②] 因此,德性行为也都服从自然法。

我的回答是,我们在两种意义上谈论德性行为:首先,就它们是德性的而言;其次,就它们是具体种类的行为而言。那么,如果就它们是德性的而言,所有德性行为都属于

① 问题 90,第 2 节。

② 《论正统信仰》,卷三,第十四章(PG 94, 1045)。

自然法。因为前文已述,人依其自然本性倾向的任何事物都属于自然法。任何事物都自然地倾向与其形式相合的运动:例如,火倾向于发热。因此,由于理性灵魂是人的特有形式,那么每个人都存在着与其理性相合的自然倾向,而且这种倾向按照德性去行为。如果这么思考,那么所有德性行为都由自然法所规定,因为每个人的理性都自然地命令自身去行德性行为。但如果我们从其自身出发,即从它们具体的种类出发,来谈论德性行为,则并非所有德性行为都由自然法予以规定。因为有许多与德性相合的行为,自然本性却不首先倾向它们,而只有在人们通过理性的探究之后才发现它们有益于善良生活。

答复1:节制与饮食、性活动的自然欲望相关,实际上也指向自然本性的共同善,这正如其他的法律事项指向道德的共同善。

答复2:所谓人的自然本性,我们或者用它意指人所特有的,在这一意义上正如大马士革的圣若望所言,[①]所有的罪恶既与理性相对也与自然本性相对;或者用它意指人和其他动物共有的本性,在这一意义上,特定种类的罪恶才被

① 《论正统信仰》,卷二,第四章;卷四,第二十章(PG 94, 876; 976; 1196)。

认为是反自然的：例如，那些与动物自然具有的雌雄性活动相悖的行为，就被视为一种变态的罪恶。

答复3：这种论证是就具体种类的行为而言的。因为由于人的条件不同，有些行为对一些人是德性的，对他们而言是相称相宜的，而对其他人却是邪恶的，对他们而言是不相适合的。

第四节　自然法对所有人是否都是相同的？

我们这么展开第四节：

反论1：自然法似乎并非对所有人都是相同的。因为《教令集》上说"自然法包含于旧约法律和福音之中"。[1] 但这不是所有人都共有的，因为经上说(《罗马书》第10章16节)："不是所有的人都服从了福音。"因此，自然法并非对所有人都相同。

反论2：再者，正如《伦理学》所述，"凡与法律相合的事物都是正当的"。[2] 但是，在同一著作中作者也指出不存在对所有人而言不发生变化的正当之事。[3] 因此，自然法也不

① 格拉提安，《教令集》，卷一，第一章，"序言"(Ⅰ，1)。

② 亚里士多德，《伦理学》，卷五，第一章(1129b 12)。

③ 见上书，卷五，第七章(1134b 32)。

是对所有人都相同。

反论 3:还有,如前文所述,人依其自然本性所倾向的任何事物都属于自然法的内容。不同的人自然地倾向不同的事物,一些人趋向快乐的满足,另外一些人则趋向荣誉的满足,还有一些人却趋向其他的事物。因此,不存在对所有人共同的自然法。

但是相反,伊西多尔却说,自然法对所有民族都是相同的。[①]

我的回答是,如前文所述,人依其自然本性所倾向的任何事物都属于自然法的内容;其中,人所特有的倾向是依据理性而行动。正如《物理学》所论,[②]理性的职能是从普遍之物推出特定之物。在这一问题上,思辨理性和实践理性处于不同的境地。这是因为,思辨理性主要与必然性事物相关,这些事物只能以此方式存在,思辨理性的恰当结论与普遍原则一样包含着必定如此的真理。另一方面,实践理性与偶然易逝的事物相关,这是人类行为的领域。结果,尽管共同原则中也存在着必然性,但我们越是落实到具体事件,就越可能遇到瑕疵。相应地,思辨事物的真理对所有人都

① 《词源学》,卷四,第四章(PL 82, 199)。

② 亚里士多德,《物理学》,卷一,第一章(184a 16)。

是一样的，对于原则和结论而言都是如此；尽管就结论而言，真理并不为所有人所知，但仅就被称为共同观念的原则而言则是人所共知的。[①] 但就实践事项而言，真理和实践正确性在具体事件上对所有人来说并不相同，只在共同原则上一样；而且即使在具体事件上存在相同的正确性，也并不同等地为所有人所认识。

因此，显然不管是思辨理性还是实践理性，其共同原则的真理和正确性对所有人都是相同的，而且也为所有人同等地认知。但是，就思辨理性的正当结论而言，真理对所有人都是一样的，但却不被所有人同等地认知。因此，尽管并不被所有人所周知，但三角形的三个角之和与两个直角之和相等这却是事实。但是，对于实践理性的正确结论，既不是其真理或正确性对所有人都一样，也不是都同等地为所有人认知。因此，依理性而行为对所有人来说既是正确的也是真理，从这一原则可以得出一个正确的结论：托付给他人的物品应当归还主人。这在大多数情况下都是对的。但在特定的情形下归还这种托付的物品却是有害的，因而是不合理的，例如，宣布将这些物品用于对抗祖国的目的。我们越是降至具体的事件，这一原则就越会失去作用，例如，

---

① 波依修斯：《论七天创造工程》（PL 64，1311）。

人们会说这种托付的物品应当在作出这样那样的保证以后,或者以这种或那种方式才予归还;添加的条件越多,原则失效的情况就越多,结果归还或者不归还都是不对的了。

由此可见,我们必须认为,自然法就其首要的共同原则而言不论是在其正确性上还是认知上对于所有人来说都是相同的。作为这些共同原则之结论的某些较为具体的方面,在大多数情况下其正确性和认知度对于所有人来说也都是相同的;但是,在很少的一部分情形中却可能失效。这不仅体现在其正确性方面,这是由于特定的阻碍(正如本性易于堕落和腐朽因而会受到一些阻碍而失去效用),而且也体现在认知方面,这是由于在这些情形中本性会被激情、坏习惯或者坏的本性倾向所败坏。因此,正如朱利叶斯·恺撒(Julius Caesar)所讲述的,在日耳曼人中偷窃这种明显违背自然法的事情却曾一度不被视为恶习。[①]

答复1:文中所引证的句子并不意指旧约法律和福音所包含的任何内容都属于自然法,因为它们包含着许多高于自然的事情;而是指属于自然法的任何内容都完全包含在它们之中。因此,格拉提安在说完自然法即包含于旧约法

---

① 《高卢战记》(*De Bello Gallico*),卷六,第二十三章(Ⅰ,348)。

律和福音之中的任何内容之后立刻以例证的方式补充说，任何人都被命令去以相同的方式对待他人。[①]

答复2：大哲学家所谓的自然正当之物应当理解为从共同原则导出的结论而不是共同原则，这些结论在绝大多数情况下具有正确性，但在少数情况下却会失效。[②]

答复3：人的理性命令并统治着其他的能力，所有属于这些能力的自然倾向都需要来自理性的指导。因此，对于所有人来说，所有倾向都应遵从理性的指导，这是普遍正确的。

第五节　自然法能否改变？

我们这么展开第五节：

反论1：自然法似乎能够改变。因为《德训篇》第17章9节（他赐给他们理智，又赐给他们生命的法律），《注解》说："他希望写下法律，以此更正自然的法律。"[③]但是，被更正即是改变。因此，自然法可以改变。

反论2：再者，杀害无辜、通奸和偷窃都是违背自然法的

---

① 《教令集》，卷一，第一章，"序言"（Ⅰ，1）。

② 《伦理学》，卷五，第一章（1129b 12）。

③ 《注解》（Ⅲ，403E）。

行为。但我们发现这些事情的性质却被天主改变了:在他命令亚巴郎杀死自己无辜的儿子时(《创世纪》,第22章2节);在他命令犹太人向埃及人借拿和窃取金银之物时(《出谷纪》第12章35节);以及当他命令欧瑟亚娶一个娼妇为妻时(《欧瑟亚书》第1章2节)。因此,自然法是可以改变的。

反论3:还有,伊西多尔说,"共同占有一切财物以及普遍的自由都是自然法的内容"。① 但这些事情看起来都由人法改变了。因此,自然法似乎是可以改变的。

但是相反,《教令集》写道:"自然法始于理性造物的创造。它不随时间发生变化而一直保持不变。"②

我的回答是,自然法的变动可以从两个方面来理解。首先是增加的方面。在这一意义上,无法阻挡自然法改变,因为通过天主的法律和人法,许多有利于人生的事情已经添加到了自然法之中。

其次,自然法的变动也可以用减除的方式加以理解。以前与自然法一致的事物现在不再如此。在这一意义上,自然法在其首要原则上虽然没有发生变化,但在其派生原

① 《词源学》,卷五,第四章(PL 82, 199)。

② 格拉提安,《教令集》,卷一,第五章"序言"(Ⅰ, 7)。

则上却发生了变化,如前所述,这些原则是源自首要原则的具体而又最接近的结论。自然法不会改变到它所规定的事情在大多数情况下都不正确。但如上所述,它可能由于一些阻碍着特定训令遵守的特殊原因而在罕见的情形中发生改变。

答复1:据说成文法是为更正自然法而订立的。这或者是因为它提供了自然法所需要的东西,或者是因为在涉及特定的事项上,自然法在一些人心中已经败坏了,人们将一些本身是恶的东西看成是善的了,因而需要更正。

答复2:不论是有罪的还是无辜的都会自然地消亡,众人概莫能外;自然地消亡是天主的权力借着原罪所强加的,正如《撒慕尔纪上》第2章6节所言:"上主使人死,也使人活。"结果,经由天主的命令,死亡可以施加于任何人,不论有罪还是无辜,这没有任何不正义之处。同样地,通奸是与他人经由天主的法律分配的妻子发生性关系的行为。因此,如果经由天主的命令,任何与妇女发生的性关系都不是通奸或乱伦。同样的道理也适用于拿走他人财产的偷窃。所有的东西都属于天主,依天主的命令拿走的任何东西都不违背其所有人的意志,而那正是偷窃的构成要素。正如第一集所述,不仅在人事中所有为天主所命令的事情都是正确的,而且在自然事物中天主所做的一切也都是符合自然的。①

答复3:可以在两种意义上说事物是属于自然法的。首先,因为本性倾向于此:如,不应伤害他人。其次,因为本性没有产生与之相反的事物。因此,我们或许说人类不穿衣服是自然法的内容,因为自然没有赋予人衣服,只是技艺发明了衣服。在这个意义上,共同占有一切财物和普遍的自由具有自然法的属性,因为所有权和奴隶制不是由自然产生的,而是由人的理性为人生的利益所设计的。因此,除了增加,自然法在这方面并没有改变。

第六节　自然法能否从人心中废除?

我们这么展开第六节:

反论1:自然法似乎可以从人心中废除。因为对于《罗马书》第2章14节(没有法律的外邦人,等等)《注解》说:“已经被罪所抹去的正义的法律在人经由恩宠恢复时在人心中庄严起来。”②但正义的法律即是自然法,因此自然法可

① 《神学大全》,第一集,问题105,第6节,答复1。

② 《注解》(Ⅵ,7E);彼得·伦巴德,《罗马书释义》,关于第二章,第14节(PL 191,1345)。

被抹去。

反论 2：再者，恩宠的法律比自然法更有效力。但恩宠的法律可以被罪抹去。因此，自然法更能被抹去。

反论 3：还有，法律所确立的是一些正义之事。但人类却颁行了许多与自然法相反的东西。因此，自然法能从人心中废除。

但是相反，奥古斯丁说：你的法律铭刻在人心之中，这是不义无法抹去的。[①] 但铭刻在人心中的法律是自然法。因此自然法无法被抹去。

我的回答是，正如我们前述所说，自然法的内容包括：首先，所有人都认知的某些最普遍的共同原则；其次，由源自首要原则并与首要原则紧密相关的结论构成的派生的却更为具体的规范。就共同原则而言，自然法在其普遍的意义上不能以任何方式从人心中抹去。但正如上述表明，由于情欲和一些其他激情的原因，在将共同原则适用于特定行为时理性会受到阻碍，在这个范围内自然法会在特定行为中被抹去。[②] 即是说，在如派生规范这样的情形中，自然法或者被错误的信念从人心中抹去，正如在思辨事件中错

① 《忏悔录》，卷二，第四章（PL 32，678）。
② 问题 77，第 2 节。

误会在必然性结论中出现一样;或者会被坏的惯例、堕落的习惯抹去,例如,在有些民族中偷窃不算有罪,甚至如宗徒所言(《罗马书》第1章24节)变态的罪恶也不被视为有罪。

答复1:罪恶在特定情形中抹去了自然法,但这不是普遍的,除了涉及自然法派生规范的偶然情形,并通过以上所说的方式。

答复2:虽然恩宠比自然更有效力,但与恩宠相比,自然对人更为根本,也因此更为持久。

答复3:这一论证对于某些自然法的派生规范是真实的,与这些派生规范相对立,有些立法者已经制定了某些不正义的法令。

问题九十五　论人法

（四节）

我们现在要思考人法，将涉及下述问题：(1)关于人法自身；(2)人法的权力；[①](3)人法的易变性。[②] 在第一个论题之下有四个问题需要探讨：(1)人法的作用。(2)人法的来源。(3)人法的性质。(4)人法的划分。

---

① 问题96。

② 问题97。

第一节　人所制定的法律是否有用?

我们这么展开第一节:

反论1:人所制定的法律似乎没有用处。因为正如前述,每一法律的目的都在于以此使人成为善人。[①] 但通过劝告比借助法律的强迫更容易引导人们自愿地向善。因此,人没有必要制定法律。

反论2:再者,正如大哲学家所言,人们求助于个别法官就像是求助于灵活的正义。[②] 而灵活的正义要优于法律所包含的刻板的正义。因此,最好将正义的执行赋予法官的裁断,而不是另外制定法律。

反论3:还有,每一法律的制定都是为了指导人的行为,这在前面已经阐明。[③] 但由于人的行为是单个的,在其数目上是无限的,除非通过智者对每个行为逐一调查,否则就无法充分考虑对人的行为的指导。因此,最好是通过智者的裁断来指导人的行为,而不是制定法律。因此,人法是不必要的。

但是相反,伊西多尔却说:"制定法律是为了抑制人的

---

① 问题92。

② 《伦理学》,卷五,第四章(1132a 22)。

③ 问题90,第1节和第2节。

恣意,保护为邪恶所包围的无辜者,对惩罚的恐惧会阻止邪恶者作恶。”[①]这些都是人所最需要的。因此,必须制定人法。

我的回答是,正如前述,人有着对德性的自然倾向;但是德性的完善必须通过某种教化才能实现。[②]我们发现,人受益于对食物或者衣物这类必需品的不断追求。人开始这些追求是源自本性,即人的头脑和手足;但却无法像其他动物那样得到充足的供给,因为自然已经充分给予了这些动物以毛皮和食物。很难看出人们怎样在这种教化方面自我满足,由于德性的完善在于抑制人们过度的享乐,而这正是人们所倾向的,特别是那些年轻人,他们更容易被教化。因此,人们需要从别人那里接受这种教化,以便实现德性的完善。而且对于那些年轻人,他们更倾向于德性的行为,这或者是由于他们的自然倾向,或者是通过习惯,或者是上帝的赐予,父亲通过劝告可以实现这种教化。但是,由于一些人放荡而无节制,而且容易作恶,通过语言无法轻易修正,对此必须通过强力和恐惧才能抑制恶,这样他们至少会停止恶行,给别人带来平静,而且这些人自身也由于经常习惯这

---

① 《词源学》,卷五,第二十章(PL 82,202)。

② 问题63,第1节;问题94,第3节。

种行为,从而自愿地做以前由于恐惧才会做的事情,并进而变得良善。这种借助对惩罚的恐惧而施加强制的教化即是法律的规训。因此,为了人的和平和德性,需要制定一些法律;正如大哲学家所言,如果人德性完善就是最为高贵的动物,同样,如果他远离法律和正义就会成为最为低等的动物。[①] 因为人可以运用他的理性创造满足其情欲甚至邪恶情欲的方法,而这是其他动物所不能做的。

答复1:有着良好倾向的人自愿通过劝告而不是强制趋向德性,但对那些性情邪恶的人除非强迫,否则就无法引向德性。

答复2:正如大哲学家所言,最好所有的事务都由法律加以规定,而不是留待法官的裁断。[②] 这有三个方面的原因。首先,因为与寻找许多确实能够根据单个案件予以正当裁断的法官相比,寻找一些能够制定良法的人更为容易。其次,因为那些立法者在立法之前会有长久的预先思考,而针对个案的裁断却必须在出现之后尽快作出;而且对所有案例通盘考虑也比仅仅考虑单一案例更容易发现什么是正当。最后,因为立法者作出的是关于未来事件的普遍判断,

---

① 《政治学》,卷一,第一章(1253a 31)。

② 《修辞学》,卷一,第一章(1354a, 31)。

而那些听断的法官却裁断当下的事件,对此他们更容易受到爱恨或者某种贪欲的影响,由此他们的裁断会变得任性。

并非在每个人那里都能发现灵活的正义,而且可能会出现歪曲,因此,如果可能的话,有必要立法决定如何裁断,而只是针对极少的问题才留待人的裁量。

答复3:法律无法涵盖的一些特定的个别事实则需要交由法官处理,大哲学家在同样的段落中也说,例如,针对事情是发生了还是没有发生,诸如此类的事情。[①]

第二节　人法是否都源于自然法?

我们这么展开第二节:

反论1:似乎并非所有的人法都源于自然法。正如大哲学家所言,法律上正当的事物原初是一种中性的事物。[②] 但那些源于自然法的事物并非中性的。因此,人法的规定并非都源于自然法。

反论2:其次,正如伊西多尔[③]和亚里士多德[④]所述,实在

---

① 《修辞学》,卷一,第一章(1354b, 13)。
② 《伦理学》,卷五,第七章(1134b 20)。
③ 《词源学》,卷五,第四章(PL 82, 199)。
④ 《伦理学》,卷五,第七章(1134b 18)。

法与自然法是分开的。但是,如前所述,[①]那些作为源于自然法共同原则的结论的事物属于自然法。因此,人法所确立的事物并非都源于自然法。

反论3:再者,自然法对于所有人来说都是相同的,因为大哲学家说,自然公正在任何地方都同样有效。[②] 如果人法都源于自然法,那么得出的结论必然是它们在各处都相同。但这显然是错误的。

反论4:还有,可以对那些源于自然法的事物给出理由。但是,正如法学家所言,不可能对立法者的所有法律规定都给出理由。[③] 因此,不是所有的人法都源于自然法。

但是相反,西塞罗却说:"从自然流溢出来而为习俗所称许之物被敬畏为法律。"[④]

我的回答是,正如奥古斯丁所言,不公正之事无法可言。因此,法的效力取决于它正义的程度。[⑤] 那么,人类事务的公正与否依据的是理性的规则。但首要的理性规则即是自然法,这从上述可以清楚地看出。[⑥] 因此,人所制定的

---

① 问题94,第4节。
② 《伦理学》,卷五,第七章(1134b 19)。
③ 《学说汇纂》,卷一,第三题,第二十条(Ⅰ, 34a)。
④ 《修辞学》,卷二,第五十三章(p. 148b)。
⑤ 《论自由意志》,卷一,第五章(PL 32, 1227)。
⑥ 问题91,第2节,答复2。

法律在其源于自然法的意义上具有法的效力。但是,如果它在任何一点上偏离了自然法,就不再是法而是法的误用。

但是,必须注意,存在着两种源于自然法的方式:首先,作为原则的结论;其次,通过对特定的共同概念的决定。前者类似于在科学中从原则推导出证明结论;后者则像是在技艺中从共同形式中确定一些具体细节。因此,匠人需要从房子的共同形式中确定这座或那座具体的房子。一些事物是以结论的形式源于自然法的共同原则的:例如,不得杀生这一结论就源于不应伤害任何人这一原则;而有些则源于决定的形式:例如,自然法规定作恶者应受惩罚,但以这种或那种形式进行惩罚则是对自然法的一种限定。

相应地,这两种派生的模式在人法中都存在。但是,那些以前一种形式派生出来并包含在人法之中的事物,不仅具有人法的效力,还具有自然法的一些效力。而那些以后一种形式派生的事物,除了人法的效力之外不具有其他效力。

答复1:大哲学家所讨论的是通过对自然法原则的限定或具体化所得出的那些规定。

答复2:这个论证对于以结论的形式从自然法中派生的事物是成立的。

答复3:自然法的共同原则不能以同样的方式适用于所有人,因为人类事务千差万别;并且,因此而产生了不同民族之间的实在法的多样性。

答复4:应当将法学家的这些话理解为是指在确定自然法的具体问题上的统治者的裁断,并且对于这些裁断而言,专家或者智者的判断在他们能够迅速发现最佳事物的意义上是与原则相关的。因此,大哲学家说,在这些事项上,我们必须同等地关注那些不可证明的格言以及那些在经验、年龄和谨慎上都超出我们的人的意见和他们的证明。①

第三节　伊西多尔对实在法性质的描述是否恰当?

我们这么展开第三节:

反论1:伊西多尔对实在法的描述是:法律应当良善、公正、本质上可能、依据国家的习俗、与时间和地域相适宜、必要、有用;表达清楚,以免含混导致误解;不是为了私益而是为了共同善而制定,这似乎是不恰当的。② 因为他以前曾以三个条件表述过法的性质,即法律以理性为基础,其规定促进宗教信仰,有助于规训,并进而提升共同福利。③ 因此,不需要对这些再增添任何条件了。

---

① 《伦理学》,卷六,第十一章(1143b 11)。

② 《词源学》,卷五,第二十一章(PL 82, 203)。

③ 见上书,卷五,第三章(PL 82, 199)。

反论2:再者,正如西塞罗所言,公正包含于良善之中。[①] 因此,在说过良善之后再加上公正就是多余的。

反论3:再者,根据伊西多尔,成文法是与习俗相对的分类。[②] 因此,在法律的定义中就不应该加上依据国家习俗这样的表述。

反论4:还有,必要之物以两种形式存在。绝对的必要,因为不可能有其他情况;这种形式的必要不服从人的判断。因此,人法不与这种意义的必要相关。另外,某物为某目的所必需,这种必要与有用性相同。因此,既说必要又说有用是多余的。

但是相反,伊西多尔的权威有效。

我的回答是,如果某物追求某种目的,它的形式就必须适于该种目的;比如锯的形式必须适于割。[③] 再者,被统治和被权衡的事物必须具有适于统治和权衡的形式。然而,由于人法既是指向目的也是一种被更高的准则统治或权衡的规则或标准,因此,这些条件都得到了验证。这种更高的准则是双重的,即上述所解释的神法和自然法。[④] 正如法学

---

① 《论责任》(*De Officiis*),卷一,第七章(p. 11)。

② 《词源学》,卷二,第十章;卷五,第三章(PL 82, 131; 199)。

③ 亚里士多德,《物理学》,卷二,第九章(200a 10; b5)。

④ 第2节;问题93,第3节。

家所述,人法的目的在于对人有用。[1] 因此,伊西多尔在确定法的本质时,首先规定了三个条件:即,促进宗教信仰,以此与神法相符;有助于规训,以此与自然法相符;提升共同福利,以此与人类的功利相符。

其他所涉及的条件都可以还原为这三种。因为促进宗教信仰才称之为良善。当他说应当公正、本质上可能、依据国家的习俗、与时间和地域相适宜时,他意指应当适于规训。对人的规训首先依靠理性的指令,对此他以公正指代。其次取决于主体的能力,因为规训应当依其能力适于每个人,要把自然的能力考虑进去(因为不应对孩子和成人规定同等的负担);而且应当依据人类的习俗,因为人不可能孤立地生存于社会中,完全无视他人。再次,取决于特定的环境,也就是他说的与时间和地域相适宜。剩下的如必要、有用等,意味着法应当提升共同福利:必要指消除罪恶,有用指促进善行,表达清楚指需要防止法律本身所产生的伤害。最后,如上所述,法律要指向共同善,[2]这在其描述的最后部分予以了表现。

这已经足以回答那些反对意见了。

---

① 《学说汇纂》,卷一,第三题,第二十五条(Ⅰ, 34b)。

② 问题90,第2节。

第四节　伊西多尔对人法的划分是否恰当?

我们这么展开第四节:

反论1:伊西多尔似乎错误地划分了人类成文法或者说人法。因为他在人法中列入了所谓的万民法,因为正如他所说,几乎所有民族都适用它。① 但是,如其所言,自然法对所有民族都是相同的。② 那么,万民法就不应包含在实在的人法之中,而应包含在自然法之中。

反论2:其次,那些具有同等效力的法律似乎不是形式上不同而是本质上不同。但是成文法、平民会议的法令、元老院的决议以及他提到的类似的法律,③都具有相同的效力。因此,除了实质上不同,它们并非不同。但是人文科学中并不注意这种区别,因为它的数量是无限的。因此,这种人法的分类是不恰当的。

反论3:再者,正如在国家中除了国君、祭司和士兵外,还存在着其他人类机关。因此,似乎按照这种分类除了军

---

① 《词源学》,卷五,第六章(PL 82, 200)。

② 见上书,卷五,第四章(PL 82, 199)。

③ 见上书,卷五,第九章(PL82, 200)。

法以及指向祭司和行政官员的公共法之外,[①]同时也应包括涉及其他国家机关的法律。

反论4:还有,那些偶然之物应当忽略。但是,法律是由这个或那个人制定的,是偶然的。因此,根据立法者的名字划分法,结果一部法被称为《克莱利亚法》(*Cornelian law*),另一部分被称为《法尔士德法》(*Falcidian law*),等等,[②]这是不合理的。

但是相反,伊西多尔足够权威。

我的回答是,可就某物概念所包含的内容对其进行基本的划分。因此,灵魂不管是理性的还是非理性的都包含在动物的概念之中;因此,动物可以恰当而又基本地划分为理性的或非理性的,但却不是基于白的或者黑的这一点,这是完全外在于动物概念的。那么,就人法的概念而言,许多内容包含其中,以此人法得以恰当而又基本地划分。首先,如前所释,派生于自然法,这是人法概念的内容。在这方面实在法被划分为万民法和市民法,这是根据上述派生于自然法的两种方式。对于万民法,其内容是作为原则的结论而派生于自然法,例如,公平交易,等等,没有这些,人们就

① 《词源学》,卷五,第七章及第八章(PL 82, 200)。

② 见上书,卷五,第十五章(PL 82, 201)。

无法生活在一起；正如《政治学》所证明的，[①]人本质上是一种社会的动物，这属于自然法的内容。但是，那些通过具体限定的方式派生于自然法的事物属于市民法，这视各个国家确定什么是对其最好的而定。

第二，指向国家的共同善，这是人法概念的内容。就此而言，人法根据各种以特殊方式实现共同善的人进行划分：例如，祭司，为人们向上帝祈祷；国君，对人民进行治理；士兵，为人民的安全而战斗。因此，特定种类的法律与这些人相适应。

第三，如前所述，由统治国家共同体的人制定，这也是人法概念的内容。[②] 在这方面，依据政府形式的不同也存在不同的人法。根据大哲学家所述，[③]其中一个是君主制，即，国家由一个人进行统治；由此我们拥有君王谕令。另外一种形式是贵族制，即，由最杰出的或者最高等级的人进行统治；由此我们拥有权威的法律意见和元老院决议。还有一种形式是寡头制，即，由一些富裕而又有权力的人进行统治；由此我们拥有执政官的法令或者荣誉法。还有一种形式的政府是人民的政府，称之为民主制，具有平民会议的决

---

① 亚里士多德，《政治学》，卷一，第一章（1253a 2）。

② 问题90，第3节。

③ 《政治学》，卷三，第七章（1297a 26）。

议。也存在一种暴君政府,这是彻底的腐败,因而没有与之相应的法律。最后,还有一种由上述组成的混合政体,它是最佳的形式;正如伊西多尔所言,此时我们拥有国王和民众共同颁布的法律。[①]

第四,指引人的行为是人法概念的内容。在这方面,根据法所处理事项的不同,有着不同种类的法律,它们有时依其制定者命名。因此,我们就有关于通奸的《尤莉亚法》(*Lex Julia*)、[②]关于谋杀的《克莱利亚法》(*Lex Cornelia*),[③]等等,这不是制定者的区别,而是它们涉及的事项的区别。

答复1:在人是一种理性存在物的意义上,万民法在某种程度上对人确实是自然的,因为它以一种结论的方式派生于自然法,这种结论距其原则并不远。因此,人们就此可以轻易地达成一致。然而,它不同于自然法,特别不同于那些对所有动物都相同的自然法。

通过上述内容,对其他反对意见的答复就不言自明了。

---

① 《词源学》,卷五,第十章;卷二,第十章(PL 82, 200; 130)。

② 《学说汇纂》,卷四十八,第五题(Ⅰ, 845a)。

③ 见上书,卷四十八,第八题(Ⅰ, 852b)。

问题九十六　论人法的权力

（六节）

我们现在要思考人法的权力。在这一论题之下有六个问题需要探讨：(1)人法是否应当以一般命令的方式制定？(2)人法是否应当压制所有的恶习？(3)人法是否有能力指导所有德性行为？(4)它是否约束人的良心？(5)是否所有人都服从人法？(6)服从法律的人可否在法律的文字之外行为？

第一节　人法是否应该以一种一般的而非具体的方式制定?

我们这么展开第一节:

反论1:人法似乎不应以一种一般的方式,而是以一种具体的方式加以制定。因为大哲学家说,"法律正义……包括所有具体的法律行为……以及一切属于判决的事项",[①]所有这些事项也都是个别事项。因此,法不仅以一般的方式制定,而且也以具体的方式制定。

反论2:再者,如前所述,法律指导着人的行为,[②]而人的行为是关于个别事项的。因此,人法应当以具体而非一般的方式加以制定。

反论3:还有,如前所述,法律是人的行为的规则和标准。[③] 但正如《形而上学》所述,[④]度量标准应当至为确定。因为在人的行为中任何全称命题都不可能在每一个别的情形中确定无疑,所以,法律应当以具体而非一般的方式制定。

---

① 《伦理学》,卷五,第七章(1134b 23)。

② 问题90,第1节和第2节。

③ 同上。

④ 亚里士多德,《形而上学》,卷九,第一章(1053a 1)。

但是相反,大法学家认为,法律应当被制定得适应绝大多数的情形,而不是针对个别情形中可能发生的事项。[①]

我的回答是,实现目的的手段应当与该目的相称。法律的目的是共同善,因为正如伊西多尔所言,法律应当为实现所有公民的共同善而不是某种私益而制定。[②] 因此,人法应当与这种共同善相称。而共同善又包括许多内容,所以,法律必须考虑许多事情,涉及人、事,还有时间。因为城邦共同体由许多人组成,它的善由许多行为引起;也正如奥古斯丁所言,它的建立不是为一时之故,而是经由前后相继的公民从而得以一直持存。[③]

答复1:大哲学家将法律正义(*justi legalis*),即实在正义(*jus positivum*),分为三个部分。[④] 有些事项以一种一般的方式绝对地加以规定,这些就是一般法。对此,他说法律开始只是中性的事项,但一旦颁布就不再如此:例如,对俘虏赎金的确定。有些事项在一方面影响共同体,而在另一方面影响个人。这些似乎可称之为特权(*privilegia*),即私人法

① 《学说汇纂》,卷一,第三题,第四条(Ⅰ, 34a)。

② 《词源学》,卷二,第十章;卷五,第二十一章(PL 82, 131; 203)。

③ 《天主之城》,卷二十二,第六章(PL 41, 759)。

④ 《伦理学》,卷五,第七章(1134b 20)。

(*leges privatae*),[①]因为它们注重私人,这些人的权力延伸到许多事项之上;对此,他补充说,进而可视为所有具体的立法行为。另外一些事项具有法律性质,不是因为它们是法律,而是通过将一般法律适用到具体情形之中。这些"判决"(*sententiae*)具有法律的效力,对此他补充说,"还有判例的事项"。

答复2:指引的原则应当适用于许多事项。大哲学家说,一个种类中的全部事物由一个原则予以权衡,这就是那个种类的原则。[②] 因为如果用于权衡的规则与被衡量的事项数目相当,那就不再有用,它们的用途旨在适用于众多事项。同样,如果法律无法超越单个的行为,那也毫无用处。个人审慎所确定的具体决定指引着单个行为,但如前文所述,法律是一种一般的命令。[③]

答复3:我们不必在全部事项上寻求同样程度的确定性。[④] 因此,对于自然的或者人为的偶然之事,只要在大多数情况下是真实的,尽管有时偶尔不真实,这已经足够确定事物了。

---

① 参照格拉提安,《教令集》,卷一,第三章,第三节(Ⅰ,5);圣·伊西多尔,《词源学》,卷五,第十八章(PL 82, 202)。

② 《形而上学》,卷九,第一章(1052b 18)。

③ 问题92,第2节,反论1。

④ 亚里士多德,《伦理学》,卷一,第三章(1094b 13)。

第二节　人法是否该压制所有恶习?

我们这么展开第二节:

反论1:人法的任务似乎在于压制所有恶习。因为伊西多尔说,制定法是以恐惧的方法抑制人的恣意。[①] 但是,除非以法律压制所有恶习,否则就无法充分抑制这种恣意。

反论2:再者,立法者的意图在于使公民良善。但除非禁绝所有的恶习,否则人无法良善。

反论3:还有,如前所述,人法派生于自然法。[②] 但全部恶习都违反自然法。因此,人法应当压制所有恶习。

但是相反,我们在《论自由意志》中读到:"在我看来,那为治理民众所颁布的法律可以正当地许可这些事情,但天主的智慧统治却要对此施以惩罚。"[③]但天主的智慧统治只惩罚恶习,不惩罚其他。因此,人法容忍某些恶习,而不是压制它们,这是正当的。

我的回答是,正如前述所言,法律是人的行为的规则和标准。[④] 由于不同的事物为不同的标准所权衡,因此,如《形

---

① 《词源学》,卷五,第二十章(PL 82, 202)。

② 问题95,第2节。

③ 《论自由意志》,卷一,第五章(PL 32, 1228)。

④ 问题90,第1节和第2节。

而上学》所论,[1]权衡应当与其衡量的对象同质。以人为对象的法律也应当与他们的状况相一致,正如伊西多尔所言,法律既应当按照本性可能,也应当依据国家的风俗可行。[2]行为的能力基于内在的习惯或者性情,而同样的事情对于具备良善习惯的人是可能的,但对于不具备这种习惯的人却并非如此。而对于孩子和成人情况也是不同的,因此关于孩子的法律与关于成人的法律就不相同,许多事情在孩子身上是准许的,而发生在成人身上则须惩罚,或者应受谴责。同样,许多事情在德性不完善的人身上是准许的,而在有德者身上却是不可容忍的。

然而,人法却为大众而立,他们绝大多数在德性上都是不完善的。因此,人法并不禁止那些为贤良所禁绝的全部恶习,而仅仅禁止最为严重的恶习,这些恶习大多数人都可以戒除;并且正是这些恶习才是伤害他人的主要行为,如果不加禁止人类社会就难以维续。由此,人法禁止杀人、盗窃,诸如此类。

答复1:恣意似乎涉及攻击他人。因此,它是属于伤害邻人的主要罪恶。如前所述,这些罪恶是人法禁止的。

---

① 亚里士多德,《形而上学》,卷九,第一章(1053a 24)。
② 《词源学》,卷二,第十章;卷五,第二十一章(PL 82, 131, 203)。

答复2:人法旨在导人向善,但不是一蹴而就,而是循序渐进。因此,并不要求那些不完善的人承担那些德性卓越者应当禁绝全部罪恶的义务。否则,这些无力承担此类戒律的不完善者可能会生出更为严重的罪恶。正如《箴言》第30章33节写道:用力扭鼻,会流鲜血;《玛窦福音》第9章17节也写道:如果新酒(即完善生活的戒律)装进了旧皮囊(即不完善的人),皮囊一破裂,酒也流出来了,即这些戒律受到轻视,而那些轻视的人则生出更为严重的罪恶。

答复3:自然法是人对永恒法的分有,而人法却达不到永恒法。正如奥古斯丁所言:"为正当地统治民众而制定的法律应该准许一些为天主的智慧统治所惩罚的事情。而且,如果这种法律不意图实现一切,这也不是进行谴责的一个理由。"[①]因此,人法不禁止自然法所禁止的所有事情。

第三节　人法是否规定了全部德性行为?

我们这么展开第三节:

反论1:人法似乎并未规定全部的德性行为。因为恶行与德行相反,但如前所述,人法并未禁止所有恶习。因此,

---

① 《论自由意志》,卷一,第五章(PL 32, 1228)。

人法也就未规定全部德性行为。

反论 2:再者,德性的行为源自德性,但德性是法律的目的,那么任何从德性产生之物都不能全部归于法律训令之下。因此,人法并未规定全部德性行为。

反论 3:还有,如前所述,法律指向共同善。[①] 但一些德性行为并不指向共同善,而是指向私人的善。因此,法律并未规定全部德性行为。

但是相反,正如大哲学家所言,"法律规定了勇敢者的行为,……节制者的行为,……以及顺从者的行为,还有其他类似的德性和恶习,规定遵守前者禁止后者"。[②]

我的回答是,如前所述,德性的种类是以其目标区分的。[③] 所有德性的目标或者涉及个体的私人善,或者涉及大众的共同善。因此,实现勇气或者是为着城邦的安全,或者为着朋友的利益。其他德性亦是如此。但如前文所述,法律指向共同善。[④] 因此,不存在其行为无法由法律加以规定的德性。然而,人法并不规定与每种德性相关的全部行为,而只是针对那些可实现共同善者,这或者是直接地,即直接做某

---

① 问题 90,第 2 节。

② 《伦理学》,卷五,第一章(1129b 19)。

③ 问题 54,第 2 节;问题 60,第 1 节;问题 62,第 2 节。

④ 问题 90,第 2 节。

事以实现共同善,或者是间接地,即立法者规定与良好秩序相关的特定事宜,以此指引公民支持正义与和平的共同善。

答复1:人法并未通过训令的义务禁止全部的恶行,同样也未规定全部的德行。但它禁止了每种恶的特定行为,正如它规定了每种善的某些行为。

答复2:一种行为在两种意义上可以说是德性行为。首先,基于人们做某种善良事情的事实;因而,正义行为即是做正确之事,勇气即是做勇敢之事。以此法律规定了特定的德性行为。其次,如果以与贤良者相同的方式做一种良善的事情,则也可称之为德性行为。这种行为常常源自德性。它并不归属于法律的训令的类别,但却是每位立法者追求的目的。

答复3:如前所述,其行为不指向共同善,无论是直接地还是间接地,这样的德性是不存在的。

第四节　人法约束人的良心吗?

我们这么展开第四节:

反论1:人法似乎并不在良心上约束一个人。因为较低的权力不能对较高的权力作出裁判。但制定人法的人的权力是处于天主的权力之下的。因此,人法不能把自身的训令强加给天主的裁判,那正是对良心的裁判。

反论2:再者,良心的裁判主要依靠天主的诫命。但有时天主的诫命却被人法变得无效,正如《玛窦福音》第15章6节所言:“你们已经藉着传承废了天主的诫命。”因此,人法并不在良心上约束人。

反论3:还有,人法经常造成品德的沦丧和伤害,如《依撒意亚书》第10章1节写道:祸哉,那些制定不义的法例,记录不义的断案,为屈枉小民的案件,剥削我穷民的权利的。但避免压迫和暴力对于任何人都是合法的。因此,人法并不在良心上约束人。

但是相反,经文《伯多禄前书》第2章19节写道:“谁若明知为良心之故,而忍受不义的痛苦:这才是中悦天主的事。”

我的回答是,人制定的法律或者是正义的,或者是不正义的。如果它们是正义的,那么就具有源自永恒法的约束良心的权力,正如《箴言》第8章15节写道:“藉着我,君王执政,元首秉公行义。”说法律是正义的,这或者是指其目的(即,当它们指向共同善时),或者指其制定者(即立法没有超出立法者的权力),或者指它们的形式(即,当为着共同善对臣民施加均等的义务时)。由于人是共同体的一部分,这一部分是属于整体的。自然在部分上的损失也是为了成全整体,那么这些施加了均等义务的法律是正义的,并且约束良心,是正当的法律。

另一方面,法律可能存在两种不正义的情况:首先,与人类善相抵牾,与上述提到的那些品质相背离:这或者是关于目的,因权威者对其臣民强加了难以承担的法律,不是有助于共同善的实现,而恰恰是容易导致自身的贪婪和虚荣;或者是关于制定者,因立法者立法时超出了受托的权力;或者是关于形式,虽然为着共同善,但却施加了不平等的义务。这是暴力的行为而不是法律,正如奥古斯丁所言,不正义之法与无法等同。[①] 因此,这些法律不约束良心,除非是为了避免恶表和骚乱,为此人们甚至应当放弃自身的权利,正如《玛窦福音》第 5 章 40、41 节写道:他那若愿与你争讼,拿你的内衣的,你就连外衣也让给他。若有人强迫你走一千步,你就同他走两千步。

其次,法律可能由于违背神圣的善而不正义。这些是导致偶像崇拜或者类似违背天主法律的暴君的法律。绝不应服从这些法律,因为正如《宗徒大事录》第 5 章 29 节所言,听天主的命令应胜过听人的命令。

答复 1:正如宗徒所言(《罗马书》第 13 章 1、2 节),所有

① 《论自由意志》,卷一,第五章(PL 32, 1227)。

的权柄都是由天主规定的。所以谁反抗权柄,就是反抗天主的规定。这时他在良心上就是负罪的。

答复 2:这个论证对于那些违背天主诫命的法律是正确的,它超出了人的权力的范围。因此,在些事项上不应遵守人法。

答复 3:这种论证针对的是那为臣民强加了不正当义务的法律,在这种情况下,它也超出了人从天主那里获得的权力。因此,在这些事项上,人不应遵守法律,除非是为了避免诽谤或者更为严重的伤害。

第五节 所有人都服从法律吗?

我们这么展开第五节:

反论 1:似乎并非所有人都服从法律。因为只有订立法律所针对的那些人才要服从法律。但宗徒说(《弟茂德前书》第 1 章 9 节):"法律不是为义人立的。"因此,义人不服从人法。

反论 2:再者,教皇乌尔班(也见之于《教令集》)说:"服从于私人法者不需要基于任何理由遵守公共法。"[①]而所有

---

① 格拉提安,《教令集》,卷二,第十九章,第二题(I,840)。

属神的人都受圣神的私人法的引导，他们是天主的子女，因为经上说（《罗马书》第 8 章 14 节）："凡受天主圣神引导的，都是天主的子女。"因此，并非所有人都服从人法。

反论 3：还有，大法学家说，君主免于法律。① 而免于法律即是不受法律约束。因此，并非所有人都服从人法。

但是相反，宗徒说（《罗马书》第 13 章 1 节）："每人要服从上级有权柄的人。"而对权柄的顺服意指对有权者制定的法律的服从。因此，所有人都应服从法律。

我的回答是，如前所述，法律的概念包含两层：首先，人的行为的规则；其次，具有强制性的权力。② 因此，人服从法律也有两层含义。首先，被统治者服从统治者；那么，在这种意义上服从权力者即是服从有权者制定的法。但是，可能有两种情况不服从有权者。一种是完全脱离权威。这出现于一个城邦或者王国的臣民不受另一个城邦或者王国君主立法的约束，因为他们不是他的臣民。另一种是处于更高一级的法律的统治之下。因此，地方总督的臣民应受其命令的统治，但在其直接受皇帝命令的事项上却不是如此，因为在这些事项上臣民被更高一级的权威所指导，而不受

① 《学说汇纂》，卷一，第三题，第三十条（Ⅰ，34b）。
② 问题 90，第 1 节和第 2 节；第 3 节，答复 2。

低一级权威的命令的约束。在这种意义上，绝对地服从法律者也可能在某些事项上不服从法律的约束，他在这些事项上受到高级法的统治。

其次，服从法律是指被强制者服从强制者。这时，有德者和正义者都不服从法律，而只有作恶者才服从。因为强制和暴力都违背意志，而善人的意志是与法律相一致的，只有作恶者的意志才与法律不合。因此，在这种意义上善人不服从法律，而只有恶人才服从法律。

答复1：对于强制方式的服从而言，这种论证是正确的。在这种情况下，法律不是为义人立的。因为正如宗徒所言（《罗马书》第2章14，15节）："（他们）自己对自己就是法律。（他们）证明了法律的精华已刻在他们的心上。"因此，法律并不像强制恶人那样强制他们。

答复2：圣神的法律高于人所制定的所有法，因此，属神的人在其为圣神的法律所引导的范围内，在那些与圣神的引导不一致之处不服从法律。但是，圣神的引导也使属神的人服从人法，这正如《伯多禄前书》第2章13节所言的："你们要为主的缘故，服从人立的一切制度。"

答复3：君主免于法律，这是就强制性权力而言的，因为严格来说，没有人是受其自己强制的，而且如果没有君主的权威法律就没有强制性权力。因此，之所以说君主免于法律是因为即使他违背了法律也没有人有资格给他判刑。对于《圣咏集》第50章6节（“我得罪了你，唯独得罪了你”），《注解》说：“没有人能裁判王的行为。”[①]但是，对于法律的指导效力，按照“不论为他人制定什么样的法律，制定者都要率行遵守”的说法，君主要通过其自身的意志服从法律。[②]开明的君主也说：遵守他们自己制定的法。[③] 而且，主也责备那些只说不做的人，“他们把沉重而难以负荷的重担捆好，放在人的肩上，自己却不肯用一个指头动一下”（《玛窦福音》第23章3，4节）。因此，按照天主的裁判，就指导效力而言，君主无法得到豁免，他应当自愿而非受迫地履行它。再者，君主可以在必要时改变法律，并因地制宜地授予法律的豁免，就此而论君主是高于法律的。

第六节　服从法律的人可否在法律的文字之外行为？

我们这么展开第六节：

反论1：服从法律的人似乎不可以在法律的文字之外行

① 彼得·伦巴德，《圣咏释义》（*In Psalm.*），关于第1章，6节（PL 191，486）。——参照《注解》（Ⅲ，157E）。

② 《格雷戈里教令集》（*Decretal. Greg.*），卷九，第一章，第二节，第六题（Ⅱ，8）。

③ “伪奥索尼乌斯”（Pseudo-Ausonius），《七贤》（*Septem Sapientum Sententiae*），卷二，“庇塔库斯”（Pittacus）（Ausonius，ed. H. G. E. White，New York：G. P. Putnam's Sons，1921. vol. Ⅱ，p. 272）。

为。因为奥古斯丁说:尽管在制定法律时人们可以对世俗法律作出判断,然而它们一旦制定出来,就必须按照它们下判决,而不是对它们作判决。[①] 但如果有人以遵循立法者意图的名义置法律的文字于不顾,他似乎就是在对法律作判决。因此,服从法律的人为了遵循立法者的意图而置法律的文字于不顾,这是不正确的。

反论2:再者,只有立法者才有资格解释法律。但那些服从法律的人不能制定法律。因此,他们没有权利解释立法者的意图,而应当一直遵照法律的文字而行为。

反论3:还有,智慧者懂得如何通过语词阐述意图。而那些立法者应当被视为有智慧的,《箴言》第8章15节有格言说:"藉着我,君王执政,元首秉公行义。"因此,我们不应通过法律的文字之外的东西来判断立法者的意图。

但是相反,希拉里(Hilary)说:"话语的含义应由言说的动机而定,因为不是事物受制于语言,而是语言受制于事物。"[②]因此,我们应当考虑立法者的动机,而不仅仅是他的话语。

我的回答是,如前所述,任何法律都指向人类的共同

---

① 《论真正宗教》,卷三十一(PL 34, 148)。
② 《论三位一体》,卷四(PL 10, 107)。

善,从而获得相应的本质和效力;但在其未能指向这种共同善的范围内,它就不具有约束力。因此,大法学家说:“允许我们严苛地解释那些为着人类幸福而颁布的有用措施,即非因法律之理,亦不利于公正之用,还会带来负担。”[①]对某项法律的遵守在大多数情况下有益于人们的共同幸福,而在另一些情况下却非常有害。这是由于立法者无法考虑到每一具体情形,他以共同善为指导而根据最经常发生的事例来塑造法律。由此,如果遵守法律会产生有损共同幸福的情形,那么就不应当遵守它。例如,假定针对被围困的城池,已经订立的法律要求紧闭城门,这是为着共同福利的一般规则;但如果敌人正在追赶城邦的一群公民,而他们是城池的守护者,这时如果不打开城门就会带来灾难;在这种情况下就应当打开城门,这虽然违背法律的文字,但却是为了共同的福利,那恰恰是立法者所追求的。

然而,必须注意,如果根据文字遵守法律不涉及任何紧迫的从而需要修正它的危险,那么就不允许任何人擅自解释对城邦而言什么有利什么不利;只有那些权威者以及在这些情形中具有免除法律的权力者才可以这样做。然而,如果危难来得太过突然而不允许有将那种将事情呈报上去

---

① 《学说汇纂》,卷一,第三章,第二十五条(I, 34b)。

的拖延,那么紧迫性本身即含有一种免除,因为紧急时无法律。

答复1:在紧急状况下在法律的文字之外行为,行为者并不是对法律作出判断,而是对特定情况作出判断,在这种情况下,他发现无法遵守法律。

答复2:遵循立法者意图者并不是要正式地解释法律,而是在把法律置于真实的处境之中,此时由于明确无疑的伤害,立法者显然具有其他的意图。如果对此存有疑问,就必须要么遵照法律的文字,要么咨询那些权威者。

答复3:任何人都不可能智慧到足以考虑到每一单一情形;因此就无法充分地用语词来表达那些与他预料的目的相合的所有事情。即便立法者能思考所有的情形,为了避免混乱,他也不应全部提及;相反,他应当针对最经常出现的情形进行立法。

问题九十七　论法律的变动

（四节）

我们现在要思考法律的变动，在这一论题之下需要探讨四个问题：(1)人法是否可变？(2)每当更好的情况出现时，法律是否总是应当改变？(3)人法是否会被风俗取消，风俗是否获得了法律的效力？(4)人法的适用是否因权威者的豁免而改变？

第一节 人法是否应当以某种方式改变?

我们这么展开第一节:

反论1:人法似乎完全不应改变。因为如前所述,人法派生于自然法,[1]而自然法不发生改变。因此,人法应当保持不变。

反论2:再者,正如大哲学家所言,度量标准应当至为稳定。[2] 但如前文所述,[3]人法是人的行为的标准,因此应当保持不变。

反论3:还有,如前所述,公正和正当是法律的本质。[4]但正当者恒为正当。因此,一经订为法律便恒为法律。

但是相反,奥古斯丁说:"世俗的法律不管多么公正,却都可以随着时间做出正当的改变。"[5]

我的回答是,如前所述,人法是理性的指令,用来指引人的行为。[6] 因此,人法的正当改变有两个原因:一个是由

---

① 问题95,第2节。
② 《伦理学》,卷五,第五章(1133a 25)。
③ 问题90,第1节和第2节。
④ 问题95,第2节。
⑤ 《论自由意志》,卷一,第六章(PL 32, 1229)。
⑥ 问题91,第3节。

理性表现出来的，另一个是由其行为受法律统治的人表现出来的。就理性的原因而言，人的理性从不完善逐步发展到完善，这似乎是自然的过程。因此，在思辨科学中，我们发现早期哲学家的教义是不完善的，随后由那些后继者加以完善。同样，在实践性问题上，那些一开始就尝试为人类共同体寻找有用之物的人，不可能考虑到所有的事情，他们所设立的制度也在许多方面存在着缺陷；那些后继的立法者会通过制定在共同福利方面缺陷更少的制度对此加以改变。

就人而言，其行为受到法律的统治，根据人与人之间环境的改变，法律也可以正当地改变，对这些人来说，因为他们条件的不同而有不同的适宜之事。奥古斯丁提供了一个例子：如果人民具有节制和责任的感情，而且是共同福利的最为忠诚的守护者，那么颁布一条法律允许他们选择治理共同体的执政官，这就是正确的。但如果随着时间的推移，这群人变得腐败以致出卖自己的选票，将自己的政府交给恶棍和罪犯，那么这些人任命公共官员的权利就可以正当地予以剥夺，从而转移给另外一些优良的人。[①]

---

① 《论自由意志》，卷一，第六章（PL 32，1229）。

答复1:如前所述,[①]自然法是对永恒法的分有,由于天主的理性这一自然的作者的完善和稳固而保持不变。但人的理性是可变的和不完善的,因此这种法律容易遭到改变。而且,自然法包含着某些经久不变的普遍原则,而人法却包含着随各种环境而变化的特定的具体原则。

答复2:标准应当尽量持久。但服从变化之物不可能绝对不变。因此,人法不能全然不变。

答复3:在有形体的事物中,正当被绝对地断定,而且就其自身而言总是保持正当。但正如前述所言,法律的正当是就共同善而言的,对此同样的事物并不总是适合;因此,这种正当服从变化。

第二节 每当更好的情况出现时法律是否总是应当改变?

我们这么展开第二节:

反论1:似乎只要出现更好的情况人法就应当改变。因为人法是人之理性的设计,这一如其他的技艺。但对其他的技艺而言,如果出现了更好的情况,前一时期的原理会让

① 问题91,第2节;问题96,第2节,答复3。

位给别的原理。因此,同样的结论也应适用于人法。

反论2:再者,过去是未来的鉴戒。除非在出现可能改进的机会时即对人法进行改变,否则无尽的不便就会接踵而至,因为旧法律在许多方面都是粗糙的。因此,一旦出现更好的情况,法律就应当改变。

反论3:还有,人法的颁布针对的是人的个别行为。但除非通过经验,否则我们无法获得个别事项的完善知识,经验需要时间,这正是《伦理学》所要阐明的。① 因此,似乎随着时间的推移,可能会出现更好的立法。

但是相反,《教令集》写道:“改变我们从先祖那里获得的那些传统,这是荒诞可憎的。”②

我的回答是,正如前述所言,人法在其改变有利于共同福利的范围内可以正当地改变。但是,纯粹的改变自身对共同福利是有害的,因为风俗有助于法律的遵守,可以看到与一般风俗相违背的行为,哪怕涉及的是微末的事情,都显得像极其严重的冒犯。结果,在取消风俗的范围内,一旦法律发生变化,法律的约束力就会降低。因此,人法应当一直不变,除非共同福利在所受损害的范围内得到某种形式的

---

① 亚里士多德,《伦理学》,卷二,第一章(1103a 16)。

② 格拉提安,《教令集》,卷一,第十二章,第五节(Ⅰ,28)。

补偿。这种补偿或者产生于颁布新法所带来的一些巨大而明确的利益,或者源于极端危机的时刻,由于这一事实的出现导致既存的法律明显失当,或者遵守它会变得极其有害。因此,大法学家指出,在制定新法律时,在偏离长久以来被视为正义的法律时,应当存在着明显有益处的证据。[①]

答复1:技艺的规则仅仅从理性获得效力,并且一旦发生更好的事情,到此为止所遵守的规则就应当改变。但正如大哲学家所言,法律是从风俗那里获得其主要的效力,[②]因而,它们不应轻易变动。

答复2:这种论证证明,法律应当改变,但并非仅为改变而改变,而是如前所述,为着巨大利益之故,或者出现了极端的必要。这个答案同样适用于对反论3的答复。

第三节　风俗是否获得了法律的效力?

我们这么展开第三节:

反论1:风俗似乎无法获得法律的效力,也不能取消法律。因为如前所述,人法从自然法以及神法那里派生出

---

① 《学说汇纂》,卷一,第四题,第二条(Ⅰ,35a)。
② 《政治学》,卷二,第五章(1269a 20)。

来。[1] 但风俗既不能改变自然法也不能改变神法。因此,它也同样不能改变人法。

反论 2:再者,众多恶加在一起不能变成一个善。但是,第一个逆法而行者却是在作恶。因此,这些行为的累积无论如何收获的都不是善。法律由于是人的行为的规则而是善的,因此,它不被风俗所取消,那么风俗自身也不应获得法律的效力。

反论 3:还有,法律的制定属于那些公共人格者,他们的任务是统治共同体;这也是私人个体无法立法的原因。但风俗随着私人个体的行为而形成。因此,风俗无法获得法律的效力以致去取消法律。

但是相反,奥古斯丁说:天主子民的风俗以及我们先辈的制度应当被视为法律。而且,那些轻视教会风俗的人应当像不服从天主法律的人一样受到惩罚。[2]

我的回答是,所有法律都是立法者意志和理性的产物——神法和自然法源自上帝的理性意志,人法则源于受理性统治的人的意志。那么,正如在实践事项上,人的意志和理性可以通过语言予以明确,它们也可以通过行为表现

---

① 问题 93,第 3 节;问题 95,第 2 节。

② 参照格拉提安,《教令集》,卷一,第十一章,第七节(Ⅰ, 25)。——圣·奥古斯丁(St. Augustine),《书信集》(*Epist.*),第三十六篇,第一章(PL 33, 136)。

出来;因为,人显然会选择善行付诸实施。但是,显而易见,在法律表现人的理性思想和内在运动的意义上,可以通过语言改变和解释它。因此,同样,可以通过行为,特别是那些能够形成风俗的重复性行为,改变和解释法律;而且,通过重复性的外在行为,意志的内在运动和理性的概念得以最为显明地表现出来,以此确立的事物能够获得法律的效力。因为不断重复的事情就如同来自理性深思熟虑的判断一样。因此,风俗具有法律的效力,可以取消法律,并且解释法律。

答复1:如前所述,自然法和神法源于天主的意志。因此,它们不能被来自人的意志的风俗改变,只能由天主的权威加以改变。因此,没有风俗能够压倒神法和自然法;伊西多尔说,使风俗让位于权威,让败坏的风俗为法律和理性所根除。[①]

答复2:如前所述,人法会在一些情形中失效。[②] 因此,有时可能会在法外行动,即在法律失效的情形中行动;而此时该行为却并非恶的。如果这种情形重复累积,人就会做出一些变通,这时风俗就表明法律不再有用;这与对相反行

① 《论同义词》(*Synenym.*),卷二,第八十章(PL 83, 863)。

② 问题96,第6节。

为以语言形式颁布法律具有同样的效果。然而,基于同样的原因,如果法律仍然有用,那么就不是风俗胜过了法律,而是法律克服了风俗;除非法律无用的唯一理由在于,根据该国的风俗它已经不再可能,而可能性恰恰是前文所阐述的法律的一个必要条件。[①] 取消整个民族的风俗是不容易的。

答复3:人们采用一种风俗有两个条件。如果他们是自由的,并且能够制定自己的法律,那么通过风俗所表现的整个民族的同意比君主的权威更能支持特定的守法行为,因为除非代表着民意,否则君主没有立法的权力。因此,虽然个人无法立法,但全体民众却能。然而,如果人们没有给自己立法或者取消上级权威所订法律的自由权力,此时盛行的风俗就获得了法律的效力,只要它们被那些为民众立法者所默认;因为,通过默认的行为,这些人似乎赞成了风俗所采用的方式。

第四节　民众的统治者能否豁免人法?

我们这么展开第四节:

反论1:民众的统治者似乎无法豁免人法。因为如伊西

---

① 《词源学》,卷五,第二十一章(PL 82, 203)。

多尔所言，法律是为共同善所制定的。[①] 但共同善不应因私人的便宜而取消，因为正如大哲学家所言，整个民族的善比个人的善更与神相称。[②] 因此，似乎不应给任何人豁免，以致容许他违反公共的法律。

反论 2：再者，那些被置于高位的人被命令这样行为[《申命纪》(*Deuteronomy*) 第 1 章 17 节]："审案时不可偏袒，无论贵贱，同样听断；任何人都不要怕，因为审判是天主的事。"但容许某人去做对其他人都禁止的事情似乎是有所偏袒。因此，共同体的统治者不能被授予这种豁免，因为这是违反神法的。

反论 3：还有，为了体现公正正当，人法应当与自然法和神法保持一致，否则就无法培养宗教感情，也不利于规训，按照伊西多尔的观点，这些都是法律的本质所要求的。[③] 但无人能够豁免自然法和神法。同样，也不能豁免人法。

但是相反，宗徒却说(《格林多前书》第 9 章 17 节)："分施豁免(dispensation，*dispensatio*)的责任已经委托给我。"

我的回答是，恰当地说，"分施"意味着为个人分出一些

---

① 《词源学》，卷二，第十章；卷五，第二十一章(PL 82，131；203)。

② 《伦理学》，卷一，第二章(1094b 10)。

③ 《词源学》，卷二，第十章；卷五，第三章(PL 82，131；199)。

共同善。因此,家长也被称为“分配者”,因为他按照适当的分量和标准为每位家庭成员分配工作和生活必需品。因此,在一个共同体中称一个人是在“分施”,这是基于他指导个人怎样履行一些共同命令的事实。正如我们前面所解释的,在一般意义上对共同善有益的训令,有时却不利于特定的个体,或在一些特定的情形中不利,这或者是因为它阻碍了更大的善,或者是因为它会偶然地带来恶。[①] 但如前文所述,将此委于每个个体的自由裁量是危险的,除非是因为可能出现的明显而又突然的紧急事件。[②] 因此,统治共同体的人被授权以其权威豁免人法,在法律针对特定的人或事失效时,他被准许可以不去遵守法律的训令。然而,如果他毫无理由而仅仅基于自己意志做出这种准许,那他就是一个无忠诚可言的不审慎的分施者:不忠诚是因为他未考虑共同善,不审慎是因为他忽略了豁免的性质和功能。因此,主说(《路加福音》第12章42节):“究竟谁是那忠信及精明的管家,主人派他管理自己的家仆,按时配给食粮?”

答复1:如果要豁免遵守共同法律的义务,这就应当基于有利的目的而无害于共同善。

---

① 问题96,第6节。
② 同上。

答复2:对那些自身不同等的人施加不同等的措施,这不是对他们的偏袒。因此,如果个人的条件要求他应当受到特别的对待,那么,把他作为特别优待的对象就不是在偏袒他。

答复3:就自然法包含着永不失效的共同原则而言,它不允许豁免。但就其他原则而言,它们是这些共同原则的结论,有时人们可以豁免:例如,对于叛国者不应偿还其委托物,或者类似的事情。但是,对于神法,每个人都处于私人个体在面对其所服从的公共法时所处的境遇之中。因此,正如除了那个法律也要从他那里获得自身权威的人,或者他的代理人,任何人都不能豁免于公共的人法;同样除了天主或者天主为此托付了特别使命的人,任何人都不能豁免于那些来自天主的神法的训令。

问题九十八　论《旧约》法律

（六节）

我们现在要思考《旧约》法律。对此需要思考：(1)《旧约》法律本身；(2)它的训令。[1] 对于第一个论题需要探讨六点：(1)《旧约》法律好吗？(2)它来自天主吗？(3)它是通过天使来自天主吗？(4)它颁布给了所有人吗？(5)它约束所有人吗？(6)它颁布的时机恰当吗？

---

① 问题99。

第一节　《旧约》法律好吗？

我们这么展开第一节：

反论1:《旧约》法律似乎不好。经上说(《厄则克耳书》第20章25节):"我容许他们有不良的法度和不能赖以生存的法律。"但是,除非法律所包含的训令是好的,否则就不能说它是好的。因此,《旧约》法律不是好的。

反论2:再者,正如伊西多尔所言,法律的良好在于它有益于共同福利。[①] 但是,《旧约》法律不是有益的,相反,它是致死的和有害的。因为宗徒说(《罗马书》第7章8节以下):"原来若没有法律,罪恶便是死的。从前我没有法律时,我是活人;但诫命一来,罪恶便活了起来,我反而死了。"同样宗徒说(《罗马书》第5章20节):"法律本是后加的,是为增多过犯。"因此,《旧约》法律是不好的。

反论3:还有,好的法律按照自然和人类习俗都应当是可能遵守的。但是,《旧约》法律却并非如此,诚如伯多禄所言(《宗徒大事录》第15章10节):"现今你们为什么试探天主,在门徒的颈项上,放上连我们的祖先和我们自己都不能

---

① 《词源学》,卷二,第十章;卷五,第二十一章(PL 82, 131; 203)。

负荷的轭呢?"因此,似乎《旧约》法律是不好的。

但是相反,宗徒却说(《罗马书》第7章12节):"法律本是圣的,诫命也是圣的,是正义和美善的。"

我的回答是,毋庸置疑,《旧约》法律是好的。因为正如一个学说由于其符合正确理性的事实而被证明为真,一部法律也由于其符合理性的事实而被证明是好的。《旧约》法律当时是与理性一致的。因为它压制与理性相冲突的欲望,这可由经上的诫命证明:不可贪念邻人的物品(《出谷纪》第20章17节)。而且,这法律也禁止一切违反理性的罪恶。因此,这法律显然是好的。宗徒以同样的方法证明了这一点(《罗马书》第7章):"照我的内心,我是喜悦天主的法律"(22节);他又说:"我若去做我所不愿意的,这便是承认法律是善的"(16节)。

但是,必须指出,正如狄奥尼修斯(Dionysions)所言,"好"有诸多不同的程度。[①] 因为存在着一种完美的好,和一种不完美的好。在趋向目的的事物中,如果某事物自身足以导致目的,那么这就是完美的好;当某事物只具有辅助实现目的的性质,而无法由此足以实现目的,那么这就是不完美的好。因此,对于药品而言,如果它让人健康,那么就是

① 《论神名》(*De Div.*),卷四,第二十章(PG 3, 720)。

完美的好;但如果它只有助于救治,那么就是不完美的好。现在必须看到,人法的目的不同于神法的目的。因为人法的目的是国家的现世安宁,对此法律在那些可能破坏国家和平条件的罪恶方面指引外在行为。与之不同,神法的目的是把人带到永福之境。无论是外部行为,还是内部行为,任何罪恶都会阻碍这个目的的实现。因此,足以导致人法完美者,即,罪的禁止和惩罚,并不足以导致神法的完美。它要求使人完全适于分享永福。这需要圣神的恩宠,以此,那使法律完满的"天主的爱已倾注在我们心中了"(《罗马书》第5章6节),因为"天主的恩宠是永生"(《罗马书》第6章23节)。但是,《旧约》法律无法授予这种恩宠,它预留给了基督。因为经上说(《若望福音》第1章17节):"法律是借梅瑟传授的,恩宠和真理却是由耶稣基督而来的。"因此,《旧约》法律的确是好的,但不完美,诚如《希伯来书》第7章19节所言:"法律本来就不能成就什么。"

答复1:上主在这里指的是礼仪训令,它们之所以不好是因为,尽管人们通过执行它们承认有罪,但它们却不授予免罪的恩宠。因此特别强调说,"和不能赖以生存的法律",即他们不能以此获得生命;经上又说:并使他们因自己的祭献成为不洁,即,当他们将头胎所生的为自己的罪祭献时,显示了他们的不洁。

答复 2：说法律是致死的，这不是指原因，而是指死亡的机会，因为它是不完美的，它没有授予使人践行令行禁止的恩宠。因此，这种机会不是规定的，而是趁机利用的。由此宗徒才说（《罗马书》第 7 章 11 节）：“罪恶藉着诫命趁机诱惑了我，也藉着诫命杀害了我。”同样，当经文说“法律本是后加的，是为增多罪过”时，这里的连词“是为”应被理解为意指连续而非结果。换言之，对人而言，趁着法律的机会，更加犯罪，这既是因为在法律禁止之后罪变得更加严重，也是因为欲望增加了，当事物禁止时，我们对它的欲求会随之增加。

答复 3：没有恩宠的助佑，法律的轭是无法担负的，而法律并没授予这种恩宠。因为经上说（《罗马书》第 9 章 16 节）：“蒙召并不在乎人愿意，也不在乎人努力”，这即是指人愿意并努力遵守天主的诫律，“而是由于天主的仁慈”。所以，经上写到（《圣咏集》第 119 章 32 节）：“我曾奔赴你诫命的路程，因为你舒展了我的心灵。”这即是指给了恩宠和爱。

第二节 《旧约》法律来自天主吗？

我们这么展开本节：

反论 1：《旧约》法律似乎并非来自天主。因为经上说

(《申命纪》第32章4节):"天主的作为完美无比。"但如上所述,《旧约》法律是不完美的。[①] 因此,它不是来自天主。

反论2:再者,经上写到(《训道篇》第3章14节):"我知道,凡天主所行的事,永恒不变。"但《旧约》法律并非持续永恒,因为宗徒说(《希伯来书》第7章18节):"先前的诫命之废除,是由于它的弱点和无用。"所以《旧约》法律不是来自天主。

反论3:再者,睿智的立法者应当不仅消除罪恶,而且消除罪恶的机会。但正如前所述,《旧约》法律是一个罪的机会。因此,颁布这种法律与天主不相称,天主是"无人能比的立法者"(《约伯传》第36章22节)。

反论4:还有,经上说(《弟茂德前书》第2章4节):"天主愿意所有的人都得救。"但是,如前所述,《旧约》法律不足以拯救人。[②] 因此,颁布这种法律与天主不相称。所以,《旧约》法律不是来自天主。

但是相反,我们的主对他为之颁布了《旧约》法律的犹太人说(《玛窦福音》第15章6节):"你们就为了你们的传授,废弃了天主的话。"而他在不久之前(第4节)曾说:"你

① 第1节;问题91,第5节。

② 第1节;问题91,第5节,答复2。

要孝敬父亲和母亲"，这明显地包含在《旧约》法律之中(《出谷纪》第20章12节，《申命纪》第5章16节)。因此，《旧约》法律来自天主。

我的回答是，天主颁布了《旧约》法律，他是我们主耶稣基督的父。因为《旧约》法律以两种方式命人接近基督。其一是作基督的见证。因此，他自己说(《路加福音》第24章44节)："诸凡梅瑟法律、先知并《圣咏集》上指着我所记载的话，都必须应验"；以及(《若望福音》第5章46节)"若是你们相信梅瑟，也许会相信我，因为他是指着我而写的"。其二是作为一种准备。它通过使人停止偶像崇拜而引导人敬拜唯一天主，他将藉着基督拯救人类。因此，宗徒说(《迦拉达书》第3章23节)："在信仰尚未来得以前，我们都被禁锢在法律的监守之下，以期待信仰的出现。"那么，显然为目的做准备和使人达到目的是相同的事情，当我说相同时，我是指它或者通过自身或者通过对象实现。魔鬼不曾制定把人引向基督的法律，后者要放弃自己，依照《玛窦福音》第12章26节所言："如果撒旦驱逐撒旦，那么他的国便呈现分裂。"因此，颁布《旧约》法律的和藉着基督的恩宠而使人得救的是同一位天主。

答复1：一件事物可以不是绝对完美的，但在特定时间内却是完美的。可以说一个孩子在特定时期是完美的，但这不是在绝对意义上说的。因此,也可以说,对照那些颁布时的条件,为孩子颁布的训令尽管不是绝对意义的完美,但也是完美的。而这些就是《旧约》法律的训令。因此,宗徒说(《迦拉达书》第3章24节):"法律就成了我们的启蒙师,领我们归于基督。"

答复2:天主所行的那些事若要持续永恒就持续永恒,这些是他完美的事业。但是,《旧约》法律在恩宠的完美到来之际就被搁置了,这不是因为它似乎是恶的,而是因为它在这个时代的弱点和无用。因为正如宗徒接着所说的:"法律本来就不能成就什么"(《迦拉达书》第3章19节)。因此,他说(《迦拉达书》第3章25节):"信仰一到,我们就不再处于启蒙师的权下了。"

答复3:如前文所述,天主有时容人陷落罪中,以使他变得谦恭。[①] 因此,他也愿意颁布这样一部人以其自身力量所不能实现的法律,以便让人发现,在他们不当地利用自身的权力时是罪人,并且由此变得谦恭,从而会求助于恩宠的助佑。

答复4:虽然《旧约》法律不足以拯救人类,但人类在法律之外尚有天主的其他助佑可资利用,即,对中保者的信仰,古代先父们就是据此称义的,我们亦是如此。因此,在

---

① 问题79,第4节。

给人足以得救的助佑方面，天主并未负人。

第三节　《旧约》法律是通过天使来自天主吗？

我们这么展开本节：

反论1：《旧约》法律似乎不是通过天使颁布的，而是直接来自天主。因为根据《圣咏集》第103章20节所言："上主的众天使，请你们赞美上主，你们是执行他命令的大能臣仆。"天使意指"信使"，这个词代表着臣仆而不是上主。但是，经上说（《出谷纪》第20章1节）："天主训示以下这一切话"，然后接着说："因为我是上主你的天主。"由此可见，《旧约》法律是天主颁布的。而且，在《出谷纪》及别的法律书上，经常重复同样的表达。所以《旧约》法律是直接来自天主的。

反论2：再者，根据《若望福音》第1章17节："法律是藉梅瑟传授的。"但梅瑟直接受之于天主，因为经上写着（《出谷纪》第33章11节）："上主同梅瑟面对面地谈话，就如人同朋友谈话一样。"因此，《旧约》法律是由天主直接颁布的。

反论3：还有，如前文所论，只有君主才能制定法律。[①]

① 问题90，第3节。

但天主是灵魂拯救的唯一君主，而按照《希伯来书》第 1 章 14 节所言，天使们不过是奉职服务的神明。因此，由于《旧约》法律是引导灵魂拯救的，所以不应通过天使颁布。

但是相反，宗徒说（《迦拉达书》第 3 章 19 节）："它原是藉着天使，经过中人的手立定的。"斯德望（Stephen）也说（《宗徒大事录》第 7 章 53 节）："你们这些人接受了藉天使所传布的法律。"

我的回答是，法律由天主通过天使颁布。除了狄奥尼修斯所给出的一般理由，即天主的恩赐应当借助天使传达给人，[①]对于为何《旧约》法律应当通过他们颁布还存在着特殊的理由。因为前文已经申明，《旧约》法律是不完美的，但它却使人准备迎接伴随着基督而来的人类完美的拯救。那么，我们可以发现，无论在何种权力或技艺秩序中，身处最高位者都只实施首要的和完美的行为，而那些为终极完美状态所做的准备则是由他通过下属进行的。这就像造船者自己铆接木板，而准备材料的却是听他指挥、辅助他准备材料的工人。因此，《新约》的完美法律应当由道成肉身的天主直接颁布，而《旧约》法律却由天主的臣仆天使予以颁布。这是恰当的。正因如此，宗徒《希伯来书》开端即要证明《新

① 《论上天的层级》（*De Cae. Hier.*），卷四，第二章（PG 3, 180）。

约》法律优于《旧约》法律。这是因为在《新约》法律中天主“藉着自己的儿子对我们说了话”（第1章2节），而在《旧约》法律中却是“藉着天使所传示的话”（第2章2节）。

答复1:正如教宗格列高利在其《道德论》开端所言:“经上所说向梅瑟显现的天使有时被认为是一位天使，有时则被视为天主:是天使，这实际是就其履行着谈话的职务而言的，是天主，这是因为天主在他里面提供了谈话的权力。”①因此，天使也是以主的名义说话的。

答复2:正如奥古斯丁所言:②“《出谷纪》第33章11节载:上主同梅瑟面对面地谈话;我们很快就可以读到（第33章18节）:求你把你的荣耀显示给我。因此他没有察知他的所见，他向往他所未见。”由此可见，他没有看到天主的本体，也没有被天主直接地教导。当经上说“面对面地谈话”时，这只能被理解为表达了民众的想法，他们认为梅瑟口对口地对话，但天主却是借助附属的造物，例如一位天使和一簇云，向他显现和谈话。或者我们可以说，这种“面对面”意味着某种崇高和熟悉的凝视，但它逊于对神圣本体的直观。

答复3:确实只有君主才能通过其权威制定法律，但是，

---

① 《道德论》（*Moral.*），第一章，“序言”（PL 75,517）。

② 《创世纪文论》（*De Genesi ad Litl.*），卷十二，第二十七章（PL 34, 477）。

他有时在制定法律后通过他者颁布法律。因此,天主以自己的权威制定了《旧约》法律,但却通过天使公之于众。

第四节 《旧约》法律只应颁给犹太人吗?

我们这么展开本节:

反论1:《旧约》法律似乎不应是只颁给了犹太人。因为如前所述,《旧约》法律是使人准备迎接伴随着基督而来的拯救的。但是根据《依撒意亚书》第49章6节:"你做我的仆人,复兴雅各伯支派,领回以色列遗留下的人,还是小事,我更要使你做万民的光明,使我的救恩达于地极。"因此,《旧约》法律当是已颁给了所有民族,而非某个民族。

反论2:再者,根据《宗徒大事录》第10章34、35节:"天主是不看情面的,凡在各民族中,敬畏他而又履行正义的人,都是他所中悦的。"因此,拯救之路不应是只向某个民族打开,而不向其他民族打开。

反论3:还有,如前所述,法律是通过天使颁布的。但是天主并非只向犹太人赐予了天使的帮助,而且也向其他每个民族进行了赐予。正如经上所言(《德训篇》第17章14节):"他给每个民族,立了一个统治者。"另外,他还把世俗的善赐予所有民族,这些对他来说尚不如精神性的善来得重要。因此,他也应是把《旧约》法律颁给了所有民族。

但是相反,经上载(《罗马书》第3章第1、2节):“犹太人有什么优点呢?……从各方面来说,很多:首先,天主的神谕是交托给了他们。”《圣咏集》第147篇20节也说:“他从未如此恩待过其他任何民族,也没有向他们宣示过自己的法律。”

我的回答是,《旧约》法律只颁给犹太人,而不是其他民族,这或许被归之于下述理由:只有犹太民族对崇拜唯一天主保持了忠诚,而其他民族都转向了偶像崇拜,所以他们不配享有《旧约》法律,那样无异于暴殄天物。

但是,这个理由似乎是不恰当的,因为即便是在《旧约》法律颁布后,人们仍然崇拜偶像,而且更为严重。这从《出谷纪》第32章,以及《亚毛斯书》第5章第25、26节可以明显看出:“以色列家!你们在旷野四十年,何尝给我奉献过牺牲和素祭?你们为你们的摩肋客神抬了帐幕,抬了你们的邪神的偶像,你们的楞番神的星辰,这些都是你们为自己制造的。”而且,经上也明确写道(《申命纪》第9章6节):“你应知道,上主你的天主把这肥美的土地赐给你作产业,并不是因了你的义德,因为你原是一个执拗的民族。”但是,这前面的经文却给出了真正的理由:“同时也是为实践上主向你祖先亚巴郎、以撒格和雅各伯起誓所许的诺言。”

对于这个诺言是什么，宗徒说(《迦拉达书》第 3 章 16 节)："恩许是向亚巴郎和他的后裔所许诺的，并没有说'后裔们'，好像是向许多人说的；而是向一个人，即'你的后裔'，就是指基督。"因此，天主把《旧约》法律和其他特别恩惠赐予了那个民族是因为天主向他们的先祖许下了基督从中降生的诺言。根据《肋未纪》第 19 章 1 节："你们应该是圣的，因为我是圣的"，基督从中降生的民族因特别的净化而凸显，这是恰当的。这诺言许给亚巴郎，即基督降生于他的后裔，也不是因为他自己的功绩，而是由于无偿的拣选和神召。因此经上说(《依撒意亚书》第 41 章 2 节)："是谁由东方唤醒了那义人，使他步步跟随自己？"

由此显见，先祖获得应许，后裔接受法律，这仅仅是出于无偿的拣选，正如《申命纪》第四章 36、37 节所载："叫你听到他由火中发出的言语。他由于爱你的祖先，才拣选了他们的后裔。"对于他为何选择这个民族而不是另外一个民族让基督从中而生，奥古斯丁给出了恰当的回答：如果你不想犯错，就不要试图判断他为何选择这个而不是那个。[①]

答复 1：尽管伴随着基督的降生，拯救为所有民族备下

---

① 《若望福音释义》(*Traet.*)，卷二十六，关于第六章，第 44 节(PL 35，1607)。

了，但基督必然降生在某个民族之中，这个民族由此特出于其他民族之上，按照《罗马书》第4章4节所言，他们是以色列人："义子的名分、光荣、盟约、法律、礼仪以及恩许，都是他们的"；"圣神也是他们的，并且基督按血统说，也是从他们来的"。

答复2：对人的情面只发生在那些根据应得原则给予的事物上，它不适用于那些无偿赠予的事物。因为出于慷慨而把自己的东西给予某人而不给予别人，这并不算是一个尊重情面的人。但是，如果他是一个分发共同善的人，不依据个人功绩分配它们，那么他就是看情面的人。那么，天主是无偿地赠予人类拯救的恩惠，如果他把它给予某个人而不是其他人，他也不是看情面的人。因此，奥古斯丁说："天主教导的一切人都是出于同情，他所没有教导的人，则是出于正义。"[1]这正是人类由于先祖犯下的罪而应得的惩罚。

答复3：人类由于罪孽而错失了恩宠的恩惠，但没有丧失自然的恩惠。后者之中即包括天使的奉差，这是各种自然秩序所要求的，换言之，通过中级的存在物统治低级的存在物。根据《圣咏集》第35章7节："上主，是你使人畜生命安全"，天主赐予人和动物的物质帮助也包括于恩惠之中。

① 《论圣人之预定》(*De Praedest. Sanct.*)，卷八(PL 44，971)。

第五节　《旧约》法律约束所有人吗？

我们这么展开第五节：

反论1：似乎所有人都要遵守《旧约》法律。因为无论谁服从国王都要服从其法律。但《旧约》法律是天主颁布的，天主是普世的君王（《圣咏集》第47章8节）。因此，普天民众都要遵守《旧约》法律。

反论2：再者，如果犹太人不遵守《旧约》法律就无法得救，因为经上说（《申命纪》第27章26节）："不坚持这法律的话，而执行的，是可咒骂的。"因此，如果其他人可以在不遵守《旧约》法律的情况下得救，那么犹太人反而比他们处于更糟的困境之中了。

反论3：还有，外邦人可以参加犹太人的宗教仪式并遵守其法律，因为经上写道（《出谷纪》第12章48节）："若有同你在一起居住的外邦人，愿向上主举行逾越节祭餐，他家所有的男子应割损礼，然后才准前来举行，如本地人一样。"但是，如果外邦人不遵守法律也能得救，那么根据神圣命令允许外邦人遵守法律就毫无用处。因此，不遵守《旧约》法律，无人能得救。

但是相反，狄奥尼修斯说，许多外邦人被天使带到天主那里。[1] 但是,显然外邦人没有遵守《旧约》法律。因此,有些没有遵守《旧约》法律者也能得救。

我的回答是,《旧约》法律把自然法的训令公之于众,并添加了某些自身的训令。就那些包含于《旧约》法律之中的自然法训令而言,所有人都要服从《旧约》法律,这不是因为它们属于《旧约》法律,而是因为它们属于自然法。但就那些《旧约》法律添加的训令而言,除了犹太人外,它们对其他人没有约束力。

之所以如此,其理由在于:如前所述,《旧约》法律特别颁布给了犹太民族以使它获得神圣的特权,由此尊敬即将从中降生的基督。那么,当任何法律是为某些人的特别净化而颁布时,这些法律就只约束他们。这就如同一些专门侍奉天主的神职人员受到某些义务的约束,而普通信徒却不受这些义务的约束;同样修会教士要受到其宣誓神业的约束,而世俗教士却不受其约束。与此类同,这个民族受到某些特别规定的约束,而其他民族却不受其约束。因此经上写道(《申命纪》第 18 章 13 节):"你应是成全的,在上主你的天主前毫无瑕疵。"正因如此,他们犹太人采用了一种形式的誓言,这就是《申命纪》26 章 3 节所载的:"我向上主

① 《论上天的层级》,卷九,第四章(PG 3, 261)。

你的天主明认……"

答复1:服从国王者都要服从其法律,这法律是他为所有一般大众订立的。但是,如果他特别命令他家的仆人遵守某些事项,那么其他人就不受此约束。

答复2:一个人与天主的联系愈紧密,他的状况愈佳。因此,犹太民族越是服从于崇拜天主,他们就越优于其他民族。因此,经上写道(《申命纪》第4章8节):"有哪个大民族有这样的礼仪法规、公正的法令和一切法律?"同样的道理,神职人员的状态要优于普通信徒,而修会教士要优于世俗教士。

答复3:外邦人遵守法律会比只遵守自然法更为确定和更加完美地得救;由此准其遵守法律。因此,现在准许普通信徒晋升为神职人员,普通教士成为修会教士,尽管他们不这样也能得救。

第六节 在梅瑟时代颁布《旧约》法律时机恰当吗?

我们这么展开第六节:

反论1:《旧约》法律在梅瑟时代颁布似乎并不适当。因为如前所述,它使人准备迎接伴随着基督而来的拯救。但是,人需要在犯罪之后立即接受这种有益的补救。因此,

《旧约》法律应当在人类犯罪之后立即颁布。

反论2:再者,《旧约》法律是为那些基督将要降生于其中的人的净化而颁布的。那么,关于"后裔,即基督"(《迦拉达书》第3章16节)的诺言,据《创世纪》第12章7节所载,首先对亚巴郎许下。因此,《旧约》法律应当在亚巴郎时代即行颁布。

反论3:还有,由于基督不是降生于诺厄的其他后裔,而是出于亚巴郎,天主的诺言正是向他作出的;而基督也不是降生于亚巴郎的其他后裔,而是出于达味,天主重新跟他拟定了诺言。这正如《撒慕尔纪下》第23章1节所载:"这人,他曾获授关于雅各伯的天主的受传者之神谕,他说……"因此,《旧约》法律如果是在亚巴郎之后颁布的话就应当在达味之后。

但是相反,宗徒说(《迦拉达书》第3章19节):"为什么还有法律呢?它是为显露过犯而添设的,等他所恩许的后裔来到,它原是藉着天使,经过中人的手而立定的。"按照《注解》的解释,这"立定"即是"以一种有序的方式颁布"。[①]因此,《旧约》法律在那个时代颁布是恰当的。

---

① 彼得·伦巴德,《迦拉达书释义》,关于第三章,第19节(PL 192,127)。——参照《注解》(Ⅵ,83B)。

我的回答是,《旧约》法律在梅瑟时代颁布最为恰当。其原因在于法律要施加于两类人:法律施加于那些冷酷骄傲的人,是为压制和驯服他们;法律施加于那些好人,是为教导他们以便实现他们的想往。因此,《旧约》法律应当在适于克服人之骄傲的时机颁布,这是恰当的。人会为两类事物而骄傲,即知识和权力。他骄傲于他的知识,似乎他的自然理性足以实现自身的拯救;由此,为了克服他在这方面的骄傲,把他留在他的理性指导之下,而没有成文法律的帮助。这样,人就能够从经验中获知自身理性之不足,因为在亚巴郎时代人已经深陷偶像崇拜和最可耻的罪恶之中。所以,在那些时代之后,需要颁布一部成文法以作为人类无知的补救措施,"因为法律只能使人认识罪过"(《罗马书》第3章20节)。但是,在人已经受到法律的教导之后,虚弱就证明了他的骄傲,因为他不能完成他所知道的。因此,宗徒总结说(《罗马书》第8章3、4节):"法律因肉性的软弱所不能行的,天主却行了;他派遣了自己的儿子……为使法律所要求的正义,成全在我们身上。"

对于那些好人,《旧约》法律只是一种帮助。那么,这在自然法开始由于犯罪滋生而变得模糊不清之际最为需要;因为这种帮助最好以一种有序的方式授予人们以便把他们从不完美引向完美。因此,这就变成了《旧约》法律应在自然之法和恩典之法之间颁布。

答复1:在初人犯罪之后即行颁布《旧约》法律,这是不恰当的。这既是因为人对自身的理性过于自信,不承认对《旧约》法律的需要,也是因为自然法的指令尚未因惯常犯罪而变得晦暗不明。

答复2:一部法律除非针对整个民族,否则就不应颁布,因为如前文所论,法律是一种一般性的训令。[①] 因此,在亚巴郎时代天主给人订的是人所熟知的训令,在某种程度上可以说是家庭规范。但是,当亚巴郎的后代已然徒增至形成一个民族时,并且当他们摆脱了奴役时,为他们制定一部法律是恰当的。因为按照大哲学家的说法,奴隶不是合于法律引导的民族或城邦的部分。[②]

答复3:法律必须颁布给某个民族,不仅那些基督降生于其中的人接受了《旧约》法律,而且以割损礼为标志的整个民族都接受了,根据《罗马书》第4章11节这正是对亚巴郎承诺和他确信的标志。因此,甚至在达味之前,只要人民聚集起来了,《旧约》法律就必须颁布。

① 问题96,第1节。

② 《政治学》,卷三,第五章(1280a 32);参照卷四,第四章(1291a 9)。

问题九十九 论《旧约》法律的训令

（六节）

我们现在要思考《旧约》法律的训令。这涉及:(1)它们怎样相互区别?(2)每种训令。[①] 在第一个论题之下有六点需要探讨:(1)《旧约》法律是包含若干训令还是仅仅一种?(2)《旧约》法律包含道德训令吗?(3)在道德训令之外,它还包含礼仪训令吗?(4)除这二者之外,它还包含司法训令吗?(5)除这三者之外,它还包含任何其他训令吗?(6)《旧

① 问题100。

约》法律怎样使人遵守其训令。

第一节　《旧约》法律是否只包含一种训令?

我们这么展开第一节:

反论1:《旧约》法律似乎只包含一种训令。因为正如前文所论,法律即是一种训令。[①] 那么,因为只存在一部《旧约》法律,所以它只包含一种训令。

反论2:再者,宗徒说(《罗马书》第13章9节):“其他任何诫命,都包含在这句话里:就是‘爱你的邻人如你自己’。”但这只是一种诫命。因此,《旧约》法律只包含一种诫命。

反论3:还有,经上写道(《玛窦福音》第7章12节):“凡你们愿意人给你们做的,你们也要照样给人做。法律和先知即在于此。”但是整个《旧约》法律都包含在法律和先知之中。因此,整个《旧约》法律只包含一种训令。

但是相反,宗徒说(《厄弗所书》第2章15节):“废除了由规条命令所组成的法律。”正如《注解》对这段所评论的,

---

① 问题92,第2节,答复1。

这里所指的就是《旧约》法律。[1] 因此,《旧约》法律包含许多诫命。

我的回答是,由于法律的训令是具有约束力的,所以它是关于必行之事的。必行之事产生于某些目的的必然要求。因此,一个训令在其特有的意义上显然意指与一个目的的一种关系,因为对于一个目的而言,一个事物或者作为必要而被命令,或者作为有益而被命令。那么,许多事物或者对于一个目的是必要的,或者是有益的。相应地,多种训令就会被给予各种不同的事物以指向一个目的。结果,我们必须说所有《旧约》法律的训令对于一个目的就是一种。但是,根据事物指向目的方式的多样性,它们又是多种。

答复1:由于只指向一个目的,《旧约》法律被说成是一。但是,根据对它所指导的趋向目的的事物的区分,它又包含多种不同的训令。这就像根据建筑艺术目的的单一可以说它是一,因为它的目的即是建造一座房子。但是,根据指向这一目的的行为的多样性,它又包含着各种不同的规则。

答复2:正如宗徒所言(《弟茂德前书》第1章5节):"这训令的目的就是爱",因为每一法律都旨在建立友谊,这

---

① 《注解》(Ⅵ, 91F)。参照安布罗斯(Ambrosiaster),《厄弗所书释义》(*In Ephes.*),关于第二章,第15节(PL 17, 401)。

或者是人与人之间的，或者是人与神之间的。因此，“爱你的邻人如你自己”这一诫命体现着整部法律，它表达了所有诫命之目的。因为当我们为天主之故而爱邻人时，这种对邻人的爱就包含着对天主的爱。因此，宗徒用这一诫命取代了爱天主和爱邻人这两条诫命。对于这两条诫命我们的主说（《玛窦福音》第22章40节）：“全部法律和先知都系于这两条诫命。”

答复3：正如《伦理学》所言，对他人的情感起始于对自身的情感，[1]这是因为人会以看待自己的眼光去看待他人。因此，当说“凡你们愿意人给你们做的，你们也要照样给人做”时，这实际是对爱邻人规则的一种解释，这一规则显白地包含于“爱你的邻人如你自己”之中。因此，它是对这条诫命的一种解释。

第二节　《旧约》法律包含道德训令吗？

我们这么展开第二节：

反论1：《旧约》法律似乎不包含道德训令。因为如前文

① 亚里士多德，《伦理学》，卷九，第四章（1166a 1）。

所述,《旧约》法律与自然法有别。[①] 但是,道德训令属于自然法。因此,它们就不属于《旧约》法律。

反论2:再者,在人的理性不足的地方,才应由神法加以辅助。这在高于理性的信仰之物上可窥一斑。但是,人的理性似乎在道德训令上是充分的。因此,道德训令不属于《旧约》法律,《旧约》法律是一种神法。

反论3:还有,据说《旧约》法律是"叫人死的文字"(《格林多后书》第3章6节)。但是,根据《圣咏集》第119章93条节所言:"我永不忘却你的法令,因为你藉此赐我生命。"道德训令不是叫人死,而是使人有生机。因此,道德训令不属于《旧约》法律。

但是相反,经上写道(《德训篇》第17章9节):他赐给他们训练(discipline, *disciplina*),又赐给他们生命的法律作为产业。而"训练"是属于道德规范的,因为《注解》对《希伯来书》第12章11节[那么一切训练(chastisement),等等]评论说:训练即是以困难锻炼品行。[②] 因此,天主所颁布的《旧约》法律包含道德训令。

我的回答是,《旧约》法律包含道德训令,这从《出谷纪》

---

① 问题91,第4节和第5节;问题98,第5节。

② 《注解》(Ⅵ, 159B);彼得·伦巴德,《希伯来书释义》(*In Hebr.*),关于第十二章,第11节(PL 192, 503)。

第20章13、15节可以清楚地看出："不可杀人，不可偷盗。"这是合乎理性的，因为正如人法的主要目的是建立人与人之间的友谊，而神法的主要目的是建立人与天主之间的友谊。那么，相似是爱的原则，诚如《德训篇》第13章19节所言：一切动物皆爱自己的同类，除非人变得良善，否则就不可能与至善的天主建立任何友谊。因此，经上写道（《肋未纪》第19章2节，第11章45节）："你们应该是圣的，因为我是圣的。"但是，人的良善即是德性，德性使拥有者良善。因此，《旧约》法律有必要把德性行为的训令纳入其中，而这些就是法律的道德训令。

答复1：《旧约》法律与自然法有别，但并非与之完全相异，而是添加其上的东西。因为正如恩宠以自然为前提，神法也必须以自然法为前提。

答复2：神法不仅应在那些人类理性不充分的事情上辅助人，而且也应当在那些人类理性偶然受阻的事情上辅助人。对于自然法最为共同的原则，人类理性不可能在道德事项上普遍犯错。但是，由于习惯于犯罪，它会在具体应为之事上变得晦暗。而且，对于其他道德训令，它们类似从自然法共同原则所得出的结论，许多人的理性会误入歧途，甚至于把本身邪恶的事物判定为合法。因此，需要神法的权威把人从这些缺陷之中救出。因此，信仰的问题不仅包括那些理性不能触及的事物,例如神性的三位一体,也包括那些正确理性可以达到的事物,例如唯一真神。这是为了排除理性易于犯下的各种形式的错误。

答复3:正如奥古斯丁所证明的,[①]在道德训令方面,法律的文字只是形成杀人的机会。这即是说,它只规定何者为善,却不提供恩宠的佑护助其实现。

第三节　《旧约》法律在道德训令之外还包含礼仪训令吗?

我们这么展开第三节:

反论1:《旧约》法律除了道德训令之外似乎不包括礼仪训令。因为任何一部颁给人的法律都是为着指导人类行为的目的。而如前所述,人类行为被称之为道德的。[②] 因此,似乎为人类所颁布的《旧约》法律不应当包括道德训令之外的训令。

反论2:再者,那些被称为礼仪训令的似乎是对天主的神圣崇拜。但是,神圣崇拜是德性的行为,即宗教的行为,

① 《论精神与文字》(*De Spir. et Litt.*),卷十四(PL 44, 216)。
② 问题1,第3节。

正如西塞罗(Cicero)所言,“为神性祭献崇拜和礼仪”。① 既然如前所述,道德训令关涉德性的行为,那么似乎不应把礼仪训令与道德训令区分开来。

反论3:还有,礼仪训令似乎是那些以象征的方式表达的训令。但是,正如奥古斯丁论述的,“在人类所使用的所有符号中,语词具有至高的表达作用”。② 因此,《旧约》法律没有必要包含关于特定象征行为的礼仪训令。

但是相反,经上写道(《申命纪》第4章13节):那十条诫命……又将这诫命写在两块石板上;同时上主也吩咐我将礼仪(ceremonies)和法令(judgements)教训你们,叫你们遵守。但是,《旧约》法律的十条诫命是道德训令。因此,除了道德训令之外,还有仪礼训令。

我的回答是,如前文所论,制定神法主要旨在把人引向天主,而制定人法主要旨在指引相互关系。因此,人法自身并不关注任何与神圣崇拜相关的规定,除非它影响到了人类的共同善。正因如此,我们在外邦人的宗教仪式中可以看到,他们制定了许多涉及神圣事物的规定,这都是因为它们有助于道德规范的形成。另一方面,神法根据人们可以

---

① 《修辞学》,卷二,第五十三章(p. 148[b])。

② 《论基督圣道》(*De Doct. Christ.*),卷二,第三章(PL 34, 37)。

借以被引向天主的秩序要求指导人们相互之间的行为,而把人引向天主才是那一秩序的目标。把人引向天主不仅要通过内在心灵行为,这就是信、望、爱,也要借助某些外部活动,以此人们作出服从天主的表白。这些活动被认为是属于神圣崇拜的。这种崇拜就被称为"礼仪"(ceremony, *caermonia*)——有些人认为它意指"克瑞斯的礼物"(*munia Caereris*)(克瑞斯是掌管果实的神祇),①因为最先向天主供奉的即是果实;或者因为如瓦列里乌斯·马克西姆斯(Valerius Maximus)所言,②"礼仪"在拉丁人中间被用来指代神圣崇拜,它源于罗马附近一个称为克瑞(Caere)的小镇。当罗马被高卢人洗劫时,罗马人的圣物被悉数带到那里,并得到了最为妥善的保管。因此,法律中有关神圣崇拜的训令被特称为礼仪的训令。

答复1:人类行为也延伸到神圣崇拜,因此颁布给人的《旧约》法律也包括关于这些事项的训令。

答复2:正如前文所论,自然法的训令是普遍的,需要加以限定。③ 它既可以由人法限定,也可以由神法限定。正像

---

① 圣·阿尔伯特(St. Acbert),《四部语录注释》(*In* Ⅳ *Sent.*),第一章,第七节(XXIX,19)。

② 《历史轶事集》(*Factorum et Dictorum Memorabilium Libri Noverm*),卷一,第一章(1,1. 10. ed. C. Kempf, Leipsig: B. G. Teubner, 1888, p. 6.)。

③ 问题91,第3节。

那些由人法作出的限定结果被称为实在法而不是自然法，那些由神法作出的限定结果也与属于自然法的道德训令相区别。因此，崇拜天主是一个德性行为，属于道德训令。但是，对这一训令的限定，即他要求以某种牺牲和供奉加以崇拜，则属于礼仪训令。因此，礼仪训令有别于道德训令。

答复3：正如狄奥尼修斯所言，天主之物只能借助感官的相似性向人显现。[①] 当这些相似性不仅由言词表达，而且呈现给感官时，它们更能促动灵魂。因此，在《圣经》中，天主之物不仅通过言词表现的相似性加以规定，如比喻的表达法，而且也通过可以眼见的事物的相似性加以规定，这就与礼仪训令相关。

第四节　除道德训令和礼仪训令之外还有司法训令吗？

我们这么展开第四节：

反论1：在《旧约》法律之中，除了道德训令和礼仪训令之外，似乎不存在司法训令了。因为奥古斯丁说《旧约》法律包括"与引导我们的生活相关的训令以及与预示我们的

---

① 《论上天的层级》，卷一，第三章（PG 3，121）。

生活相关的训令”。[①] 而引导我们生活的训令是道德训令，预示我们生活的训令则是礼仪训令。因此，除这两种训令之外，法律之中不应存在其他训令了。

反论 2：《注解》对《圣咏集》第 119 章 102 节（我不偏离你的约法）评论说，这即是指“不偏离你已为我定下的生活规则”。[②] 但是，生活的规则属于道德训令。因此，司法训令不应被视为与道德训令有别。

反论 3：还有，根据《圣咏集》第 93 章 15 节“直到由正义执行判断”，判断似乎是正义的行为。但是，与其他德性的行为相同，正义的行为属于道德训令。因此，道德训令包含着司法训令，那么就不应与它们有所区分。

但是相反，经上写道（《申命纪》第 6 章 1 节）：这些就是训令（precept）、礼仪（ceremony）和判断（judgment）。这里的训令就代表着道德训令。因此，在道德训令和礼仪训令之外，还存在着司法训令。

我的回答是，如前所述，神法的任务是把人引向天主和指导人们相互之间的关系。广泛而言，这二者都属于自然法的指令范围，道德训令也源于这些指令。但它们中的每

---

① 《驳法斯特》，卷六，第二章；卷十，第二章（PL 42，228；243）。

② 《注解》（Ⅲ，269A）。——参见卡西奥多（Cassiodorus），《圣咏的解释》（*Expos. in Psalt.*），关于《圣咏集》第一百一十八章，第 102 节。

一个都需要神法或人法的限定，因为在思辨事项和实践事项中自然认识到的原则都是普遍的。因此，正如关于神圣崇拜的普遍原则的限定是由礼仪训令作出的，关于人们之间应遵守的正义的普遍原则的限定则要由司法训令作出。

因而，我们必须区分《旧约》法律之中的三种训令，即道德训令，这是由自然法规定的；礼仪训令，这是对神圣崇拜的限定结果；以及司法训令，这是对人们之间应维持的正义的限定结果。因此，宗徒在说“法律本是圣的”（《罗马书》第 7 章 12 节）之后，又补充说，“诫命也是圣的，是正义和美善的”。正义是关于司法训令的；神圣是指礼仪训令（奉献于天主才能称为圣）；美善即有益于德性，这指的是道德训令。

答复 1：道德和司法训令都以人类生活的秩序为目标。因此，它们都包含在奥古斯丁所提及的项目之下，即引导我们生活的训令。

答复 2：判断意指正义的执行，它以一种确定的方式把理性运用于具体案件之中。因此，司法训令与道德训令具有共同之处，它们都派生于理性，与礼仪训令也有共同之处，它们都是对普遍训令的限定结果。有时判断既包括司法训令也包括道德训令，正如《申命纪》第 5 章 1 节所言：“请听我今日向你们耳中所宣示的礼仪和判断”；而有时判断却包括司法训令和礼仪训令，正如《肋未纪》第18章4节所言："应执行我的判断，遵守我的训令"，这里法令指的是道德训令，而判断指的是司法训令和仪式训令。

答复3：一般的正义行为属于道德训令，但是它的特种限定结果却属于司法训令。

第五节　除道德、司法和礼仪训令之外包含任何其他训令吗？

我们这么展开第五节：

反论1：除了道德、司法和礼仪训令之外，《旧约》法律似乎还包含其他训令。因为司法训令属于正义的行为，它处于人与人之间；而礼仪训令属于宗教的行为，天主由此得到崇拜。除了这些之外，还存在许多其他的德性，如前所述，如节制、勇敢、慷慨，等等。[①] 因此，除了前述训令，《旧约》法律还应包含其他的训令。

反论2：其次，经上写道（《申命纪》第11章1节）："你应爱上主你的天主，天天遵守他的训令、他的礼仪、他的判断和诫命。"而如前所述，训令是关于道德事项的。因此，除

① 问题60，第5节。

了道德、司法和礼仪训令之外,《旧约》法律还包含称之为诫命的其他训令。

反论3:再者,经上写道(《申命纪》第6章17节):"应谨慎遵守上主你的天主的训令,以及我吩咐你的宣言和礼仪。"所以除了上述训令之外,《旧约》法律还包含宣言。

反论4:还有,经上写道(《圣咏集》第119章93节):我永不忘却你的公断(justification, *justificationes*)(即《注解》所说的法律)。[①] 因此,《旧约》法律不仅包含着道德、礼仪和司法训令,还包含着称之为"公断"的训令。

但是相反,经上说(《申命纪》第6章1节):"以下是上主你们的天主吩咐我教给你们的训令、礼仪和判断。"这些话是置于《旧约》法律篇首之处的。因此所有的训令都包含其中了。

我的回答是,一些内容以训令的方式包含于《旧约》法律之中,而其他内容则以实现这些训令的方式包含其中。而训令指示应做之事。为了实现它们需要考虑两个方面:立法者的权威和实现的益处。这些益处包括获得一些善,它们是有用的、快乐的或正直的,或者避免一些相反的恶。

---

① 《注解》(*Glossa Interl.*)(Ⅲ, 268v);彼得·伦巴德,《圣咏释义》,关于第一百一十八章,第93节(PL 191, 1090)。

因此,在《旧约》法律中,应当包括一些用以表示立法者天主的权威的内容:例如,《申命纪》第6章4节:“以色列!你要听!上主我们的天主,是唯一的上主”;以及《创世纪》第1章1节:“在起初天主创造了天地。”这些就被称为“宣言”。而且,《旧约》法律也必须规定,守法者应获得奖赏,违法者应受到惩罚。这正如我们在《申命纪》第28章1节所看到的:“你若实在听从上主你的天主的话……你的天主必使你远超过地上所有的民族”,等等。天主对某些人的公正的奖惩就称之为“公断”。

应行之事除非具有义务的属性,否则就无法处于训令之下。而义务有两种:一种是根据理性的规则,另一种是根据规定义务的法律规则。而且,大哲学家也根据同样的方式区分了两种公正,即道德公正和法律公正。[①] 道德义务分为两种,因为理性规定了一些必行之事,这或者是因为不如此德性的秩序将受到破坏,或者是因为如此将有助于德性秩序的维持。据此,一些道德训令以一种绝对命令或禁令的方式表达,例如不可杀人、不可偷盗;这些就是恰当称谓的训令。其他的一些事物则不是作为绝对义务进行规定或禁止的,而是作为最好予以施行之事。这些可以称之为诫

① 《伦理学》,卷五,第七章(1134b 18)。

命,因为它们是以一种引诱和劝导的方式表达的。在《出谷纪》第22章26节可以发现一个例子:“若是你拿了人的外氅作抵押,日落以前,应归还他。”还存在其他类似的例子。因此,哲罗姆(Jerome)说,正义存于训令中,而爱存在于诫命之中。[①]《旧约》法律规定的义务在人间事务方面属于司法训令,在神圣事项方面属于礼仪训令。

然而,那些涉及奖惩的条令也可以称之为“宣言”,只要它们声明了神圣正义。而且,所有的《旧约》训令如果是对法律正义的执行也可以称为“公断”。还有,诫命可以和训令区分开来,那些天主亲自规定的称之为训令,而那些天主通过他人加以命令的称之为诫命,正如“*mandavit*”这个词字面所表示的。

据此,可以清楚看出,所有法律训令或者是道德的,或者是礼仪的,或者是司法的。而如上所述,其他的条令都不具有训令的属性,只是指向这些训令的遵守。

答复1:在一切德性之中,只有正义才具有义务之理。那么,道德事项只有在属于正义的范围内才是可由法律决定的;按照西塞罗的说法,宗教也是正义的一部分。[②] 因此,

---

① 参照贝拉基(Pelagius),《论马尔谷福音》(*In Mark.*),“序言”(PL 30,610)。

② 《修辞学》,卷二,第五十三章(p. 148[b])。

法律正义不可能是礼仪和司法训令之外的其他事物。

至此,对其他反对意见的答复已经昭然若揭了。

第六节 《旧约》法律应当通过现世的许诺和威胁使人遵守其训令吗?

我们这么展开第六节:

反论1:《旧约》法律似乎不应通过现世的许诺和威胁使人遵守其训令。因为神法的目的在于通过敬畏和爱让人服从天主,正因如此经上才写道(《申命纪》第10章12节):"以色列!现今上主你的天主向你要求什么?是要求你敬畏上主你的天主,履行他的一切道路,爱他。"但是,现世的欲望让人舍弃了天主,正如奥古斯丁所言,"贪欲是仁爱的祸根"。[1] 因此,现世的许诺和威胁似乎与立法者的目的相悖,这也使得大哲学家断言,法律由此变得可拒。[2]

反论2:再者,神法比人法更为优异。然而,我们在科学中发现,越是高贵的学科,它所运用的手段越是高超。因此,由于人法使用现世的威胁和许诺以劝服人,那么神法所

① 《杂题八十三》,第三十六题(PL 40, 25)。
② 《政治学》,卷七,第二章(1324b 23)。

使用就不应当仅是这些,还应有更为高级的手段。

反论3:还有,正义的奖赏和罪恶的惩罚不能是那同等地降临到好人和恶人头上的东西。但是,根据《训道篇》第9章2节所言:"无论是义人、是恶人、是好人、是坏人、是洁净的人、是不洁净的人、是祭献的人、是不祭献的人,都有同样的命运。"因此,现世的善恶(goods and evils)不适于规定为神法诫命的奖赏。

但是相反,经上写道(《依撒意亚书》第1章19、20):"假使你们乐意服从,你们将享用地上的美物;假使你们拒绝反抗,你们将为刀剑所吞灭。"

我的回答是,正如在思辨科学中,三段论的方法使人同意其结论,那么在所有法律中,奖惩的手段也使人遵从其训令。我们在思辨科学中可以发现,它们所采用的手段与接受者的条件相适应。因此,接受的过程必须有序展开,教导要首先建立在最为广泛地接受的原则之上。同样,劝导他人遵守任何训令者都需要首先用他所喜爱之物打动他。这就像用小孩的礼物去诱导他做某事一样。那么正如前文已论,《旧约》法律是为人类迎接基督做的准备,这就像不完美者是完美者的准备。[①] 因此,《旧约》法律被颁给了一个相形

① 问题91,第5节,答复2;问题98,第1节,第2节和第3节。

之下尚不完美的民族,完美要待到基督的降临。正因如此,那个民族被比作尚处于启蒙师教导之下的孩子(《迦拉达书》第3章24节)。但是,人的完美在于他鄙薄现世事物,坚守精神之物,宗徒的话即是明证(《斐理伯书》第3章13、15节):"忘尽我背后的,只向在我前面的奔驰。……我们凡是成熟的人,都应怀有这种心情。"那些不完美者追求现世利益,而这些利益附属于天主;但是,那些恶人却把他们的目的置于现世利益之中。因此,《旧约》法律应当通过那些不完美者所喜爱的现世利益把人引向天主,这才是恰当的。

答复1:人们将其目的置于现世利益之中的贪欲确实是仁爱的祸根。但是,人们以附属于天主的方式所追求的现世利益的实现却是不完美者通向天主之爱的道路,正如《圣咏集》第48章19节所言:"你若对他好,他便称颂你。"

答复2:人法通过人所施予的奖惩劝服人,而神法却通过受之于天主的奖惩劝服人。就此而论,后者所使用的手段高于前者。

答复3:任何详读《旧约》故事的人都可以看到,遵守法律时民族兴盛,背离法律时灾难降临。但是,某些人虽然遵守法律的正义却也横遭不幸,这或者是因为他们早已属神(不幸会让他们更加远离对现世事物的留恋,使他们的德性受到试炼),或者是因为他们虽然外表遵行法律,实则内心紧缚于现世利益，远离天主，这正如《依撒意亚书》第 29 章 13 节所刻画的："这民族只在口头上亲近我，嘴唇上尊崇我，他们的心却远离我。"

问题一百　论《旧约》法律的道德训令

（十二节）

我们现在要思考《旧约》法律的每种训令。其中包括：(1)道德训令；(2)礼仪训令；[①](3)司法训令。[②] 对于第一个论题需要探讨12个问题：(1)《旧约》法律的所有道德训令都属于自然法吗？(2)《旧约》法律的所有道德训令都是关于德性行为的吗？(3)《旧约》法律的所有道德训令都可以

① 问题101。
② 问题104。

还原为《十诫》的十条训令吗？(4)《十诫》的训令如何相互区分。(5)它们的数目。(6)它们的顺序。(7)颁布它们的方式。(8)是否可以豁免。(9)遵守德性的心态是否可归于训令之下。(10)爱之心态是否可归于训令之下。(11)其他道德训令的区分。(12)《旧约》法律的道德训令能否使人称义？

第一节　《旧约》法律的道德训令都属于自然法吗？

我们这么展开第一节：

反论 1：似乎并非所有的道德训令都属于自然法。因为经上写道(《德训篇》第 17 章 9 节)："他赐给他们训练，又赐给他们生命的法律作为产业。"但是，训练是与自然法相对立的，因为自然法不是习得的，而是自然本能所拥有的。因此，并非所有道德训令都属于自然法。

反论 2：再者，神法比人法更为完善。但是，人法把某些关于善良道德的事物添加到自然法的内容之上；这可由以下事实证明：自然法对所有人都是一律的，而道德风俗对于各个民族却各不相同。因此，有众多理由可以说明神法应当把关于善良道德的条例添加到自然法之上。

反论 3：还有，正如自然理性会在某些事项上带来善良道德,信仰亦可。由此,经上说(《迦拉达书》第5章6节):“以爱德行事的信德才算什么。”但是,信仰不包括在自然法之中,因为信仰的内容高于自然。所以,神法的道德训令并非都属于自然法。

但是相反,宗徒说(《罗马书》第2章14节):“没有法律的外邦人,顺着本性去行法律上的事。”这必须被理解为与善良道德相关之事。因此,《旧约》法律的所有道德训令都属于自然法。

我的回答是,道德训令与礼仪训令、司法训令的区别之处在于,它们在本质上涉及善良道德之物。由于人类道德依赖于它们与理性的关系,理性是人类行为的恰当原则,那些与理性相符的道德被称为好的,而那些与理性不合的被称为坏的。而且,正如前文所论,每一思辨理性的判断都来自对首要原则的自然知识,那么每一实践理性的判断来自自然地认识的原则。① 根据这些原则,人们可以用不同的方式判断不同的事项。因为有些事项与人类行为的联系如此明显,只需借助这些普遍的首要原则略加思索就可以即刻表示赞成或是反对;然而,另外一些事项却不属于那种无需过多思考、综合各种情况旋即作出判断的范围。并非所有

① 问题94,第2节和第4节。

人都可以谨慎地做到这些，这些专属于智慧者。这就像并非所有人都能思考具体的科学结论一样，它们专属于那些哲学家。最后，还有一些事物只能在天主教导的帮助之下才能作出判断：例如，信仰的事项。

因此，显而易见，由于道德训令是关于善良道德事项的，又由于善良道德与理性一致，还由于每一人类理性的判断必然以某种方式从自然理性得出，那么，这样就可以必然地得出结论说，所有道德训令都属于自然法，只是并非以相同的方式。对于有些事情每个人的自然理性都会主动地、即刻地判断出应做还是不应做：例如，"应孝敬你的父亲和你的母亲"，"不可杀人"，"不可偷盗"（《出谷纪》第 20 章第 12、13、15 节）；这些绝对地属于自然法。另一些事情则是智慧者经过谨慎地思考认为当行的。这些也属于自然法，但它们需要反复教诲，由智慧者教导不智慧者：例如，"在白发老人前，应起立，对老年人要尊敬"（《肋未纪》第 19 章 32 节），诸如此类。还有一些事情，要作出判断，人类理性需要天主的教导，以此我们方能获悉天主之事：例如，"不可制造雕像及诸如此类的像"（《出谷纪》第 20 章 4 节），"不可妄呼上主你天主的名"（《出谷纪》第 20 章 7 节）。

这足以答复反对意见了。

第二节 《旧约》法律的道德训令涉及一切德性行为吗?

我们这么展开第二节:

反论1:《旧约》法律的道德训令似乎并非涉及一切德性行为。因为根据《圣咏集》第119章8节:我要遵守你的公断,遵守《旧约》法律的训令被称为"公断"。但是,公断是正义的执行。因此,道德训令之事是关于正义的行为。

反论2:再者,归于训令之下的都具有义务的性质。但是义务的性质只属于正义,而不属于其他德性,因为正义的特有行为即在于归还每人其应得者。因此,《旧约》法律的道德训令不是关于其他德性行为的,而只是关于正义的行为。

反论3:还有,正如伊西多尔所言,[①]每一法律都为着共同善而制定。而按照大哲学家的说法,在所有德性中只有正义关涉共同善。[②] 因此,道德训令只是关于正义行为的。

但是相反,安布罗斯说:"罪是对神圣法律的违反,对天

① 《词源学》,卷二,第十章;卷五,第二十一章(PL 82, 131; 203)。

② 《伦理学》,卷五,第一章(1130a 4)。

上诫命的违抗。”[1]但是，有些罪是违反所有德性行为的。因此，指导所有德性行为是神法的任务。

我的回答是，如前所述，法律训令指向共同善，[2]它们必须多样化以适应不同种类的共同体。因此，大哲学家教导说，君王统治的国家所制定的法律必须不同于人民统治的国家或者由寡头们统治的国家所制定的法律。[3] 人法指向一种共同体，而神法又指向另一种共同体。因为人法指向民事的共同体，其中人与人相互关联；人们以外在行为相互指向，以此实现相互交往。这种人与人所共享的生活关乎正义，正义的特有功能即在于指导人类共同体。因此，人法只制定关于正义行为的训令。正如大哲学家所解释的，如果它命令其他的德性行为，那么这也只是在它们具有正义本质的前提下。[4]

但是，神法所指向的共同体是由与天主相关的人组成的，这或者是在此生，或者是在来生。因此，神法提出的训令关乎人们在其与天主的关系中得到良好安排的所有事项。人通过其理性或心灵与天主合一，其中存在着天主的

---

① 《论乐园》(*De Parad.*)，卷八(PL 14，309)。

② 问题 90，第 2 节。

③ 《政治学》，卷四，第一章(1289a 11；a. 22)。

④ 《伦理学》，卷五，第一章(1129b 23)。

形象。因此,神法提出了人类理性由此得到良好安排的所有事项。但是,这受到所有德性行为的影响,因为理智的德性在良好的秩序中以其自身设定了理性行为,而道德的德性在良好的秩序中设定了与内在的激情和外在的行为相关的理性行为。因此,神法提出关于所有德性行为的训令显然是恰当的,但要以这种方式提出:把那些如果没有它们德性的秩序(也是理性的秩序)就无法存在的事项纳入到训令的义务之下;把其他的关涉完美德性之良好状态的事项纳入到劝导告诫之下。

答复1:法律诫命的履行,即使是那些与其他德性行为相关的诫命,也具有"公断"的性质,因为人应当服从天主这即是公正;或者因为所有属于人的事物服从理性即是公正。

答复2:恰当地说,正义注重一个人对另一个人的义务;但是,所有其他的德性都注重低级能力对理性的义务。对于这后一种义务大哲学家提到一种比喻意义上的正义。①

从刚才对不同种类共同体的论述中,对第三个反对意见的答复就不言而喻了。

---

① 《伦理学》,卷五,第十一章(1138b 5)。

第三节　《旧约》法律的全部道德训令都可以还原为《十诫》的十条训令吗?

我们这么展开第三节:

反论1:似乎并非所有《旧约》法律的道德训令都可以还原为《十诫》的十条训令。因为法律首要和基本的训令是载于《玛窦福音》第22章37、39节中的"爱你的天主"和"爱你的邻人"。但是,这二者都不包含在《十诫》之内。因此,并非所有道德训令都包含于《十诫》的训令之中。

反论2:再者,道德训令不可以还原为礼仪训令,而是相反。但是,在《十诫》的训令之中,有一条是礼仪的,即"应记住安息日,守为圣日"(《出谷纪》第20章8节)。因此,道德训令不可以还原为《十诫》的全部训令。

反论3:还有,道德训令是关于所有德性行为的。但是,在《十诫》的训令之中只有关于正义行为的训令。通读它们就可以看出这一点。因此,《十诫》的训令并不包括所有道德训令。

但是相反,《注解》对《玛窦福音》第5章11节("几时人为了我,而辱骂迫害你们")评论说,"梅瑟提出《十诫》后,又一部分、一部分地详加解释。"[①]所以,所有法律的训令同时也是《十诫》训令的组成部分。

我的回答是,《十诫》的训令不同于其他训令之处在于,《十诫》训令是天主亲授的,而其他训令则是他通过梅瑟颁布给民众的。因此,《十诫》包含着那些人们的认识直接来自天主的训令。这些训令包括那些只需略加思索就能即刻从首要原则之中得出的训令,以及那些通过神圣浇灌的信仰也能即刻认识的训令。结果,有两类训令并未被视为《十诫》的训令:首要的普遍原则,因为一旦铭刻在自然理性之上就不证自明,无需进一步公布,例如,不应伤害他人,以及其他相似原则;再者,那些智慧者经过谨慎思考证明与理性相符的原则,因为人们从天主处获得这些原则,需要借助智慧者的教导。然而,这两种训令也包含于《十诫》之内,只是包含的方式不同。首要的普遍原则包含于《十诫》之内,就像原则包含于它们的最近结论之中;与之相反,那些借助智慧者的教导而认识的原则包括于《十诫》之内,就像结论包含于它们的原则之中。

答复1:这两项原则都是自然法的首要的普遍原则,对于人类理性而言都是不证自明的,这或者是通过自然,或者

① 《注解》(Ⅴ, 19B)。

是通过信仰。因此，所有《十诫》的训令与这二者的关系就像结论与普遍原则的关系。

答复2：守安息日的训令从某方面来说是道德的，因为它命令人们在神事上费些心思，如《圣咏集》第46章11节所言："你们要停手！应承认我是天主。"就此而论，它被置于《十诫》训令之中；但是，与时间相关的规定却不是道德的训令，而是礼仪的训令。

答复3：义务的概念在其他德性中不如在正义中显著。因此，关于其他德性行为的训令并不像关于正义行为的训令那样众所周知。因此，正义的行为特别归入《十诫》的训令之下，而这些训令正是法律的基本因素。

第四节　《十诫》训令之间的区分适当吗？

我们这么展开第四节：

反论1：《十诫》训令之间的相互区分似乎是不适当的（《出谷纪》第20章）。因为崇拜是一种区别于信仰的德性。而训令是关于德性行为的。但是，《十诫》在开始就说，"除我以外，你不可有别的神"，这是属于信仰的；接着说，"你不可为自己雕刻偶像"，等等，这是属于崇拜的。因此，按照奥古斯丁所主张的，[1]这不是一条训令，而是两条。

反论2：再者，法律的肯定性训令不同于否定性训令，例如，"应当孝敬你的父母"和"不可杀人"。但是，"我是上主你的天主"是肯定性的，而紧跟着的，"除我以外，你不可有别的神"却是否定性的。因此，正如奥古斯丁所言，这是两条训令，不能合为一条。

反论3：还有，正如宗徒所言（《罗马书》第7章7节）："如果不是法律说：'不可贪恋！'，我就不知道什么是贪情。"因此，似乎"不可贪恋"只是一条训令，不应分作两条。

但是相反，奥古斯丁在评论《出谷纪》时，区分出三条训令是涉及天主的，另外七条是涉及邻人的。他的权威地位有效。[2]

我的回答是，不同的权威作者对《十诫》的训令采取不同的区分方式。黑西基阿斯（Hesychius）在评论《肋未纪》26章26节（"十个女人要在一口灶上烤饼"）时说，守安息日的训令不是《十诫》之一，因为对它字面上的遵守并非一直有效。[3] 但是，他区分了四条关于天主的，第一条是"我是上主

---

① 《圣经首七卷词汇选编》（*Quaest. in Heptat.*），卷二，问题七十一，关于《出谷纪》（*Exotus*）第二十章，第3节（PL 34,621）。

② 同上（PL 34,620）。

③ 《肋未纪释义》（*In Levil.*），卷七，关于第二十六章，第26节（PG 93,1150）。

你的天主”,第二条是“除我以外,你不可有别的神”(哲罗姆在评《欧瑟亚书》第10章10节“为惩罚他们的双重罪过”时,[①]也区分了这两条),第三条是“你不可为自己雕刻偶像”,第四条是“你不可妄呼你天主的名”。他也列出了关于我们邻人的六条。第一条是“当孝敬你的父母”,第二条是“不可杀人”,第三条是“不可奸淫”,第四条是“不可偷盗”,第五条是“不可作假见证”,第六条是“不可贪恋”。

但是,首先,如果守安息日的训令绝不属于《十诫》而将其列入《十诫》训令之中,那么这似乎是不般配的。其次,因为经上所说的(《玛窦福音》第6章24节),“谁也不能侍奉两个主人”,与以下两条陈述,“我是上主你的天主”和“你不可有别的神”,似乎具有同样的本质,从而构成一条训令。所以,奥利金(Origen)在区分出四条指向天主时,就把这两条合为一条,把“不可雕刻偶像”视为第二条;把“不可妄呼你天主的名”作为第三条,把“遵守安息日”作为第四条。[②]对于其他六条他与黑西基阿斯(Hesychius)的看法相同。

然而,由于雕刻偶像等除非达到了把它们崇拜为偶像的程度就不被禁止——因为《出谷纪》第25章18节提到,

① 《欧瑟亚释义》(*In Osee.*),卷三,关于第十章,第10节(PL 25,952)。

② 《出谷纪释义》(*In Exod.*),卷七(PG 12, 351)。

天主曾命令制作革鲁宾(Seraphim)的像并置于圣所之内——所以奥古斯丁把"不可有别的神"与"不可雕刻偶像"合在一起比较合理。同样,为苟合而贪恋他人妻子属于肉体的贪欲,而为追求占有而贪恋其他东西则属于眼目的贪欲。因此,奥古斯丁把禁止贪恋他人物品的训令与禁止贪恋他人妻子的训令视为不同的训令。[①] 基于此,他区分出三条指向天主,而七条指向我们的邻人。这种做法比较可取。

答复1:崇拜仅仅是信仰的宣告,所以关于崇拜的训令不应视为有别于那些关于信仰的训令。然而,与信仰相比,训令更应当给予崇拜,因为关于信仰的训令和关于爱的训令都是被《十诫》的训令假定为前提的。这正如自然法的首要的普遍原则对于任何具有自然理性的人都是不证自明的,所以无需颁布,同样,相信天主是具有信仰者的首要的、不证自明的原则;"因为凡接近天主的人,应该信他存在"(《希伯来书》第11章6节)。因此,在信仰的浇灌之外,没有公布的必要。

答复2:在二者不相互包含的情况下,肯定性训令不同于否定性训令。因此,"应当孝敬父母"不包含"不可杀人",

① 《圣经首七卷词汇选编》,卷二,问题七十一,关于《出谷纪》第二十章,第17节(PL 34,621)。

后者也不包含前者。但是,当一条肯定性训令包含于一条否定性训令之中时,或者相反时,我们所发现的就不再是相互区别的训令。因此,就不存在一条训令说“不可偷盗”,还有另外一条说要人保护他人财产的完好无缺,或者把财产归还其主人。同样,也不存在关于相信天主和不相信别的神的不同训令。

答复3:所有贪欲都具有一个共同概念,因而,宗徒在谈论关于贪欲的诫命时似乎它就是一个。但是,因为存在着贪欲的各种不同的具体种类,因而奥古斯丁就区分了关于贪欲的不同禁令。大哲学家也说,贪欲在行为的种类或贪恋的对象上具体而异。①

第五节　《十诫》的训令规定得适当吗?

我们这么展开第五节:

反论1:《十诫》的训令似乎规定得不适当。因为正如安布罗斯所言,“罪是对神圣法律的违反,对天上诫命的违抗。”②但是,罪是按照人反对天主、反对他的邻人或者反对

① 《伦理学》,卷十,第五章(1175b 28)。

② 《论乐园》,卷八(PL 14, 309)。

他自己来区分的。那么,由于《十诫》中并不包括任何指引自己与自己关系的训令,而只包括指引他与天主及他与邻人关系的训令,这似乎使得《十诫》的训令列举得不够充分。

反论2:其次,正如守安息日与崇拜天主有关,守其他的节日和祭祀也与崇拜天主有关。但是《十诫》只包含守安息日的训令。因此,也应包含与其他节日和祭祀相关的训令。

反论3:再者,正如冒犯天主的罪既包括伪证罪,也包括渎神或其他谎称天主教义的罪。但是,只存在禁止伪证的训令:"不可妄呼你天主的名。"因此,也应当存在禁止渎神和歪理邪说的训令。

反论4:还有,正如人对其父母存在着自然之爱,他对其孩子也有自然之爱。而且爱的诫命扩展到所有邻人。但是,正如《弟茂德前书》第1章5节所言:"这训令的目的就是爱",所以《十诫》的训令是指向爱的。因此,正如存在着指向父母的训令,也应存在某些指向孩子和其他邻人的训令。

反论5:再有,对于每一种罪,都有可能在思想中或在行为中犯下。但是,对于某些种类的罪,如偷盗和奸淫,禁止的是行为的罪。换言之,当说到"不可奸淫"和"不可偷盗"时,这是与对思想上的罪的禁止不同的,即,"不可贪恋你邻人的妻子"和"不可贪图你邻人的东西"。因此,同样的区分也应当在杀人罪和假见证罪上作出。

反论6:最后,正如罪既可以基于欲望部分的混乱发生,也可以产生于易怒部分的无序。但是,有些训令禁止欲望的过度,例如经上说"不可贪恋"。因此,《十诫》也应当把一些禁止易怒部分无序的训令包括进去。因此,《十诫》的训令似乎列举得不适当。

我的回答是,我们已经说过,人法的训令指导着他与人类共同体的关系,神法的训令指导着他在天主之下与团体或共同体的关系。任何人想要在一个共同体中相处融洽,就需要满足两个条件:其一,他对共同体首脑的行为适当;其二,他对共同体其他同伴和成员的行为适当。因此,神法必须首先包含着安排人与天主之间关系的训令,其次包含着安排人在天主之下与其他共同生活的人之间关系的训令。

一个人应当给予共同体首脑三样东西:首先,忠诚;其次,尊敬;第三,服务。对主人的忠诚在于不把主权的荣耀给予他人;这就是第一条诫命的含义,即经上说的,"你不可有别的神";对主人的尊敬要求他不应做伤害他的事情,这由第二条诫命传递,"你不可妄呼你天主的名"。应给主人服务以报答臣民从那里获得的恩惠,这属于第三条诫命,为了纪念万物的创造而应守安息圣日。

一个人对其邻人行为适当,这既体现在具体意义上,也体现在一般意义上。具体而言,对于债权人,他应还债;这种意义被用于关于尊敬父母的诫命;一般而言,对于所有人来说,不要伤害任何人,不管是以行为、言词还是思想。以行为伤害邻人,有时是针对其本人,即他本人的存在,这就以"不可杀人"加以禁止;有时是针对与本人相连的人,如关于后代的繁衍,对此,以"不可奸淫"加以禁止;有时是针对其财产,这指向前面提到的二者,对此,以"不可偷盗"禁止。以言词造成的伤害也是禁止的,对此,经上说"不可作假见证害你的邻人";以思想造成的伤害也是禁止的,对此,经上说"不可贪恋"。

指导人对天主行为的训令也可照此方式分为三种。第一种涉及行为,因此经上说,"不可雕刻偶像";第二种涉及言词,因此经上说,"不可妄呼你天主的名";第三种涉及思想,由于守安息圣日属于道德训令,它要求心灵在天主内安息。或者,也可以根据奥古斯丁的观点,第一条诫命是我们敬拜"第一原则"为一;第二条诫命是他的神圣真理;第三条诫命是他的全善,以此我们得以圣化,并在我们的终极目的中安息。①

答复1:对于这个反对意见可以从两个方面加以回答。

① 《圣咏释义》,关于第三十二章,第2节(PL 36, 281)。

首先，因为《十诫》的训令可以还原为爱的训令。有必要接受一条关于爱天主和爱邻人的训令，因为在这方面自然法已经由于罪而变得晦暗。但关于爱自己的义务并没有变得如此，因为在这方面自然法尚保持活力（或者说因为爱自己包含于爱天主和爱邻人之中，毕竟真正的爱自己在于把自己引向天主）。因此，《十诫》只包括指向邻人和天主这两种训令。

其次，《十诫》的训令直接得之于天主，经上写道（《申命纪》第10章4节）："上主将先前所写的，他向你们所说的那十句话，写在这两块版上。"因此，《十诫》的训令必须是民众能立刻理解的。一条训令具有义务的性质。但是，对于一个人来说，特别是一个信徒，理解他对邻人和天主负有特定义务这是容易的。但是，人对他自己而不是别人负有某些义务，这却是不自明的。因为乍一看，似乎每个人在涉及自己的事项上都是自由的。因此，禁止个人身上的混乱的训令是通过智慧者的教导传递给民众的。故而它们不包含于《十诫》之中。

答复2：《旧约》中的所有节日都是为纪念一些神恩而订立的，这或者是过去的神恩，或者是预见到的未来的神恩。类似地，所有的祭祀也是为着相同的目的。在所有要纪念的神恩之中，首要的是创造之恩，守安息日即是为此。因此,在《出谷纪》第 20 章 11 节给出了这条训令的理由:"因为上主在 6 天内造了天地",等等。在所有未来的神恩之中,最主要的,也是最后的即是在天主内安息,这或者是在今生通过恩宠,或者是在来生通过荣耀,加以实现。这种安息也是由守安息日所预示的。因此,经上说(《依撒意亚书》第 58 章 13 节):"假使你在安息日限止你的脚步,在我的圣日停止你的营业,称安息日为喜乐,为上主可敬的圣日。"这些恩惠都首要地附着在人的心灵之中,特别是那些虔诚的人心灵之中。但是,其他节日都是为了纪念某些特定的、现世的和短暂的恩惠,例如,逾越节的庆祝是为了纪念从埃及解放出来,以及作为未来基督苦难的征兆,尽管这是现世的和短暂的,但却把我们带到神性的安息日的安息之中。结果,只有安息日在《十诫》的训令之中得到提及,而其他的节日和祭祀都没有涉及。

答复 3:正如宗徒所言(《希伯来书》第 6 章 16 节):"人都是指着比自己大的起誓;以起誓作担保,了结一切争端。"因此,起誓对所有人都是常见问题。由此,过度发誓是《十诫》训令所特别禁止的事项。但是,歪理邪说的罪仅仅适用于少数人,所以它不需要在《十诫》的训令中涉及。但是,有一种解释认为"不可妄呼你天主的名"这句话即是对歪理邪说的禁止，因为《注解》把它们解释为："不可说基督是受造者。"[1]

答复4：一个人不应伤害他人，这是自然理性的直接指令。因此，《十诫》禁止伤害行为的训令约束着所有人。但是，一个人应当做某事作为报答，这并非自然理性的直接指令，除非他对某人有所负债。儿子对父亲的债非常明显，他不能否认它而逃避它，因为父亲是子女生命与生存的原则，也是抚养和教导之原则。因此，《十诫》只规定了对父母的亲善和服侍。另一方面，对于所受到的恩惠，父母似乎也不亏欠子女什么，事情恰恰相反。而且，子女是父亲的一部分，正如大哲学家所言，父母把子女当作自身的一部分加以爱护。[2] 因此，正如《十诫》不包含对自己行为的条例，同样它也不包含爱自己子女的训令。

答复5：奸淫的快感和财富的好处就其具有快乐的或者有用的、善的性质而言，自身都是欲望的目标。正因如此，它们不仅需要在行为上禁止，而且还要在念想上禁止。但是，杀人和虚假本身就是厌恶的对象（因为对人来说，爱邻

---

① 《注解》，关于《申命纪》第五章，第11节（Ⅰ，337A）；圣·伊西多尔，《旧约释义之出谷》（*Quaest in vet. Test.*），卷二十九，关于第二十章，第7节（PL 83，301）。

② 《伦理学》，卷八，第十二章（1161b，19）。

人和爱真理是自然的),它们之所以被欲求只是为其他事物之缘故。因此,对于杀人罪和假见证罪,只需要规定行为的罪,而无需规定思想的罪。

答复6:如前所述,一切易怒部分的激情都产生于欲望部分的激情。[①] 因此,由于《十诫》的训令在某种程度上是法律的基本因素,所以没有必要提及易怒的激情,而只需要提及欲望的激情。

第六节 《十诫》的十条训令顺序恰当吗?

我们这么展开第六节:

反论1:《十诫》的十条训令的顺序规定得似乎并不恰当。因为我们认识邻人比认识天主更清楚,所以爱邻人似乎要先于爱天主。这也是《若望一书》第4章20节所说的:"那不爱自己所看见的弟兄的,就不能爱自己所看不见的天主。"但是,前三条训令属于爱天主,而后七条才是关于爱邻人的。因此,《十诫》训令的顺序规定得并不恰当。

反论2:再者,德性的行为是以肯定性训令的形式规定的,恶习的行为是以否定性训令的形式禁止的。但是,根据

① 问题25,第1节。

波依修斯在其评论《范畴篇》时的看法，恶习应当在播种德性之前根除。[①] 因此，在关于邻人的训令中，否定性训令应当列于肯定性训令之前。

反论3：还有，法律训令与人的行为有关。但是，思想活动先于言词或外在行为。因此，把"不可贪恋"这样关于思想的训令置于篇末是不合适的。

但是相反，宗徒说（《罗马书》第13章1节）："由天主来的，是有次序的。"但是，如前所述，《十诫》的训令是直接由天主颁布的。因此，它们的顺序恰当。

我的回答是，我们已经说明，《十诫》的训令是人的心灵易于即刻理解的训令。毫无疑问，一物的相反者越是严重违反理性，为理性所厌恶，它就越容易被理性理解。但是，由于理性秩序从目的开端，所以对人来说，对其目的抱持一种混乱态度最为违反理性。然而，人生和社会的目的在于天主。那么，《十诫》的训令就必须首先把人引向天主，反之就是最严重的。这就像在军队中的情形，军队与指挥官的关系就像它与目的的关系，它要求：首先，士兵应当服从指挥官，反之就是最严重的；其次，指挥官要与士兵相互合作。

那么，在我们借以归向天主的事情中，首要的是人应当

① 《亚里士多德范畴篇释义》（*In Cat. Arist.*），卷四（PL 64，277）。

忠诚地服从他,与他的敌人断绝一切关联;其次是应当表现出对他的尊敬;第三才是为他提供服务。因此,在军队中,士兵叛变和通敌是比对指挥官无礼更大的罪,而对指挥官无礼又是比未能提供服务更为严重的罪。

关于指导人对其邻人行为的训令,如果人不遵守他与其负债最多的人之间的正当秩序,那么,这显然是更令理性厌恶、更为严重的罪。因此,在指引人与其邻人关系的那些训令中,首要的位置留给了关于其父母的训令。在其他这类训令中,我们也可以发现根据罪的轻重排列的顺序。因为行为的罪比言词的罪、言词的罪比思想的罪,都更为严重、更令理性厌恶。在行为的罪中,杀人是直接毁灭已经存在的生命,它比奸淫更为严重,因为后者危及的是尚未出生的孩子;奸淫比偷盗更为严重,因为偷盗涉及的只是身外的财物。

答复1:尽管在感知上我们更认识邻人而不是天主,但是,爱天主是爱邻人的原因,这将在后文予以阐述。[①] 因此,把人引向天主的训令要求优先位置。

答复2:正如天主是一切事物的存在原则,父亲也是子女的存在原则。因此,涉及父母的训令置于关于天主的训

① 《神学大全》(Ⅱ—Ⅱ),问题25,第1节;问题26,第2节。

令之后，这是恰当的。这个论证对于关于同类行为的肯定和否定训令也成立，尽管不是完全令人信服。因为，尽管在实践秩序中应当在播种德性之前根除恶习（《圣咏集》第33篇15节："躲避罪恶，努力行善"；《依撒意亚书》第1章16、17节："停止作孽，学习行善"），然而在认识秩序中德性应先于恶习，因为"知直方能识曲"；[①]"法律只能使人认识罪过"（《罗马书》第3章20节）。就此而论，肯定性训令要求被置于首位。但是，这并不是排列顺序的理由，而前文解释的才是。因为在第一块石板关于天主的训令中，肯定性训令被置于了篇末，那是由于对它的违反只是较不严重的罪。

答复3：尽管思想的罪在实践秩序中处于首位，然而对它的禁止只在理性秩序中处于稍后的位置。

第七节　《十诫》的训令表述得适当吗？

我们这么展开第七章：

反论1：《十诫》的训令似乎表述得并不适当。因为肯定性训令指引人行德性的行为，而否定性训令阻止人行恶习的行为。但德性与恶习都相反相成地存在于每一事物上。

---

① 亚里士多德，《论灵魂》（*De An.*），卷一，第五章（411a 5）。

因此,对于《十诫》中有训令规定的任何事物,都应当同时存在肯定和否定两种训令。由此可见,在某些事项上制定肯定性训令,而在其他事项上制定否定性训令,这是不当的。

反论 2:其次,伊西多尔说:"每一法律都以理性为根基。"[①]但是,《十诫》的训令均属于神法。因此,每一训令都应指明理由,而不仅只是在第一条和第三条中。

反论 3:再者,遵守训令理当收获天主之奖赏。但是,神圣的许诺即是训令的奖赏。因此,许诺应当存在于每一训令中,而不仅仅是第一条和第四条。

反论 4:还有,《旧约》法律被称为"敬畏的法律"(the law of fear, *lex timoris*),[②]这是因为它以惩罚的威胁迫人遵守训令。但是,《十诫》的训令都属于《旧约》法律。因此,每一训令都应包括一种惩罚的威胁,而不仅仅是第一条和第二条。

反论 5:再有,天主的所有诫命都应当记下,因为经上说(《箴言》第 3 章 3 节):"要将它们刻在你的心版上。"因此,只在第三条提到记忆这并不恰当。由此可见,十诫的训令似乎表述得不适当。

---

① 《词源学》,卷二,第十章;卷五,第三章(PL 82, 130; 199)。

② 参照圣·奥古斯丁,《论训道篇之道德》(*De Mor. Eccl.*),卷一,第二十八章(PL 32, 1334)。

但是相反,经上写道(《智慧篇》第11章21节):“天主处置一切,原有一定的尺度、数目和衡量。”在表述他的法律时,他更加留意于方式的适当。

我的回答是,最高的智慧存于神法的训令之中,因此经上写道(《申命纪》第4章6节):“因为这样,在万民眼中,才能显出你们的智慧和见识。”以恰当的方式和秩序安排万物,这正是智慧的任务。因此,法律的训令得到了恰当的规定,这是显而易见的。

答复1:肯定一物必然否定其相反者,但否定相反者并非必然肯定它。这犹如说,一物为白,那它必然不是黑;但是,它不为黑并不能必然得出它为白,因为否定比肯定外延更广。因此,“不可伤害他人”这是一条否定性训令,它作为基本的理性命令比“应当善待和服务他人”涉及更多的人。然而,在受到善意对待之后,应当报以善意或服务,如果尚未报偿,那么就是负债者,这是一条基本的理性指令。正如《伦理学》所阐明的,有两类人的恩惠是无人能完全报偿的,即天主和父母。[①] 因此,只存在两条肯定性训令:一条是关于父母应得之尊敬的,另一条关于纪念神恩之守安息日的。

答复2:纯粹道德训令的理由是显明的,没有必要另加

---

① 亚里士多德,《伦理学》,卷八,第十四章(1163b 15)。

说明。但是,有些训令包含着礼仪事项,或者包含着普遍道德训令的限定结果。第一条训令包含着限定,"你不可雕刻偶像",第三条训令包含着对安息日的确定。因此,它们需要表明自己的理由。

答复3:一般来说,人在行为时会追求有用之物。因此,在那些似乎没有有用结果,或者功用会受到阻碍的训令当中就必须添加奖赏的许诺。由于父母已经注定要离开我们,从中难以期待利益,因此,在尊敬父母的训令当中就添加了奖赏的许诺。同样的道理也适用于禁止偶像崇拜,因为人们似乎难以从中获取他们认为通过与魔鬼订约所能获得的明显利益。

答复4:正如《伦理学》所言,对于易于犯罪者,惩罚才是必要的。[①] 因此,惩罚的威胁只加在了那些禁止人们易犯之罪的法律训令之上。人们由于各民族的一般风俗习惯而易犯偶像崇拜之罪。同样地,人们由于频繁使用起誓而易犯假誓罪。因此,威胁就加在了这两条训令之上。

答复5:守安息日是为了纪念过去的神恩。因此,那里特别提到记忆。或者说,守安息日包含着一个添加上去的不属于自然法的限定,所以这条训令需要特别告诫。

---

① 亚里士多德,《伦理学》,卷十,第九章(1180a 4)。

第八节　《十诫》的训令可否豁免?

我们这么展开第八节:

反论 1:《十诫》的训令似乎可以豁免。因为《十诫》的训令属于自然法,而按照大哲学家的说法,自然法在一些情况下会失效,并且可以改变,这就像人性一样。[①] 那么,如前所述,[②]法律不能适用于某些案例之中就是豁免的一个理由。因此,《十诫》的训令可以豁免。

反论 2:再者,人与人法的关系就像天主与神法的关系一样。但人可以从人定的法律之中得到豁免,那么,由于《十诫》的训令是天主制定的,似乎天主也可以豁免它们。我们教会的上司是天主在地上的代理人,正如宗徒所说(《格林多后书》第 2 章 10 节):我所宽恕的——如果我曾宽恕过什么——是为你们的缘故,当着基督的面而宽恕的。所以,教会上司可以豁免《十诫》的训令。

反论 3:再者,《十诫》训令中包含着一条禁止杀人的训令。而人似乎可以作出这方面的豁免:例如,根据人法的规

① 亚里士多德,《伦理学》,卷七,第七章(1134b 29)。

② 问题 96,第 6 节;问题 97,第 4 节。

定作恶者或敌人可以被合法地杀掉。因此,《十诫》的训令是可以豁免的。

反论4:还有,守安息日是《十诫》规定的一条训令。但是,在这方面存在豁免的情形,经上记载(《玛加伯上》第2章41节):"于是在那天大家决定:'即便人在安息日来击我们,我们也应还击抵抗。'"因此,《十诫》的训令是可以豁免的。

但是相反,《依撒意亚书》第24章5节说,有的人受到指责正是因为,"他们越轨犯法,破坏了永久的盟约"。这些话似乎主要就是指《十诫》的训令。因此,《十诫》的训令无法通过豁免改变。

我的回答是,我们前文已经言明,在具体案例中,如果遵守法律的字面含义,立法者的目的就会落空,那么训令就允许豁免。[①] 立法者的目的首要地、主要地指向共同善;其次,指向正义和德性的秩序,以此共同善得到保存。因此,如果任何训令中包含着共同善的保存,或者正义和德性秩序之维持的内容,那么这些训令就包含着立法者的目的,就是不可豁免的。例如,某共同体颁布了法律,要求不要破坏共同体,不要把国家出卖给敌人,或者不要行不公正或罪恶

---

① 问题96,第6节;问题97,第4节。

之事,那么这些训令就不允许豁免。但是,如果颁布其他从属于上述内容的训令,确定了某些特别程序,那么后面的这些训令就允许豁免,因为在特定案例中略去这些训令也不会损害到前面那些包含着立法者目的的训令。例如,为了保卫国家,某个城邦制定法律要求在受到围困时,每个哨岗都要有人把守,某些人可能因为有其他更大的用途而豁免于这条法律。

《十诫》的训令包含着作为立法者的天主的目的。因为第一块石版上把我们引向天主的训令中包含着共同的和终极善的秩序,那就是天主;而第二块石版上的训令包含着人与人之间所要遵守的正义的秩序,即不对任何人行不正当之事,以及给予每人其所应得。这就是《十诫》训令的主旨。因此,这些训令绝对不允许豁免。

答复1:大哲学家所说的不是包含着正义秩序的自然法,因为"应当维护正义"是永不失效的原则。而是遵守正义的某些特定方式,则可能不适用于特定的案例。

答复2:正如宗徒所说(《弟茂德后书》第2章13节):"如果我们不忠信,他仍然是忠信的,因为他不能否认自己。"但如果他取消了他自己的正义秩序,他就否认了自己,因为他本是正义自身。因此,天主不能豁免人,让人不趋向天主,或者不服从天主的正义,就连那些人们相互之间的关系也是如此。

答复 3:《十诫》之所以禁止杀人,这是因为它具有不正义的性质。这条训令包含着正义的观念。然而,人法不能使无正当理由的杀人变得合法。[①] 但是,杀掉作恶者或共同体的敌人并非不正当,这并不违背《十诫》的训令,正如奥古斯丁所评述的,这种杀害不是《十诫》的训令所禁止的杀人。同样,如果一个人的财产被拿走了,而他理当失去这些,那么这就不算《十诫》所禁止的偷盗或抢劫。

因此,当以色列的子民根据天主的命令带走埃及人的物品时(《出谷纪》第 12 章 35 节),这不算偷盗,这是天主判给他们应得之物。同样,当亚巴郎同意杀死自己的儿子时(《创世纪》第 22 章),他也未同意杀人,因为根据天主的命令,他的儿子被杀是正当的,天主才是生死的主宰。因为天主基于我们始祖的罪使所有人遭受死亡的惩罚,不管是公正的还是不公正的,如果一个人是这种神圣权威的判决的执行者,那么他与天主一样不是杀人犯。还有,欧瑟亚娶通奸或淫乱的女人为妻(《欧瑟亚书》第 1 章 2 节),也未犯通奸或淫乱之罪,因为他是在依天主之令行事,天主才是婚姻制度的创制者。

---

① 《论自由意志》,卷一,第四章(PL 32, 1226)。

因此,《十诫》的训令在其包含着正义观念的意义上是不变的,但是在适用于单个行动的限定上,例如,这是或那是杀人行为、偷盗行为或奸淫行为,或者不是,它们是允许改变的。有时,这只能由神圣的权威自身加以改变,即,在那些独属于神圣制度的事项上,如婚姻等;有时也可以通过人类权威改变,即,在那些属于人类管辖范围内的事项上。因为在这些事项上人是天主的代表,但不是全权代表。

答复4:这种限定与其说是一种豁免,毋宁说是一种解释。正如主所指明的(《玛窦福音》第12章3节以下):救人命所必行之事,不算违反安息日的规定。

第九节　德性的心态归于法律训令之下吗?

我们这么展开第九节:

反论1:德性的心态似乎归于法律的训令之下。因为德性的心态即是公正地行正义之事,果敢地行勇敢之事,其他德性以此类推。但是经上命令(《申命纪》第16章20节)"要以正义精神履行正义"。因此,德性的心态归于训令之下。

反论2:再者,立法者的目的是训令的主要内容。但是立法者的目的首要的是使人变成善人,这是《伦理学》讲过的。[1] 因此,德性的心态归于训令之下。

反论3:还有,德性的心态似乎就是自愿而又快乐地行动。而这是归于神法之下的,正如经上说(《圣咏集》第100章2节):"要兴高采烈地侍奉上主";以及"不要心痛,也不要勉强,因为'天主爱乐捐的人'"(《格林多后书》第9章7节)。对此《注解》也说:不论做什么都要高兴地做,这样你就会做得好;如果是悲伤地做,这虽然通过你,却是不由你。[2] 因此,德性的心态应归于法律的训令之下。

但是相反,正如大哲学家所解释的,除非具有德性的习惯,没有人能像有德性的人那样行为。[3] 任何违反法律训令的人都应受到惩罚。那么,结论就成了没有德性习惯的人都应受惩罚,无论他怎样地行为。但这是有违法律目的的,这个目的就是通过使人习惯于良善行为而把人引向德性。因此,德性的心态不属于训令的范围。

我的回答是,正如前文所述,法律的训令具有强制性的力量。[4] 法律强制力的承担者,直接属于法律训令的范围。

---

① 亚里士多德,《伦理学》,卷二,第一章(1103b 3)。

② 《注解》(Ⅲ, 226A; Ⅵ, 72A);圣·奥古斯丁,《圣咏释义》,关于第九十一章,第4节(PL 37, 1174)。

③ 《伦理学》,卷二,第四章(1105a 17);卷八,第八章(1135b 24)。

④ 问题90,第3节,答复2。

正如《伦理学》所指出的，[1]法律通过对惩罚的恐惧施加强制，这是因为法律施加了惩罚的，才能属于法律的训令。但是，在惩罚的确定上，神法和人法却是不相同的，因为法律的惩罚只施加于那些属于立法者判断范围的事物。这是由于法律的惩罚要与事实的裁定一致。那么，人法的制定者只能判断外部行为，因为“人看外貌”（《撒慕尔纪上》第16章7节）；而只有天主，神法的制定者，才能判断意志的内部活动，正如《圣咏集》第8章10节所说：“公义的天主！唯你洞察肺腑和人心。”

由此，我们必须说德性的心态在某些方面既关系到人法也关系到神法，在某些方面它只关系到神法，却不关系人法；而在另外方面，它既不关系人法也不关系神法。就如大哲学家在《伦理学》中所说的，德性的心态由三点构成。[2] 第一点是，人应当“有认识地”（knowingly, *sciens*）行动，这既从属于神法的判断，也从属于人法的判断，因为要是无知地行动，这就是偶然的活动。因此，某些事情按照无知而被判为惩罚或宽恕，这既是根据人法，也是根据神法。

第二点是，人应当“故意地”（deliberately, *volens*）行为，

---

① 亚里士多德，《伦理学》，卷十，第九章（1179b 11；1180a 3；a 21）。

② 《伦理学》，卷二，第四章（1105a 31）。

即出于选择地行动，选择具体的行动。这里包含着双重的内在活动，即意愿（volition）和意图（intention），对此我们在前面已经说过。[①] 对于这二者只有神法，而不是人法，才能作出判断。因为人法并不惩罚想杀人而没杀人的人；但神法却惩罚，如《玛窦福音》第5章22节所言："凡向自己弟兄发怒的，就要受裁判。"

第三点是，人应当"以坚定不移的原则"（act from a firm and immovable principle，*firme et immobiliter habeat et operetur*）行动，这种坚定就是习惯所特有的，并且表明这个行动来自根深蒂固的习惯。就此而论，德性的心态既不属于神法的训令，也不属于人法的训令，例如，一个孝敬父母却没有孝敬之德的习惯的人，无论是人法还是神法都不把他当作违法者进行惩罚。

答复1：行正义行为的心态属于训令的范围，在于它是符合正当秩序的作为，而不在于它是出于正义的习惯。

答复2：立法者的目的与两点有关：第一，他的目标是通过法律的训令把人带到某事上，这就是德性；其次，把他的目的带到与训令的事项本身相关上，这就是导致或倾向德性的事物，即，一个德性行为。训令的目的和训令的相关事

---

① 问题8和问题12。

项是不相同的，这就像在其他事物上目的不同于导致目的者一样。

答复3：应当不具悲伤地行德性活动，这是神法训令的内容，因为悲伤的行为人都不是自愿的。但是对于快乐地行为，即高兴地、欢快地，这在一方面属于训令的范围，这是由于快乐出自对天主和邻人的爱（这种爱归于训令之下），爱是快乐的原因。在另一方面不属于训令的范围，这是由于快乐出于一个习惯；正如《伦理学》所言，行动中的快乐证明了习性的存在。[①] 因为一个行为或者由于其目的而带来快乐，或者由于它来自一个恰当的习惯而带来快乐。

第十节　爱的心态归于神法的训令之下吗？

我们这么展开第十节：

反论1：爱的心态似乎属于神法的训令范围。因为经上写道（《玛窦福音》第19章17节）："如果你愿意进入生命，就该遵守诫命。"这似乎表明遵守诫命足以进入生命。但是，除非以爱心行动，再好的活动也不足以进入生命。因为经上说（《格林多前书》第13章3节）："我若把我所有的财

---

① 亚里士多德，《伦理学》，卷二，第三章（1104b 3）。

产全施舍了，我若舍身投火被焚，但我若没有爱，为我毫无益处。”因此，爱的心态包含于诫命之中。

反论 2：再者，准确地说，爱的心态在于行一切事都是为天主之故。但这也是属于训令范围的，因为宗徒表示（《格林多前书》第 10 章 31 节）：“无论做什么，一切都要为光荣天主而做。”所以，爱的心态属于训令的范围。

反论 3：还有，如果爱的心态不属于训令，那么就可以没有爱地完成法律的训令。而没有爱地做成的也就是没有恩宠地完成的，恩宠总是与爱相连的。因此，也就是可以离开恩宠去完成法律的训令。奥古斯丁断定，这就是贝拉基的错误。[①] 所以，爱的心态是包含于诫命之内的。

但是相反，任何违背诫命的都犯下死罪。如果爱的心态属于训令，那么任何不以爱去行动者都犯下死罪。但是，没有爱的任何人都是在爱之外行动，结果，没有爱的任何人不论做什么都犯下了死罪，而不管这行为本身多么好。这是荒谬的。

我的回答是，人们在这个问题上意见不一。[②] 有些人说爱的心态绝对属于训令的范围，但一个没有爱的人完成这

---

① 《论异端》（*De Haeres.*），第八十八篇（PL 42，47）。

② 参照圣·阿尔伯特，《三部语录注释》（*In Ⅲ Sent.*），第三十六章，第六节（XXVⅢ，677）。

种训令是可能的，因为他能使自己处于接受天主恩爱的状态。他们认为，也不能说没有爱的人无论做任何好事都仍然犯下死罪。因为要人以爱去行为的是一条肯定性训令，并非一直具有约束力，只是在人拥有爱时才有约束力。另一方面，有些人说爱的心态整个地处于训令的范围之外。

这两种意见在某一点上都是正确的。可以从两个方面思考爱的行为。首先，作为行为本身，它是处于对它作出特别规定的法律的训令之下的，例如，"你要爱上主你的天主"（《申命纪》第 6 章 5 节），"你要爱你的邻人"（《肋未纪》第 19 章 18 节）。在这个意义上说，第一种意见是正确的。人并非不能遵守这条与爱的行为有关的训令，因为人可以使自己处于获得爱的状态，一旦拥有它就可以使用它。其次，爱的行为可以被视为其他德性行为的形态。即，其他德性行为指向爱，正如《弟茂德前书》第 1 章 5 节所言"训令的目的就是爱"；前文也说过目的的意向是指向目的的行为的形态或形式。[①] 在这个意义上说，第二种意见在下列说法上是正确的，爱的心态并不归于训令，即"应当孝敬父母"这条诫命并不是指必须基于爱而孝敬父母，而只是要求孝敬他们。因此，孝敬父亲，但没有爱，这也没有违反训令；但他确实违

---

① 问题 8，第 2 节。

反了爱的行为方面的那条训令,由此应当受罚。

答复1:天主没有说,“若你要进入生命,就该遵守某一条诫命”,而是说“该遵守一切诫命”,其中也包括爱天主和爱邻人的诫命。

答复2:爱的训令中包含着应当全心爱天主的命令,这意味着一切都指向天主。结果,除非人把一切事物都指向天主,否则就无法完成爱的训令。因此,孝敬父母的人一定会出于爱而孝敬他们,这不是由于“孝敬父母”这条训令,而是由于“你当全心爱上主你的天主”这条训令。由于这是两条并非一直有效的肯定性训令,它们各自在不同的时间具有约束力,结果可能会出现:一个人执行尊敬父母的训令,却不会同时违犯怠于爱的心态方面的训令。

答复3:除非完成爱的训令,否则就不能完成法律的训令,离开恩宠这是不可能的。因此不可能像贝拉基所坚持的那样,人可以离开恩宠完成法律。

第十一节　在《十诫》之外区分其他道德训令正确吗?

我们这么展开第十一节:

反论1:在《十诫》之外区分其他道德训令似乎是错误

的。因为主已经宣布(《玛窦福音》第22章40节):“全部法律和先知,都系于这两条诫命。”但这两条诫命正是由《十诫》加以解说的。因此无需其他道德训令。

反论2:再者,如前所述,道德训令区别于司法训令和礼仪训令。[1] 但是,普遍道德训令的限定却属于司法和礼仪训令;而且,如前所述,普遍道德训令包含于《十诫》之中,或者甚至是《十诫》的前提。那么,在《十诫》之外规定其他道德训令就是不合适的。

反对3:还有,如前所述,道德训令是关于所有德性行为的。因此,在《十诫》之外,在法律中应包括关于宗教、慷慨、怜悯和贞洁的道德训令,也应当增添关于其他德性的训令,例如,勇敢、节制,等等。但事实却并非如此。因此,在《十诫》的那些道德训令之外再区分出其他道德训令是不合适的。

但是相反,经上说(《圣咏集》第19章8节):“上主的法律是完善的,能畅快人灵。”但是,除了《十诫》中的那些道德训令之外,其他的训令也使人不受罪之玷污,使其灵魂皈依天主。因此,把其他道德训令纳入法律之中也是正确的。

我的回答是,从前文可以明确得出,司法训令和礼仪训

① 问题99,第3节。

令只从对它们的制定中获得效力,[①]因为在制定之前,以这种方式去做,或是以那种方式去做,似乎没有任何影响。但是,道德训令却是从自然理性的命令中获得其效力的,即使它们从未被纳入法律之中仍然如此。那么这里就存在着三个等级。有些是最为确定的,不证自明以致无需颁布。如前所述,这就是"爱天主"和"爱邻人"以及类似的训令,它们自身就是诫命的目的。任何人都不会对它们作出错误的判断。有些训令颇为特殊,对于它们的理由即使未受教育者也能轻易理解,但它们仍需颁布,因为在一些情形中,人类的判断会被引入歧途。这些就是《十诫》中的训令。还有一些训令,它们的理由并非对每个人都自明,而只是对于智慧者自明。这些就是补充到《十诫》之上的道德训令,天主通过梅瑟和亚郎颁给民众。

但是,由于自明之事是我们认识那些未明之事的原则,补充到《十诫》之上的其他道德训令可以作为推论还原为《十诫》的训令。因此,《十诫》的第一条诫命禁止敬拜别的神,为此补充了关于敬拜偶像的其他事情。经上说(《申命纪》第18章10节):"在你们中间,不可容许人使自己的儿子或女儿经过火,也不可容许人占卜、算卦、行妖术或魔术;

① 问题99,第3节。

或念咒、问鬼和求问死者。”第二条诫命禁止假誓。对此补充了渎神(《肋未纪》第24章15节)和歪理邪说(《申命纪》第13章)的禁令。第三条诫命补充了所有的礼仪训令。第四条诫命规定孝敬父母,对此补充了尊敬老人的训令,如《肋未纪》第19章32节所说的:“在白发老人前,应起立;对老年人要尊敬”;以及一些关于尊敬长上、亲善平辈和晚辈的训令。第五条是禁止杀人的诫命,对此补充了禁止仇恨和暴力的禁令,如《肋未纪》第19章16节所说,“不可害你邻人的性命”,以及禁止怀恨自己兄弟的禁令,即“不可怀恨你的兄弟”(17节)。第六条是禁止奸淫的诫命,对此补充了关于娼妓的禁令,如《申命纪》第23章18节所说:“以色列妇女中不可有人当庙妓;以色列男人中亦不可有人作庙倡”;以及关于非自然性爱的禁令,如《肋未纪》第18章22、23节所说:“不可与男人同寝……你不可与任何兽类同寝。”第七条诫命是禁止偷盗的,对此补充了高利贷的禁令,如《申命纪》第23章20节所说:“借给你兄弟银钱,不可取利”;以及欺诈的禁令,如《申命纪》第25章13节所说:“在你的袋里不可有两样砝码”;还有关于欺凌和强取的禁令。第八条诫命是禁止作假见证的,对此补充了错误审判的禁令,如《出谷纪》第23章2节所说:“在争讼的事上,不可随从多数说歪曲正义的话”;以及禁止说谎的禁令:“作伪的案件,你应戒避”;还有禁止诽谤的禁令,如《肋未纪》第19章16节所说:“不可去诽谤你本族人。”余下两条诫命没有进一步的补充内容,因为它们禁止一切邪恶欲望。

答复1:《十诫》的训令以明显规定我们对它们的义务的方式,指向爱天主和爱邻人。但是,其他的训令并没有这么明显地规定。

答复2:礼仪训令和司法训令成为《十诫》训令的限定结果,是通过对它们的制定,而不是凭借一种自然本能,像补充的道德训令那样。

答复3:如前所述,法律的训令指向共同善。[①] 由于那些把我们的行为指向他人的德性直接与共同善相关,贞洁的德性也是如此,还因为生育行为有益于种类的共同善,所以《十诫》和补充的训令对这些德性都直接予以规定。至于勇敢的行为,指挥官在战争中发出的命令,承载着共同善。这就像《申命纪》20章3节清楚表明的,祭司受命对百姓说:“你们不要恐慌,不要在他们面前战栗。”同样的道理,对暴食行为的禁令也留待父母的诫免,因为它是违反家庭利益的。因此经文上以父母的身份说(《申命纪》第21章20节):“我们这个儿子不听我们的劝告,是个放荡的酒徒。”

---

① 问题90,第2节。

第十二节　《旧约》法律的道德训令能否使人称义？

我们这么展开第十二节：

反论1:《旧约》法律的道德训令似乎能使人称义。因为宗徒说(《罗马书》第2章13节):“在天主前,并不是听法律的算为义人,而是实行法律的才称为义人。”实行法律的就是完成法律的训令。因此,对法律训令的完成是称义的一个原因。

反论2:再者,经上说(《肋未纪》第18章5节):“你们应遵守我的法令和规定,遵守的人必因此获得生命。”但人获得神性生命要通过正义。因此,对法律训令的完成是称义的一个原因。

反论3:还有,神法比人法更为有效。但是人法尚可使人称义,因为存在一种由完成法律命令所构成的正义。因此,《旧约》法律的训令能使人称义。

但是相反,宗徒说(《格林多后书》第3章6节):“文字叫人死。”奥古斯丁认为这甚至是指道德训令。[①] 因此,道德训令不能使人称义。

---

① 《论精神与文字》,卷十四(PL 44, 215)。

我的回答是，正如“健康的”本义首先是指“拥有健康者”，其次是指“健康的保证或标志”。因此，“称义”本义首先是指“正义的实现”，其次是指“正义的标志”或者“倾向正义”。如果在后面两种意义上理解正义，那么显然可以通过法律训令获得。因为这些训令使人处于证明基督恩宠的状态，它们也征表着这种恩宠。正如奥古斯丁所言，“那民族的生活预示和征兆着基督的到来”。[①]

但是，如果我们论及本义的称义，那么我们必须注意到，它既存在于习惯之中，也存在于行为之中。由此，就可以从两个方面思考。首先，人通过拥有正义之习惯而成为正义的；其次，他行正义之行为，在这个意义上称义就是执行正义。从前文所论可以清楚看出，正义与其他德性一样，或者表示后天修成的德性，或者表示先天灌输的德性。[②] 后天修成的德性是由行为带来的，但是先天灌输的德性则是天主通过恩宠施加的。后者才是真正的正义，也是我们这里所要探讨的。在这方面，一个人才可以说是天主面前的义人，如《罗马书》第 4 章 2 节所说：“如果亚巴郎是由于行为，成为义人，他就可以自夸了；但不是在天主前。”因此，这

① 《驳法斯特》，卷二十二，第二十四章（PL 42，417）。

② 问题 63，第 4 节。

种正义不能由道德训令带来，它们只是关于人类行为的。并且因此，道德训令不能通过带来正义而使人称义。

另一方面，如果我们把称义理解为正义之执行，那么《旧约》法律的一切训令都能使人称义，只是方式不同。礼仪训令总体来说包含着正义，因为它们旨在供奉天主。然而，个别来说它们并不包含本身即是正义的，而只是包含那作为神法的一个限定结果是正义的。因此，这些训令除了通过那些遵守它们的人的奉献和服从之外，并不使人称义。而对于道德训令和司法训令而言，它们无论在总体上还是具体上都包含着正义。但是，根据《伦理学》，道德训令所包含的正义是"一般正义"，即"每一种德性"；[①]而司法训令则属于"特殊正义"，这是关于人与人之间连接彼此生活方式的盟约的。

答复1：宗徒把称义视为正义之执行。

答复2：完成法律训令的人在其中获得生命是因为他不会遭到违反法律者所应受到的死亡惩罚。宗徒也是在这个意义上援引这段经文的（《迦拉达书》第3章12节）。

答复3：人法的训令使人通过后天获得的正义称义，但我们这里所探讨的不是这种称义，而是那种在天主面前的正义。

---

① 亚里士多德，《伦理学》，卷五，第一章（1129b 30）。

问题一百零一　论礼仪训令

（四节）

我们现在要思考礼仪训令。首先是它们本身，其次是它们的原因，[①]第三是它们的期间。[②] 在第一个论题之下有四点需要探讨：(1)礼仪训令的本质；(2)它们是否是象征性的？(3)是否应该存在许多？(4)它们的不同种类。

① 问题 102。
② 问题 103。

第一节　礼仪训令的本质是否在于它们与崇拜天主相关？

我们这么展开本节：

反论1：礼仪训令的本质似乎不在于它们与崇拜天主相关。[①] 因为在《旧约》法律中存在着一些犹太人戒食的训令（《肋未纪》第11章19节）；也存在着一些禁止穿某些服饰的训令，例如，“用两种线织成的衣服，不可穿在你的身上”（《肋未纪》第19章19节），以及“命他们世世代代，在自己衣边上做上繸头”（《户籍纪》第15章38节）。但是，这些都不是道德训令，它们在《新约》法律中都没有得到保留。它们也不是司法训令，与对人与人之间关系的裁断无关。因此，它们是礼仪训令。然而，它们似乎与崇拜天主毫无关系。因此，礼仪训令的本质不在于它们与神圣崇拜相关。

反论2：有些人认为礼仪训令是那些与节日相关的训令，它们之所以得名似乎与在节日中点燃的“蜡烛”（*cerei*）有关。[②] 但是，也有许多节日之外的事情与天主崇拜相关。

---

① 参照圣·阿尔伯特，《四部语录注释》，第一章，第七节（XXIX，19）；西塞罗，《论神性》（*De Nat. Deor.*），卷二，第二十八章（p. 78）。

② 圣·阿尔伯特，《四部语录注释》，第一章，第七节（XXIX，18）。

因此,称之为礼仪训令似乎并不源自于它们与神圣崇拜相关。

反论3:再者,有些人说礼仪训令是救赎的形式,即救赎的法则,因为希腊文"*chaire*"与拉丁语"*salve*"同义。[①] 但是,法律的全部训令都是救赎的规则,而不仅仅是那些与天主崇拜相关的训令。因此,不仅仅只有这些训令才被称为礼仪训令。

反论4:拉比梅瑟说礼仪训令是那些没有明确理由的训令。[②] 但是,许多与天主崇拜相关的事情都有明确的理由:例如,守安息日、逾越节和住棚节以及其他的事情在法律中都规定了明确的理由。因此,礼仪训令并非那些与天主崇拜相关的训令。

但是相反,经上写道(《出谷纪》第18章19、20节):"关于民众与天主之间的事情由你管理,你要教导民众礼仪和敬拜的方式。"

我的回答是,如前所述,礼仪训令是把人指向天主的道德训令的限定结果,这正如司法训令是把人指向邻人的道德训令的限定结果。[③] 人通过执行对天主应有的崇拜而通

---

① 尚不清楚。

② 梅瑟·迈蒙尼德(Moses Maimonides),《迷途指津》(*Guide*),卷三,第二十八章(p.314)。

③ 问题99,第4节。

向天主。因此,那些恰当地称为礼仪训令的训令即是关于神圣崇拜的。这么称呼的理由在我们前面区分礼仪训令和其他训令时已经说明了。[①]

答复1:神圣崇拜不仅包括祭献之类直接指向天主的东西,还包括敬拜者敬拜他时应当准备的东西。这正像在其他事物中,为目的而准备的东西也属于关于目的的学问的范围一样。相应地,那些关于天主敬拜者的服饰和食品的法律训令,以及其他类似的事物,也与敬拜者的某种准备活动有关,为的是让他们适合进行神圣崇拜。这就像那些辅佐君王的人要有某些特别的尊奉。因此,这些都包含于礼仪训令之中。

答复2:这种对"礼仪"称呼的所谓解释似乎非常不可能,尤其是法律中并不包括许多在节日点蜡烛的事例,因为正如《肋未纪》第24章2节所说,即便是圣殿的灯台所添加的也是橄榄油。然而,我们可以说一切关于神圣崇拜的事情在节日庆典时都会得到更为仔细的遵行。因此,可以说全部礼仪训令都包含于节日的遵守之中。

答复3:对"礼仪"称呼的这种解释似乎也不太中肯,因为"礼仪"这个词不是希腊语,而是拉丁语。然而,我们可以

---

① 问题99,第3节。

说,由于人的救赎源于天主,那些训令似乎首先是把人引向天主的救赎规则。相应地,那些涉及神圣崇拜的训令就被称之为礼仪训令。

答复4:对礼仪训令的这种解释有一定的可能性。但称它们为礼仪并非就是因为它们不存在明确的理由,相反,这是它们的一种结果。因为如我们随后将要讲到的,这些涉及神圣崇拜的训令必然采取象征性的形式,结果就使得它们的原因变得不那么明确了。

第二节 礼仪训令是否是象征性的?

我们这么展开第二节:

反论1:礼仪训令似乎不是象征性的。正如奥古斯丁所言,要清晰地表述教导内容以便容易理解,这是每个教师的职责。① 这似乎对于法律的制定也是必要的,因为法律的训令是针对人民大众提出的。正如伊西多尔所断言的,法律应当明确。② 因此,如果法律的训令只是某物的象征,那么梅瑟就似乎不应在没有解释它们意涵的情况下宣布它们。

① 《论基督圣道》,卷四,第八章及第十章(PL 34, 98; 99)。

② 《词源学》,卷二,第十章;卷五,第二十一章(PL 82, 131; 203)。

反论 2:其次,为崇拜天主所做的事情应当是完美无缺的。但是,代表(represent, *repraesentada*)他者的行为似乎具有戏院的味道,因为戏院前台的表演是代表他者行为的。这些事情似乎不应在崇拜天主中发生。但如前所述,礼仪训令就是为着神圣崇拜的,所以它们不应是象征性的。

反论 3:再者,正如奥古斯丁所言,崇拜天主主要是用信、望、爱。[①] 但是,信、望、爱这些训令都不是象征性的。因此,礼仪训令不应是象征性的。

反论 4:还有,主说(《若望福音》第 4 章 24 节):"天主是神,朝拜他的人,应当以心神、以真理去朝拜他。"但是,象征并不是真理本身,二者甚至相互分立。因此,涉及神圣崇拜的礼仪训令不应是象征性的。

但是相反,宗徒说(《哥罗森书》第 2 章 16 节):"不要让任何人在饮食上,或在节期,或月朔或安息日等事上,对你们有所规定。这一切原是未来事物的阴影。"

我的回答是,如前所述,礼仪训令涉及天主崇拜。[②] 而神圣崇拜有两种:内在的和外在的。因为人由灵魂和身体

---

① 《信、望、爱手册》(*Enchir.*),卷三、卷四(PL 40, 232; 233)。

② 第 1 节,问题 99,第 3 节和第 4 节。

构成,每个方面都应当对天主崇拜,灵魂通过一种内在的崇拜,而身体通过一种外在的崇拜。由此,经上才说(《圣咏集》第 83 章 3 节):“我的心灵以及我的肉身,向生活的天主踊跃欢欣。”正如身体通过灵魂趋向天主,所以外在崇拜以内在崇拜为本旨。而内在崇拜在灵魂通过理智和感情与天主的合一。因此,根据崇拜天主的人的理智和感情正确联系天主的不同方式,他的外在行为也对应于神圣崇拜的不同方式。

在未来至福状态,人类理智将直接荣见神圣真理本身,所以外在崇拜就不是什么象征,而是对天主的颂扬,完全发自内在的认识和感情,正如《依撒意亚书》第 51 章 3 节所说:“其中必有欢乐和愉快、感恩和颂扬之声。”

但是,在现世的生活中,我们不能荣见神圣真理自身,正如狄奥尼修斯所言,我们需要神光以某种感觉象征的形式照亮我们,然而,这根据不同的人类认识状态有不同的方式。在《旧约》法律中,如宗徒所断定的,不仅神圣真理没有现身,就连通向它的道路也尚未打开(《希伯来书》第 9 章 8 节)。因此,《旧约》法律中的外在崇拜应是象征性的,这不仅是针对我们天堂国度显露的未来真理,也是针对基督这一通向天堂的道路。但是,在《新约》法律之下,这种道路已经揭示了,再也不需要作为未来之事的预见了,而是作为过去或当下之事加以回忆。只有那代表未来荣光的真理尚未揭示出来,才需要预见。这就是宗徒所说的(《希伯来书》第10章1节):“法律只有未来美物的影子,没有那些事物的真相。”影子要次于真相,真相属于《新约》,而影子属于《旧约》。

答复1:天主之事若非以适应于人的能力的方式,否则就无法揭示,人就会由于轻视他所不能理解之物而陷于跌落的危险之中。因此,对于尚不开化之人在象征的面纱之下揭示天主的奥义比较有益,这样人们就可以在用这些象征尊敬天主之人物间接认识天主的奥义。

答复2:就像人类理性无法把握诗性表达是由于它们缺少真理,它不能完美地把握神圣事物是因为它们所含真理的高妙。因此,在两种情况下都需要感觉象征的符号。

答复3:奥古斯丁所说的是内在的崇拜。然而,如前所述,外在的崇拜应指向它。

同样的回答也适用于第四个反对意见,因为人受基督教导要完美地实践对天主的神圣崇拜。

第三节　应有许多礼仪训令吗?

我们这么展开第三节:

反论1:似乎不应有许多礼仪训令。因为那些导致目的者应当与目的本身相称。但是如前所述,礼仪训令指向天主崇拜和基督预示。“可是为我们只有一个天主,就是圣父,万物都出自于他……也只有一个主,就是耶稣基督,万物藉他而有”(《格林多前述》第8章6节)。所以,不应有许多礼仪训令。

反论2:再者,根据伯多禄所说(《宗徒大事录》第15章10节):“你们为什么试探天主,在门徒的颈项上,放上连我们的祖先和我们自己都不能负荷的轭呢?”太多的礼仪训令会增加违犯的机会。而对神圣训令的违犯是人之救赎的障碍。如伊西多尔所言,[1]每一法律都应有益于人之救赎。因此,似乎不应制定太多的礼仪训令。

反论3:还有,如前所述,礼仪训令指向天主的外在和身体的崇拜。但是,法律应当减少这种身体的崇拜,因为它要把人带向基督,而正如《若望福音》第4章23节所说的,基督教导人们“以心神、以真理”崇拜天主。因此,不应有许多礼仪训令。

但是相反,经上说:“我为他们写了许多法律”(《欧瑟亚书》第8章12节)。以及“但愿天主将智慧的秘密启示给你,即他的法律是多方面的”(《约伯传》第11章6节)。

---

① 《词源学》,卷二,第十章;卷五,第三章(PL 82, 131; 199)。

我的回答是，如我们前面所论，每一法律都是颁给民众的。[1] 其中包括两种人：有些易于作恶，如前所述，这种人必须以法律的训令加以强制；[2]另一些人倾向于行善，或者是出于本性，或者是出于习惯，或者甚至出于恩典，对这些人需要以法律的训令加以教导和提升。相应地，对于这两种人，《旧约》法律应该包含许多礼仪训令。因为在犹太民族中存在着许多易犯偶像崇拜的，所以有必要通过礼仪训令把他们从偶像崇拜中召回到天主崇拜。并且，由于人们崇拜偶像有多种方式，所以必须设计许多抑制每种偶像崇拜的方式，对这些人规定许多义务，以便使他们在神圣崇拜的义务之下承载重负，从而无暇顾及偶像。另一方面，对于那些倾向于行善的，同样也需要有许多礼仪训令。这既是为了使他们的心思以多种方式归向天主，并且经久不坠；也是因为这些礼仪训令所预示的基督的奥义为世上带来了许多有益之事，并且为人提供了许多体贴，这需要以多种礼仪加以标示。

答复1：如果导致目的者足以导致目的，那么它就是目的的充分条件。如果一剂药品足以有效地使人恢复健康，

---

① 问题96，第1节。

② 问题95，第1节。

那么就无需再增加。但是,如果导致目的者是有欠缺的、不完美的,那么就需要再增加。当一剂药品不足以治愈时,就需要给病人提供多剂。《旧约》法律的礼仪不管是在呈现无法企及的基督奥义,还是使人心归向天主上都是有欠缺的、不完美的。因此,宗徒说(《希伯来书》第7章18、19节):“先前的诫命之废除,是由于它的弱点和无用,因为法律本来就不能成就什么。”因此,这些礼仪需要多种。

答复2:睿智的立法者应当容忍较小的侵越以避免较大的违犯。因此,为了避免偶像崇拜的罪恶,以及存在于犹太人心底的因遵行全部法律训令将产生的骄傲,即使可能出现诸多未能遵行的情况,这也无法阻止天主为他们颁布众多的礼仪训令。

答复3:《旧约》法律以多种方式减少了身体崇拜。因此,它禁止在任何地方及由任何人所进行的供奉。正如埃及的拉比梅瑟所证明的,许多这种事情被规定下来以减少身体崇拜。① 然而,不许把对天主的身体崇拜减少到容许人堕入偶像崇拜的地步。

① 梅瑟·迈蒙尼德,《迷途指津》,卷三,第三十二章(p.325)。

第四节　把《旧约》法律的礼仪区分为祭祀、圣物、圣事和守则合适吗？

我们这么展开第四节：

反论 1：把《旧约》法律的礼仪区分为祭祀（sacrifice, *sacrificia*）、圣物（sacred thing, *sacra*）、圣事（sacrament, *sacramenta*）和守则（observance, *observantias*）似乎是不合适的。[①] 因为《旧约》法律的礼仪是对基督的预示。但是这只有通过祭祀才能实现，这些祭祀预示着基督的自我牺牲，“为我们把自己献出，献于天主作为馨香的供物和祭品”（《厄弗所书》第 5 章 2 节）。所以，唯有祭祀是礼仪。

反论 2：其次，《旧约》法律指向《新约》法律。但是，在《新约》法律中祭祀即是“祭坛上的圣事”（Sacrament of the Altar, *Sacramentum Altaris*）。所以，在《旧约》法律中不应有祭祀和圣事的区分。

反论 3：再者，圣物即是奉献给天主之物。在这个意义上，圣所和器皿都是奉献用的。但如前文所述，全部礼仪训

① 参照彼得·伦巴德，《嘉言录》，卷四，第一章，第六节及第四节（Ⅱ，748；746）。

令都是为崇拜天主。因此,所有礼仪都是圣物。所以,圣物不应视为礼仪的一个部分。

反论4:再有,“守则”的名称来自“遵守”。但是,法律的全部礼仪训令都需要遵守。因为经上写道(《申命纪》第8章11节):“你应小心,别忘记上主你的天主,而不遵守我今天吩咐你的诫命(commandments)、判断(judgments)和礼仪(ceremonies)。”所以,不应把守则视为礼仪的一个部分。

反论5:还有,隆重的节日应被视为礼仪的一个部分,因为它们是“未来事物的预示”(《哥罗森书》第2章16、17节)。按照宗徒的说法(《希伯来书》第9章9节),供物和祭品似乎也是如此。但这些似乎都不能归入上述提到的那些内容之中。因此,上述对礼仪的区分是不适当的。

但是相反,在《旧约》法律中上述每种都称之为一项礼仪。祭祀称作礼仪(《户籍纪》第15章24节):“全会众应献一公牛犊当全燔祭……并依照礼规献素祭和奠酒礼。”对于圣事经上写道(《肋未纪》第7章35节):“这是亚郎和他的儿子,在受传之礼仪中受命。”对于圣物同样写道(《出谷纪》第38章21节):“这些是圣所的器皿,为肋未人在礼仪中用的。”对于守则又写道(《列王纪上》第9章6节):“如果你们……远离我,不遵守我……给你们颁赐的诫命和律例。”

我的回答是,如前所述,礼仪训令为神圣崇拜而设。在这种崇拜中,我们要考虑崇拜本身、崇拜者和崇拜用具。崇拜特别在于供奉牺牲,这是为了尊崇天主而供奉。崇拜用具即圣物,例如圣所和器皿等物。对于崇拜者应当考虑两点。第一点是他们为神圣崇拜的准备,这由民众或其祭司的某种祝圣仪式完成,这涉及圣事。第二点是他们的特别生活模式,这把他们与那些不进行天主崇拜的人区分开来。这涉及守则,例如在饮食和服饰等事项上的规定。

答复1:在特定的地方由特定的人进行的供奉,这是必须的。所有这些都与天主崇拜相关。因此,他们供奉的牺牲是预示基督的自我牺牲,他们的圣事和圣物也预示着《新约》法律中的圣事和圣物,而他们的守则则预示着《新约》法律之下人们的生活方式。这一切都与基督相关。

答复2:《新约》法律的祭祀,即圣餐礼,包含着基督,他是圣化的作者。因为他"以自己的血圣化人民"(《希伯来书》第13章12节)。因此,这项祭祀也是一项圣事。但是,《旧约》法律的祭祀中不包含基督,只是预示着他,因此不称它们为圣事。为了表明这一点,在《旧约》法律的祭祀之外,就必须存在某些圣事,以作为未来圣化的象征。然而,某些祝圣与祭祀相连。

答复3:祭祀和圣事当然是圣物。但是,某些事物通过用于神圣崇拜而变得神圣,它们却不是祭祀或圣事。因此,它们保留圣物的共同称谓。

答复4:那些与崇拜天主的人们的生活方式相关的事物,保留守则的共同称谓,因为它们不符合上述的说法。之所以不称它们为圣物是因为它们与天主崇拜没有直接关系,例如不像圣所和器皿那么相关。但是,通过某种结果,它们成为礼仪的问题,因为它们影响着崇拜天主者的适当与否。

答复5:祭祀要有特定的地方,也要有特定的时间。因此,隆重的节日似乎可以视为圣物之一。但是,供物和祭品却算作祭祀,因为它们是奉献给天主的。因此,宗徒说(《希伯来书》第5章1节):"每位大司祭是由人间所选拔,奉派为人行关于天主的事,为奉献供物和祭品。"

问题一百零二　论礼仪训令的原因

（六节）

我们现在要思考礼仪训令的原因，对此有六点需要探讨：(1)礼仪训令是否存在原因？(2)礼仪训令的原因是字面的还是象征的？(3)祭祀的原因。(4)圣事的原因。(5)圣物的原因。(6)守则的原因。

第一节　礼仪训令是否存在任何原因？

我们这么展开第一节：

反论1：礼仪训令似乎没有原因。因为《注解》在评论

《厄弗所书》第2章15节("废除了由规条命令所组成的法律")时说:"这就等于以建立于理性之上的福音训令取代了《旧约》法律的身体守则。"[①]但如果《旧约》法律的守则以理性为基础,那么通过《新约》法律的理性命令废除它们就变得毫无意义。因此,《旧约》法律的礼仪守则是没有原因的。

反论2:再者,《旧约》法律承袭着自然法。但是,在自然法中存在着一条训令,除了考验人的服从,没有任何原因,这正如奥古斯丁对于生命树禁令所说的。[②] 因此,在《旧约》法律中也应存在一些训令,其目的仅是考验人的服从,而没有任何自身的理由。

反论3:还有,人的活动据其来自理性而被称作道德的。由此可见,如果礼仪训令也存在任何原因,那么它们就与道德训令无甚区别。所以,礼仪训令似乎不存在原因,因为训令的理性正来自一些原因。

但是相反,经上写道(《圣咏集》第18章9节):"上主的诫命是光明的,能烛照亮眼睛。"但是,礼仪训令是天主的诫命,因此它们是光明的。但如果它们没有任何合理的原因,

---

① 《注解》(Ⅵ, 91v);彼得·伦巴德,《厄弗所书释义》,关于第二章,第15节(PL 192, 185)。

② 《创世纪文论》,卷八,第六章及第十三章(PL 34, 377; 383)。

它们就不会光明。因此，礼仪训令必有合理的原因。

我的回答是，根据大哲学家的观点，智慧者善于让事物秩序井然。[1] 正如宗徒所说（《罗马书》第13章1节），那些出自神圣智慧的事物也一定会是秩序井然。但事物秩序井然需要两个条件。首先，它们指向自身的恰当目的，目的是整个行动秩序的原则。因为那些偶然发生的事情或者处于目的的意向之外，或者不是庄重的行为而徒具消遣之用，所以都可以说是混乱无序的行为。其次，根据目的要做的事情应当与目的相称。由此，任何导致目的的原因都要根据目的。正如《物理学》所说的，锯的设计原因源自切割的功用，这是它的目的。[2] 不言而喻，礼仪训令像其他所有的法律训令一样，都是神圣智慧的制度。因此，经上说（《申命纪》第4章6节）："你们要谨守遵行，因为这样，在万民眼中，才能显出你们的智慧和见识。"所以，我们必须说礼仪训令指向某种目的，从这种目的可以推断出它们的合理原因。

答复1：所做的事情在本质上没有理由，在这个意义上可以说《旧约》法律的守则没有原因：例如，衣服不能用羊毛和亚麻做。但是，在它们与其他事物的关系上却存在着原

---

① 《形而上学》，卷一，第二章（982a 18）。

② 亚里士多德，《物理学》，卷二，第九章（200a 10；b 5）。

因,即那些由此排除或象征的事物。另一方面,《新约》的训令主要由对天主的信和爱构成,从行为的本质来说是合理的。

答复2:善恶知识树的禁令不是因为这树自然是恶的。由于它象征着一些事情,所以这个禁令在它与其他事物的关系上是合理的。也正因如此,《旧约》法律的礼仪训令由于它们与其他事情的关系也是合理的。

答复3:道德训令就其性质而言具有合理的原因:例如,“不可杀人”,“不可偷盗”。但是,如上所述,礼仪训令是由于它与其他事物的关系而具有合理的原因。

第二节　礼仪训令是具有一种字面原因,还是仅仅具有一种象征原因?

我们这么展开第二节:

反论1:礼仪训令似乎不具有一种字面原因,而只具有一种象征原因。因为在礼仪训令之中主要的就是割损礼和逾越节的羔羊祭。但是,这二者都只具有象征原因,只用作符号意义。因为经上写道(《创世纪》第17章11节):“你们都应割去肉体上的包皮,作为我与你们之间盟约的标记。”关于逾越节的庆典经上说(《出谷纪》第13章9节):“应把这事作你手上的记号,作你额上的纪念。”因此,其他的礼仪训令更加只应具有象征原因。

反论2:再者,结果与原因相称。但如前文所述,[①]所有礼仪训令都是象征性的,所以它们只有象征的原因。

反论3:还有,如果某件事是否应以特定的方式去做就其本身而言只是一个中性的问题,那么它似乎就不具有一种字面原因。在礼仪训令的某些点上是以这种方式还是他种方式去做似乎也只是一个中性的问题:例如,祭献动物的数目问题,以及其他类似的具体细节。因此,《旧约》法律的训令没有字面原因。

但是相反,正如礼仪训令预示着基督,《旧约》的历史也是如此。经上说(《格林多前书》第10章11节):"发生在他们身上的这一切事,都是为给人作鉴诫。"那么,在《旧约》的历史中,除了神秘意义和象征意义,还有字面意义。因此,礼仪训令除了象征原因之外,就还有字面原因。

我的回答是,如前所述,任何导致目的的原因都要根据目的。礼仪训令的目的具有双重性,它们既是为了特定时间的神圣崇拜,也是为了预示基督的降生。这正如哲罗姆对《欧瑟亚书》第1章3节评述的那样,先知关于当时的话

---

① 问题101,第2节。

也是对将来的象征。[①] 因此,《旧约》法律的礼仪训令的原因可以从两个方面来看。首先,就在特定时间遵守的神圣崇拜来说,这些原因是字面的,不管它们所涉及的是诫免偶像崇拜,或是怀念某些神圣的恩惠,或是提醒人们天主的卓越,还是指明要求那些崇拜天主者所应具有的心理状态。其次,它们的原因可以从它们预示基督的角度推导出来。因此,它们的原因是象征的和神秘的,它们或者涉及基督和教会,这与比喻义有关;或者涉及基督徒的道德规范,这与道德意义有关;或者涉及未来的荣福之境,我们由基督带到那里,这与神秘意义相关。

答复1:正如《圣经》使用"借喻"(*locutio metaphorica*)表达的是字面含义,因为这么使用是为了传达特定的意义。同样,那些纪念特定神圣恩惠的法律训令的含义,也没有超出字面原因的范围,这是因为制定它们或者其他类似事项都属于那个时代。因此,当我们宣称庆祝逾越节的原因是为了表示从埃及解放出来,割损礼是作为天主与亚巴郎立约的标志,那么我们所提出的就是字面原因。

答复2:如果礼仪训令只是未来事物的象征,而不是为了彼时彼地崇拜天主之目的,那么这个论证是有效的。

---

① 《欧瑟亚释义》,卷一,关于第一章,第3节(PL 25, 364)。

答复3:我们在讨论人法时曾指出,它们在普遍性上但不是在具体条件方面具有一种原因,这些要取决于立法者的判断。[①] 因此,《旧约》法律的礼仪中许多具体的限定没有字面原因,只有象征原因。然而,要从普遍性方面考虑,它们就具有一种字面原因。

第三节　可以为与祭祀相关的礼仪提出适当的原因吗?

我们这么展开第三节:

反论1:似乎无法为与祭祀相关的礼仪提出适当的原因。因为那些供奉的祭品都是人类生活的必需品,例如动物和某些饼。但根据《圣咏集》第50章13节天主并不需要这些食物:"难道我吃牛犊的肉块,或者我喝山羊的鲜血?"因此,供奉这些祭品给天主是不合适的。

反论2:在供奉给天主的祭品中,四足动物只有三种,即牛、绵羊和山羊;鸟类中一般是斑鸠和鸽子;特殊情况下,在清洁癞病人时用麻雀。有许多其他种类的动物比这些高贵。由于应当把最好的东西供奉给天主,所以似乎不应只

① 问题96,第1节和第6节。

把这三类献给天主。

反论 3:正如人从天主那里接过对飞禽走兽的主宰,同样也接过了对鱼类的主宰。因此,把鱼类排除在天主的祭品之外是不合适的。

反论 4:在要求斑鸠和鸽子的献祭上没有区别,那么如果要求献上稚鸽,也应要求献上稚鸠。

反论 5:天主是生命的创造者,不仅是人的生命,也包括动物的生命,这在《创世纪》第 1 章 20 节以下清楚呈现了。而死亡是生命的对立面。所以,应以鲜活而不是宰杀的动物献给天主才是合适的。更何况宗徒告诫我们(《罗马书》第 12 章 1 节):"献上你们的身体当作生活、圣洁和悦乐天主的祭品。"

反论 6:如果非得以宰杀的动物献给天主,那么怎么宰杀似乎就是无关紧要的。因此,限定宰杀的方式是不合适的,特别是对于鸟类(《肋未纪》第 1 章 15、16 节)。

反论 7:动物身上的每一处残缺都是在朝着腐败和死亡迈进。如果献给天主的是宰杀的动物,那么禁止献上有残缺的动物似乎就是不合理的,例如,跛足的、瞎眼的以及其他残缺的动物。

反论 8:那些献祭者应当分享祭品,正如宗徒所言(《格林多前书》第 10 章 18 节):"那些吃祭物的,不是可以与祭坛共分享的人吗？”因此，不许献祭者分享祭品的特定部分，如血、脂肪、胸骨和右膀似乎是不合适的。

反论9：全燔祭是为了尊崇天主，和平祭和赎罪祭也是。但是全燔祭虽然用四足动物和鸟类，却不用雌性。因此，在和平祭和赎罪祭中用雌性动物，以及在和平祭中不用鸟类，这些都是前后不一的。

反论10：所有和平祭似乎都属于一种。因此，在它们之间作出区分，结果有的禁止在第二天吃某些祭品，有的则允许，如《肋未纪》第7章15节以下规定的那样，这似乎是不合适的。

反论11：所有的罪在使我们背离天主这一点上是一致的。因此，为了与天主和好，应当存在一种为所有罪献上的祭祀。

反论12：祭献动物只有一种方式，即宰杀。那么，奉献地里的产物要分为多种方式，有时要求献上禾穗，有时要求献上面粉，有时要求献上饼，而这饼有时是炉中烘烤的，有时是在锅里煎制的，有时却是在烤架上烤过的。这似乎是不合适的。

反论13：应当承认可供我们使用的任何东西都是来自天主的。那么，除了动物之外，只把饼、酒、油、乳香和盐这些东西献给天主，这是不适当的。

反论 14:身体的牺牲代表着心里的内在牺牲,以此人把灵魂交给天主。但是,在内在牺牲中,蜂蜜所表示的甜美超过了盐所代表的苦痛。因为经上写道(《德训篇》第 24 章 27 节):"我的心灵,比蜜还甜。"所以,在祭品中禁止使用蜂蜜和使饼变甜美的酵母,而规定使用苦辣的盐和有苦味的乳香,这是不合理的。因此,关于祭祀礼仪的那些事情似乎没有合理的原因。

但是相反,经上写道(《肋未纪》第 1 章 13 节):"司祭将这一切,放在祭坛上焚烧,作为全燔祭,作为中悦上主的馨香火祭。"根据《智慧篇》第 7 章 28 节:"天主只爱那与智慧同居共处的人。"由此可以得出结论,天主所接受的即是智慧的行为。因此,这些祭祀的礼仪因为具有合理的原因而是智慧的。

我的回答是,如前所述,《旧约》法律的礼仪具有双重原因,即,一个字面的原因,据此它们被用于神圣崇拜;另一个是象征的或神秘的原因,以此它们被用作基督的预示。在这两种情况下,关于祭祀的礼仪都具有合理的原因。

就祭祀的礼仪用于神圣崇拜而言,祭祀的原因有两种。首先,由于祭祀代表着心灵指向天主,祭祀者受到触动。为了把他的心灵正确地指向天主,人必须认识到他所有的就像源自第一原则那样源自天主,并像指向终极目的那样指向天主。这在奉献和祭品之中由下述事实表明：人把自己所有的献给天主，以承认他所有的都得之于天主，正如达味所说（《编年纪上》第 29 章 14 节）："其实一切是由你而来，我们只是将由你手中得来的，再奉献给你。"因此，在供奉祭品时，人们作出声明：天主是万物创造的首要原则，也是万物必须指向的终极目的。

要使人的心灵正确地指向天主，就必须承认在天主之外不存在第一创造者，除天主之外无别处可安置目的，由此法律禁止献祭给天主之外的他者。正如《出谷纪》第 22 章 20 节所言："在唯一上主之外，又祭献外神的，应被毁灭。"由此可以提出祭祀礼仪的另一个合理的原因，那就是使人脱离偶像崇拜。因此，关于祭祀的训令是在犹太民族堕入崇拜牛犊的偶像崇拜之后才颁布的。这些祭祀似乎就是为那个民族制定的，它乐意供奉祭品，但要把这些祭品献给天主而不是其他偶像。因此，经上写道（《耶肋米亚》第 7 章 22 节）："关于全燔祭和献祭的事情，我在领你们祖先出离埃及那一天，并没有谈及或吩咐什么。"

在人类因罪陷落之后，天主赐予人类最大的恩惠即是他的儿子。正如经上写道（《若望福音》第 3 章 16 节）："天主竟这样爱了世界，甚至赐下了自己的独生子，使凡信他的人不致丧亡，反而获永生。"因此，最大的牺牲就是基督"把自己交出,献于天主作为馨香的供物和祭品”(《厄弗所书》第 5 章 2 节)。由此,《旧约》法律的一切其他祭祀都是为着这一单独的、至高的祭献——不完美的预示着完美的。因此,宗徒说(《希伯来书》第 10 章 11 节)旧约法律的祭祀“屡次奉献总不能除去罪恶的同样牺牲,但是基督只奉献了一次的赎罪的牺牲。”既然象征的原因来自它所象征之物,那么《旧约》法律象征性祭祀的原因应当来自基督的真正祭祀。

答复 1:天主并非因这些祭品本身而要求它们的供奉,仿佛他需要它们似的。因此,经上说(《依撒意亚书》第 1 章 11 节)“公羊的燔祭和肥犊的脂膏,以及牛犊、羔羊和山羊的血,我不喜欢。”但是,如上所述,他要求把它们供奉给他以防止偶像崇拜——为了表明人心指向天主的正确方向;为了呈现基督救赎人类的奥秘。

答复 2:在上述提到的各个方面,选择这些动物而不是别的用于献祭,这有着适当的理由。首先,是为了防止偶像崇拜。偶像崇拜者用其他动物崇拜他们的神,或者在他们的巫术中使用它们。埃及人(犹太民族曾一度生活其中)认为宰杀这些动物是可恶的,因此他们不用它们祭献自己的神。故此,经上写道(《出谷纪》第 8 章 26 节):“我们要献给我们的天主在埃及人眼中认为有罪的祭祀。”因为埃及人崇拜绵羊，也敬畏山羊（因为魔鬼出于它的形下）；而且他们用牛耕地，认为牛是神圣的。

其次，这也适于前述使人心灵指向天主的方向。这有两种方式。其一，人类生活主要通过这些动物得以维持，而且这些动物是最洁净的，摄取着最干净的食物。而其他的动物或者是野生的，不能代表人们常用的；或者它们虽是驯养的，但却摄取着不干净的食物，猪和鹅都是如此。而只应把洁净的东西献给天主。特别要把这些鸟类献给天主，是因为它们在应许之地数量丰富。其二，因为这些动物的祭献代表着心里的纯净。正如《注解》在评述《肋未纪》第1章时说："当我们克服肉体的骄傲时，献上牛犊；当我们抑制非理性的冲动时，献上羔羊；当我们战胜了自己的放荡时，献上山羊；当我们守住贞洁时，献上斑鸠；当我们享受真诚时，献上无酵饼。"[①]显然，鸽子所代表的是内心的淳朴和仁爱。

第三，这些动物应用来献祭以预示基督的降生，这是合适的。对此，《注解》同样评述说："以牛犊献祭代表着基督在十字架上的坚韧，以羔羊献祭代表着他的无辜，以公绵羊献祭预示着他的领导权，以公山羊献祭代表着他肉身的罪

---

① 《注解》（Ⅰ，214B）；圣·伊西多尔，《旧约释义之肋未纪》（*Quaest. in Vet. Test.*），卷一（PL 83，321）。

性，而斑鸠则代表着贞洁，鸽子则代表着仁爱。面粉预示了信众受领洗礼圣水的喷洒。”①

答复3：鱼生活于水中，比其他动物离人更远，这些动物和人一样都生活于空气之中。而且，鱼离开水面就会死掉，因此不能像其他动物那样用于圣殿中的供奉。

答复4：斑鸠老的比嫩的好，而鸽子恰恰相反。因此，正如拉比·梅瑟所言，②“因为要把最好的献给天主，所以才规定用斑鸠和稚鸽作为祭品”。

答复5：之所以要宰杀用于献祭的动物，是因为它们在被杀掉之后才对人有用，因为天主赐予它们作为人的食物。同样，用火烧烤，是为了使其适合人类享用。而且，对动物的宰杀意味着对罪的消除，同时也表明人由于其罪过理应受死。看起来这些动物就像代人受死，以表示罪的补偿。还有，这些动物的宰杀也预示着基督的受难。

答复6：法律确定了宰杀祭献动物的特别方式，以此排除其他的方式，而那些其他的方式正是偶像崇拜者祭祀其偶像的方式。或者，正如拉比·梅瑟所说，“法律选择了对

---

① 《注解》（Ⅰ，214B）；圣·伊西多尔，《旧约释义之肋未纪》（*Quaest. in Vet. Test.*），卷一（PL 83，321）。

② 梅瑟·迈蒙尼德，《迷途指津》，卷三，第四十六章（p.360）。

祭献动物最不痛苦的方式。”[①]这既排除了祭祀者的残忍，也避免了对宰杀动物的毁损。

答复7：因为人们习惯于轻视不洁净的动物，所以禁止用它们祭祀天主。也是由于这个原因，禁止“将卖淫的酬金和卖狗的价钱带到上主你天主的殿内”（《申命纪》第23章18节）。同样的原因，也不供奉出生不到七天的动物，因为这从某种意义上来说是流产，因为肉体过于绵软还未坚固。

答复8：祭祀共分三种。第一种，祭品要全部用火烧掉：这称之为全燔祭，即“全部烧毁”。这种祭祀特别用于对天主威严的敬畏，以及对天主全善的爱戴。这代表着履行劝告上的完满状态。因为，整个都要烧尽，结果整个动物都化为气息弥撒于空中，以表明全体人不管他拥有什么都得服从天主的至高权威，都该献给天主。

第二种祭祀是赎罪祭。这是由于人需要悔罪而献给天主的。它代表着忏悔赎罪的状态。分为两个部分：一个部分用于焚烧，另一个部分授予祭司食用，以表明天主把罪的免除权授予了他的祭司来行使。然而，当祭祀是为全体人民而献，或者特别为祭司之罪而献时，所有祭品都要烧掉。因为祭司食用为他们自身的罪而献的祭品是不合适的，这

---

① 梅瑟·迈蒙尼德，《迷途指津》，卷三，第四十八章（p.371）。

表明任何有罪的东西都不能存于他们之中。而且,那样的话也不能算作罪的补偿,因为要是授给那些为了他们的罪而献祭的人食用,那么这就等同于没有献祭。

第三种祭祀是和平祭。这或者是用于感恩,或者是用于祈求繁荣安康,以答谢已经收获或即将收获的恩惠。这代表那些精于遵守诫命者的状态。这些祭品分为三个部分。一个部分焚烧给天主,另一个部分分配给祭司享用,还有一个部分归奉献者,以表明人的救赎来自天主,由天主的祭司辅助,以及那些得救者自己的配合。

但是根据普遍的规则,血和脂肪不能分给祭司和奉献者享用。而是把血泼在祭坛脚下,把脂肪烧在祭坛之上,以崇敬天主(《肋未纪》第4章9、10节)。这么做的原因在于,首先是为了防止偶像崇拜,因为根据《申命纪》第32章38节所说:"吃祭牲脂肪的,喝祭奠酒浆的",偶像崇拜者通常会喝祭品的血,吃祭品的脂肪。其次,是为了形成正确的生活方式。禁止他们食用动物的血以便使他们憎恨人类的流血。因此,经上写道(《创世纪》第9章4、5节):"凡有生命,带血的肉,你们不可吃;并且,我要追讨害你们生命的血债。"禁止他们吃脂肪是为了远离淫荡,如经上所说(《厄则克耳》第34章3节):"你们宰食肥羊。"第三,是为了表示对天主的尊敬。因为血是生命最为必需的,为此经上说生命是在血内(《肋未纪》第17章11、14节);而脂肪是营养富足的标志。因此,为了表示我们的生命和一切事物的富足都是天主给的,为了尊敬天主,血要泼洒出去,而脂肪要烧掉。第四,是为了预示基督流血而死,以及他仁爱的丰足,他为我们把自己奉献给了天主。

在和平祭中把胸骨和右膀留给祭司享用,这是为了防止某种称之为"骨相"(spatulamantia)的占卜。之所以这么称谓是因为它常常用祭献动物的肩胛骨和胸骨进行预言。因此,不把这些东西留给奉献者。这也表明祭司需要内心的智慧以教导民众(由包裹着心脏的胸骨表示),同时也需要勇敢以承载人类的脆弱(由右肩表示)。

答复9:因为全燔祭是祭祀中最完美者,因此只使用雄性动物,雌性动物是不完美的。使用斑鸠和鸽子献祭是因为奉献者的贫穷,无力提供较大的动物。由于和平祭是自由进行的,所以人们不必违心地提供。因此人们祭献这些鸟不是在和平祭中,而是在全燔祭和赎罪祭中,这是人们必须经常献上的。而且,由于这些鸟能够高飞,它们适合表示全燔祭的完美;又由于它们叫声的凄婉,适于表示赎罪祭的忏悔。

答复10:在所有祭祀中全燔祭是最重要的,因为为了崇敬天主,祭品要被烧尽,不给人留下食用的。其次神圣的是赎罪祭,它只在圣殿的庭院中享用祭品,而且是在祭祀当天(《肋未纪》第7章6、15节)。第三的位置应留给感恩的和平祭,祭品在当天食用,但可以在耶路撒冷的任何地方。第四是出于自愿的和平祭,祭祀的肉甚至可以在祭祀翌日食用。之所以这么排序,其原因在于人与天主的紧密关联,首先是天主的威严,其次是人所犯下的罪,第三是人从天主那里获得的恩惠,第四是他希望从天主那里获得的恩惠。

答复11:如前所述,犯罪者的地位可以加重罪性。[①] 祭司的罪、君王的罪,或者一些平民个人的罪要求不同的祭品。但拉比·梅瑟也说,"我们必须注意越是严重的罪所要求祭献的动物越是低等。因此,偶像崇拜的罪要用最低的雌山羊献祭,祭司的无知行为要用牛犊献祭,而君王的过失则要用公山羊献祭。"[②]

答复12:在祭祀的事情上,法律预见到了奉献者的贫困,因此,那些没有四足动物可供的,至少可以献鸟;不能献鸟的,至少可以献饼;如果连饼也没有,则可以献面粉或禾穗。

在象征性原因上,饼代表基督,他是"活着的饼"(《若望

① 问题73,第10节。

② 梅瑟·迈蒙尼德,《迷途指津》,卷三,第四十六章(p.363)。

福音》第4章41、51节)。在自然法状态,在始祖的信仰中,他就像禾穗;在先知的法律学说中,他像面粉;在他取得人性之后,他就成了完全的饼;在火上烘烤,即由圣神在童真母体的炉中孕育;在锅里长时间的煎烤是他在这世上所受的苦难;在烤架上烤熟正像他在十字架上的耗尽生命。

答复13:地里的产物或者被人用作食物,由此祭献饼;或者被用作饮品,由此祭献酒;或者被用作调料,由此祭献油和盐;或者被用于治疗,由此祭献乳香,它既有香味,也易于黏合。

饼代表着基督的身体;酒则代表他的血,以此为我们赎罪;油代表基督的恩典;盐代表他的知识;乳香则代表他的祷告。

答复14:不用蜂蜜祭献天主,这既是因为它常常被用于祭献偶像,也是为了表明诚心祭祀天主的没有世俗的甜腻和享受。不用酵母,因为它代表着拒斥腐败,或许也因为它常被用于祭献偶像。

然而,用盐祭献,这是因为它可以防止腐败,祭献天主的祭品是不应腐败的。而且,盐也代表着智慧的审慎,或者肉体的禁欲。

用乳香祭献,代表着内心的忠诚,这是奉献者所必须具备的,或者是用代表着良好声名的馨香祭献,因为乳香是由油脂物和芳香物构成的。但是,因疑忌所献的祭不是来自真诚,而是来自猜忌,故而在那里不用乳香献祭(《户籍纪》第5章15节)。

第四节　可以为与圣物相关的礼仪提出充分理由吗?

我们这么展开第四节:

反论1:似乎无法为《旧约》法律中关于圣物的礼仪提出充分的理由。因为宗徒说(《宗徒大事录》第17章24节):"创造宇宙及其中万物的天主,既是天地的主宰,就不会住人手所建的殿宇。"因此,《旧约》法律中为崇拜天主而建的圣所或殿宇似乎是不合适的。

反论2:《旧约》法律的规定只能由基督加以改变。但是圣所代表着《旧约》法律的规定。因此,不应建立一座殿宇改变它。

反论3:神圣法律比其他任何法律都更应当把人引向对天主的崇拜。但是神圣崇拜的增加需要祭坛和殿宇的增多,这在《新约》法律中是显而易见的。因此,在《旧约》法律之中似乎也不应只存在一座圣所或殿宇,而应是多个。

反论4:圣所或殿宇是用来崇拜天主的。但是我们首先应当崇拜的是他的至一至纯。因此,用帐幔把圣所或殿宇分开似乎是不合适的。

反论 5:第一推动者即是天主,他的大能首先显于东方,这也是首个运动开始的方向。而圣所又是为天主崇拜而设的,因此,它在建立时应朝向东方而不朝向西方。

反论 6:主命令(《出谷纪》第 20 章 4 节):"不可制造任何雕像和类似的东西。"所以,在圣所或殿宇之中设置革鲁宾的雕像是不合适的。同样的道理,在那里放置约柜、赎罪盖、灯台、供桌和两个祭坛,似乎也没有合理的原因。

反论 7:主命令(《出谷纪》第 20 章 24 节):"你应用土为我筑一祭坛",以及"你不可沿着台阶登我的祭坛"(26 节)。因此,随后又命他们制作包金、包铜的祭坛,而且祭坛的高度除非借助台阶无法登上,这是不合适的。因为经上写道(《出谷纪》第 27 章 1、2 节):"应用皂荚木做一祭坛:长五腕尺,宽五腕尺……高三腕尺……祭坛要包上铜。"并且写道(《出谷纪》第 30 章 1、2 节):"你应做焚香的坛,用皂荚木制造……都包上纯金。"

反论 8:天主的作品中毫无多余之处,因为自然的作品中也无任何多余之处。但是,一座圣所或房子只需一层覆盖即足。因此,圣所使用多种覆盖,即,布幔、山羊毛布幔、染红的公羊皮和紫色的兽皮(《出谷纪》第 26 章),这是不恰当的。

反论 9:外在的圣化表明的是内在的神圣,后者的问题是灵魂。因此,圣所及其器皿的圣化是不合适的,它们都是无生命之物。

反论 10:还有,经上说(《圣咏集》第 34 章 2 节):“我必要时时赞美天主,对他的赞颂常在我口。”但是,隆重的节日是被规定来赞美天主的。所以,某些日子被确定为节日,这是不合适的。因此,与圣物相关的礼仪似乎没有合适的原因。

但是相反,宗徒说(《希伯来书》第 8 章 4 节):“已有了按法律奉献供物的司祭……所行的敬礼,只是天上事物的模型与影子,就如梅瑟要制造会幕时,曾获得神示说:‘要留心——上主说——应一一按照在山上指示你的式样去做。’”但是,最合理的莫过于与天上的事物相像。因此,与圣物相关的礼仪具有合理的原因。

我的回答是,对天主的整个外在崇拜,其主要目的在于使人把天主放在尊崇位置。而人易于不尊敬那些与常无异的事物,而钦慕尊敬那些卓尔不凡之物。[①] 因此,那些常常应当受到人们尊敬的君王们都穿着锦衣华服、住着亭台楼榭。正因如此,神圣崇拜也要指定特别的日期、地方、器皿

① 参照梅瑟 · 迈蒙尼德,《迷途指津》,卷三,第四十五章(p. 357)。

和人员，以便使人的灵魂更为尊崇天主。

同样地，如前所述，《旧约》法律的规定是对基督奥秘的预示。① 预示某物的东西应当表现出与该物的相似。因此，在崇拜天主的有关事项上必须遵循某些要点。

答复1：神圣崇拜涉及两点，即受崇拜的天主和崇拜他的人。相应地，受崇拜的天主不受形体空间的限制，所以，在他这一方无需设立圣所或殿宇。但是对于崇拜他的人而言，却是肉体的存在，需要设立特别的圣所和殿宇以进行对天主的崇拜。这有两个理由：首先，当人们怀着某处专为天主崇拜的心理而聚集于此时，他们会更加尊敬；其次，在这圣所或殿宇中通过对各种细节的安排，可以表现出与基督的神性或人性卓越的相关之物。

对此，撒罗满提到(《列王纪上》第8章27节)："天和天上的天尚且容不下你，何况我为你所建造的这座殿宇呢？"接着他又补充说(29、30节)："愿你的眼睛昼夜垂视这座殿宇，看顾你所说'我的名要永留在此'的地方！……愿你垂听你的仆人和百姓以色列向这地方所发的哀祷！"显然，设立圣殿的寓所并非为了容纳天主，就像他要停留在那个地方似的，而是为了天主的名留在那里，即，通过在那里所言

① 第2节；问题100，第12节；问题101，第2节。

所行地认识天主;并且在那儿祈祷的人通过对地点的尊重而更为虔诚地祷告,更为容易地蒙主垂听。

答复2:在基督到来之前,《旧约》法律的规定在完成上没有改变,它只能由基督改变。但是在法律所管理的人民的状况上却发生了变化。人民首先是生活于沙漠之中,居无定所。接着,他们与邻邦多方交战。最后,在达味和撒罗满时代,人民处于和平状态。正是在这个时代,在亚巴郎受天主指示挑选祭祀的地方,殿宇被建立起来。经上记载(《创世纪》第22章2节)天主命令亚巴郎:"在我要指给你的一座山上,将他(亚巴郎儿子)献为全燔祭。"然后经上又记载(第14节):"亚巴郎给那地方起名叫'上主自会照料'。"这就像是在说,根据神圣的预示,那地方就是选为崇拜天主的。因此,经上说(《申命纪》第12章5、6节):"你们只可到上主你们的天主选择的地方去,在那里奉献你们的全燔祭、祭献。"

在前述预定时间之前并没有指出建立殿宇的地方,对此拉比·梅瑟提出了三个理由。[①] 首先,以免外邦人夺取那个地方。其次,以免外邦人破坏它。第三,以免每个部族都希望选在他们的地方,为此发生争吵和冲突。因此,直到能

---

① 梅瑟·迈蒙尼德,《迷途指津》,卷三,第四十五章(p.355)。

够平息这些争执的王出现之后,殿宇才得落成。在那之前一直使用一个可以移动的圣所进行神圣崇拜,仿佛没有确定崇拜天主之地似的。这就是区分圣所和殿宇的字面原因。

至于象征原因,则可以指出它们代表着两种状态。可以变动的圣所代表着现世易变生活的状态;而固定不变的殿宇则代表未来完全不变的状态。正因如此,据说在建筑殿宇时没有听到任何斧锯的声响,这是未来状态远离纷扰的象征。或者说,圣所代表着《旧约》法律的状态,而撒罗满所建立的殿宇则代表着《新约》法律的状态。因此,犹太人自己建立了圣所,而殿宇则是由与外邦人合作建立起来的,如漆冬人(Tyrians)和提洛人(Sidonians)。

答复3:只有一座殿宇或圣所可以有字面的或象征的原因。字面的原因在于这可以排除偶像崇拜。因为外邦人为不同的神建立不同的殿宇。所以,为了强化人们心底唯一真神的信念,天主希望只在一个地方为他祭祀。另一个原因则是为了表明外在的崇拜并非为其自身之故而被接受,所以限制在任何地方进行祭祀。但是,对于《新约》中的崇拜,在祭祀中已经包含了精神的恩宠,它自身就是天主所接纳的。因此,《新约》是允许增加祭坛和殿宇的。

针对那些关于对天主精神崇拜的事项,这些是存在于法律和先知的教导之中的,即使是在《旧约》之下也有许多称为会堂(synagogues)的地方被指定为供人民聚集以赞颂天主之用。这就像现在的教会,基督徒聚集在那里以进行神圣的崇拜。我们的教会取代了殿宇和会堂,因为教会的祭祀是精神性的。对于我们来说祭祀的地方与教导的地方没有区别。象征的原因在于它表明了教会的统一,不管是战争的教会还是胜利的教会。

答复4:正如殿宇或圣所的统一代表着天主的统一,或者教会的统一,那么殿宇或圣所的分割也代表着那些属于天主之物的分开,从那里我们产生对天主的崇拜。圣所分为两个部分:一个称之为至圣所(Holy of Holies),放置于西面;另一个称之为圣所(Holy Place),放置于东面。在圣所前面有一个庭院。这种区分有两个理由。一是由于圣所是用于天主崇拜的。圣所的分割代表着世界的不同部分。称之为至圣所的部分代表着较高的世界,那是具有精神本体的世界;而称之为圣所的部分则代表着肉体的世界。圣所和至圣所用一个帐幔分割开来,帐幔具有四种颜色(表示四种元素):亚麻色代表地球,因为亚麻生于土;红色代表水,因为淡红色由海里的某些贝类制成;紫色代表空气,因为它具有空气的颜色;朱红色代表火。这种由四种元素构成的帐幔就横亘在我们与非物质的本体之间。只有大祭司才得以每年进入内部圣所一次,即至圣所。由此教导我们,人的最终完美在于进入那个世界。外部的圣所,即圣所,则是祭司每天都可进入的。而普通人则只被允许进入到庭院之中。因为他们只能看到有形物,只有智慧者通过研究才能发现内在本质。

然而,就象征原因而言,称之为圣所的外部圣所则代表着《旧约》的状态,这正如宗徒所说的(《希伯来书》第9章6节以下);因为在圣所里面,"司祭们就常进前边的帐幕去行敬礼"。但称之为至圣所的内部圣所或者代表天堂的荣耀,或者代表《新约》的精神状态,这是一种即将到来的荣耀的开端。后一状态是基督带给我们的,这由大祭司每年进入一次至圣所加以标示。帐幔表示精神祭祀在《旧约》之下是隐藏的。这帐幔采用四种颜色:亚麻色代表身体的纯净;红色代表圣徒为天主所经受的苦难;染过两次的朱红色代表爱天主和爱邻人的双重之爱;蓝色代表对天堂的沉思。在《旧约》的状态下,民众和祭祀所处的地位也不相同。民众只看到庭院之中供奉的有形祭品,而祭司可以看到祭品的内在含义,因为他们对基督奥义的信仰更为明确。因此,他们得以进入外部圣所。这外部圣所通过帐幔与庭院分割开来,因为有些涉及基督奥义的事物是民众所不知道的,只有祭司知道。但是,祭司也不是像在后来的《新约》时代那样完全知道(《厄弗所书》第3章5节)。

答复5:在法律之中规定向西朝拜是为了排除偶像崇拜,因为所有的外邦人在朝拜太阳时都向着东方。[①] 因此经上写道(《厄则克耳》第8章16节):“背向上主的圣所,面向东方,他们正在向东方朝拜太阳。”为了避免这点,圣所把至圣所设在西边,以此人们向西朝拜。在下述事实中也可以发现一个象征的原因:第一个圣所的全部规定都是为了预示基督的死亡而定的,这正是西方可以表示的,正如《圣咏集》第67章5节所言:“那位由陨落处升起的,他的名字是上主。”

答复6:对于圣所之内的事物既可以提出字面原因,也可以提出象征原因。字面原因与神圣崇拜相连。如已经观察到的,因为称之为至圣所的内部圣所代表着精神本体的更高世界,所以那部分圣所包含着三种事物:“柜内有盛‘玛纳’的金罐,和亚郎开花的棍杖及约版”(《希伯来书》第9章4节),版上刻着《十诫》。约柜置于两个对视的革鲁宾之间,在约柜上面是一块石板,称之为赎罪盖,它升至革鲁宾翅膀的上方,似乎由它们托起,可以把它想象为天主的宝座。把它称作赎罪盖,似乎是说人们在大祭司的祷告之下

① 参照梅瑟·迈蒙尼德,《迷途指津》,卷三,第四十五章(p.355)。

在那里接受赦罪。由革鲁宾托起是表示对天主的顺服。约柜就好似坐在赎罪盖上的那位的脚凳。这三件事物表示着更高世界的三件事。首先,天主。他高于一切,任何造物都不能理解。因此,为了表示他的不可见性,没有使用任何相似之物。但是,有代表他的宝座的事物,这是可以理解的。造物处于天主之下,就像座位处于坐者之下。其次,在更高的世界存在着称为天使的精神实体。这些用两个对视的革鲁宾代表。他们对视表明相互之间的和平,正如《约伯传》第25章2节所言:"他在高天缔造和平。"为此,也不止一个革鲁宾,为的就是表明天堂的多个精神实体,并且防止他们接受来自只崇拜一个天主的那些人的崇拜。而且,在那个精神世界之中也存在发生于此世的可以理智理解的例子,这就像结果的相似性包含于它们的原因之中,艺术作品的原型包含于艺术家之中一样。这由约柜加以表示。约柜中包含的三样事物代表着人生中最重要的三件事。它们是:由约版代表的智慧,由亚伦的手杖代表的统治权和由作为食物玛纳代表的生命。或者说这三者代表着三种神圣的属性。约版是智慧,手杖是权力,玛纳是善良——这既是因为它的甜美,也是因为通过天主的善良才授予了人类(正因如此,才加以保存作为对神恩的纪念)。这三种事物也出现在依撒意亚的视觉中。他看到天主坐在崇高的御座上;六翼天使“色辣芬”侍坐，殿内充满天主的荣光；色辣芬说：“他的光荣充满大地！”(《依撒意亚》第4章1、3节)六翼天使的像不是用来崇拜的，如前所述，这是第一诫所禁止的，而是用来表示他们的职能的。

代表着现世世界的外部圣所也包含着三种事物：焚香的祭坛，直接与约柜相对；供桌，上面放着十二块饼，置于北边；灯台，放在南边。这三种事物似乎对应着约柜所包含的三种事物，它们与后者代表着相同的事物，但更为清楚。这是为了表明，代表着智慧者的祭司们在进入殿宇理解了事物之范型之后，需要以比在天主或天使的心思中更为显明的方式表达它们。因此，灯台作为感官的标记，代表着以可理智理解的语言表达的约版。焚香的祭坛代表着祭司的职责，把民众导向天主，这也由手杖表示。在祭坛之上焚烧带有香味的乳香，这代表天主合意的民众的圣性。因为经上说(《默示录》第8章3节)，乳香的烟代表着“众圣徒的义行”(第19章8节)。而且，祭司的庄严在约柜中由手杖代表，在外部圣所由焚香祭坛代表，这也是恰当的。因为祭司是天主和民众之间的中介，他借助神圣权力统治民众，这由手杖表示，同时又把统治的成果，即民众的圣性献给天主，这由焚香祭坛表示。供桌代表生命的食物，这就像玛纳一样。但前者是更一般、更粗糙的食物，而后者是更甜美和更精致的食物。而且,灯台适于置于南边,供桌也适于置于北边,因为如《天地论》所言,南边在右手边,而北边在左手边。[①] 而智慧像其他的精神上的善属于右手,而现世的营养则属于左手,正如《箴言》第3章16节所言:"在她左边是富贵荣华。"祭司的权力处于现世的善和精神智慧之间,因为由此精神智慧和现世的善得到分施。

还可以提出更加字面化的含义。约柜装着法律的石版是为了防止人们忘记法律;因此经上写道(《出谷纪》第24章12节):"我要将两块石版,和我所写的法律和诫命交给你,你要教导以色列子民。"亚郎的手杖放在那里是为了抑制民众对亚郎祭司职权的反抗。因此经上写道(《户籍纪》第17章10节):"收回亚郎的棍杖来,放在约证前,留给这些叛逆之子当作鉴戒。"把玛纳保存在约柜之中是为了提醒大家谨记天主在沙漠之中施予以色列子民的恩惠。因此经上写道(《出谷纪》第16章32节):"装满一'曷默尔'玛纳,留给你们的后代子孙,为使他们能看到我领你们出离埃及国时,在旷野里养活你们的食物。"灯台是为了增加殿宇的美观,因为灯光明亮会使房屋更加华丽。按照约瑟夫的观

---

① 《天地论》(*De Caelo*),卷二,第二章(285b 16)。

察,[①]灯台有七孔,这代表着照耀世界的七颗行星。灯台放置在南边,这是因为行星的运行从那个方向开始。设置焚香祭坛使得圣所中一直充满香味,这既是出于对圣所的尊敬,也是为了消除血迹和宰杀动物留下臭味。人们常把臭味的东西视为邪物,而对美好的气味喜爱有加。供桌放在那里是为了表明服务殿宇的祭司们应当在殿宇里用膳,正如《玛窦福音》第 12 章 4 节所言,只有祭司们食用供桌上纪念十二部族的十二块饼才是合法的。供桌不放在赎罪盖正前方的中间是为了避免偶像崇拜的仪式。因为外邦人在月亮节时,就把供桌放在月神偶像的正前方。这就是为何经上写道(《耶肋米亚》第 7 章 18 节):"母女揉面,给天后做饼。"

圣所外面的庭院中设有全燔祭的祭坛,民众拥有的那些祭祀之物在那里奉献给天主。那些通过祭司奉献祭物给天主的民众可以出现在这个庭院之中。但只有执行把民众祭物奉献给天主职务的祭司才能接近内部祭坛,在那里民众的忠诚和圣性被奉献给天主。全燔祭的祭坛置于圣所之外是为了排除偶像崇拜,因为外邦人就是把祭坛置于殿宇内部向他们的偶像供奉祭品。

---

① 《犹太古史》(*Antiquities*),卷三,第七章(Ⅳ,404)。

所有这些事物的象征原因都可以从圣所与它所预示的基督之间的关系考察。我们必须看到,为了表明法律中象征的不完美,在殿宇中用了许多象征来表示基督。赎罪盖就被用来象征基督,因为“他自己就是赎罪祭,赎我们的罪过”(《若望一书》第2章2节)。这个赎罪盖由革鲁宾托起也是恰当的,因为经上写道(《希伯来书》第1章6节):“天主的众天使都要崇拜他。”约柜也是用来象征他的,因为正如约柜是由皂荚木制成的,基督的身体也是由最纯净的肢体构成的。而且,约柜是包金的,这是因为基督充满智慧和仁爱,这要用金子来表示。在约柜中有个金罐,这即是他的灵魂;盛有玛纳,这即是说“住有整个圆满的天主性”(《哥罗森书》第2章9节)。在约柜中有一个手杖,这即代表他的祭司权力,因为他“做了永远的大司祭”(《希伯来书》第6章20节)。那里的约版则表示基督自己就是立法者。而且,基督也由灯台象征,因为他说自己“我是世界的光”(《若望福音》第8章12节);灯台七孔代表圣灵的七恩。他也由供桌象征,因为他是我们的精神之粮,正如《若望福音》第6章41和45节所说:“我是生命的食粮”;十二块饼则象征着十二宗徒,或者他们的教义。或者说,灯台和供桌也可以象征着教会的教义和信仰,它们同样给予光照和精神洗礼。还有,全燔祭的祭坛和焚香的祭坛也可以象征基督,因为我们献给天主的所有美德善功都需要通过他,不管是那些我们借以克制肉体的(在全燔祭的祭坛上祭祀),还是那些更为完美的心灵的,都通过基督对完美的精神追求而奉献给天主(在焚香的祭坛上祭祀,正如《希伯来书》第13章15节:"我们应借着耶稣,时常给天主奉献赞颂的祭献。")。

答复7:天主要求设立祭坛供奉祭品以崇敬天主和供养圣所服务人员。关于祭坛的构造,主颁布了两条训令。一条是在法律的开始处(《出谷纪》第20章24节),主命令设立一个"土建祭坛",或者至少用"未经刀凿的石块",并且还要求不要把祭坛建得过高,以免要"用台阶登上"。这是表示对偶像崇拜的嫌恶,因为外邦人建立奢华高大的祭坛,认为其中包含着神圣崇高的东西。正因如此,主又命令(《申命纪》第16章21节):"在你为上主你的天主所建的祭坛旁,不许竖立任何木头的神柱及任何树木。"因为偶像崇拜者常在树下祭献,那里满是荫凉惬意。这些命令也存在着象征意义。因为我们必须承认基督就是我们的祭坛,对于他的人性而言,这就是土建的祭坛;对他的神性而言,我们必须承认他与父的平等地位,这就是不用台阶登上祭坛。而且,我们也不应把基督的道理与外邦人联系起来,那会挑起人们的邪恶。

但是,当建起了崇敬天主的圣所之后,就再无理由惧怕那些偶像崇拜会有机可乘。因此,天主就命令以铜建造全燔祭的祭坛,这会使每个人都能看到,同时建造金质的焚香祭坛,这只有祭司才能看到。铜也没有珍贵到足以给人提供偶像崇拜的机会。

对于“不许用台阶登上祭坛”的训令,其理由在于“免得暴露你的裸体”(《出谷纪》第20章26节)。应当注意,这也是为着防止偶像崇拜而制定的,因为在普利阿普斯(Priapus)节日外邦人在民众面前暴露了裸体。[①] 但是,后来为了体面就规定了祭司们要穿上短裤,这样建高祭坛就没有任何危险了。祭司们在祭祀时可以用木梯登上祭坛,这种木梯是移动的而不是固定的。

答复8:圣所的主体是由直立的木板构成的,里面用四种不同颜色的帐幔覆盖:亚麻色的、紫色的、红色的和朱红色的。然而,这些帐幔只覆盖着圣所的四壁,圣所的顶部是用紫色皮革覆盖的,这之上是一层鲜红色公羊皮,上面还有一层是山羊皮。山羊皮不仅覆盖着圣所的顶部,而且直到地面,从外面覆盖着圣所的木板。这些帐幔的字面原因在于对圣所的装饰和保护,并且表现出尊敬之意。有些人认为,这些东西各自的含义是,帐幔象征着星空,有各种星辰

① 参照梅瑟·迈蒙尼德:《迷途指津》,卷三,第四十五节(p. 357)。

点缀;山羊皮象征着苍穹上的水面;鲜红色的皮象征着天使所处的天堂;紫皮则象征着三位一体的天堂。[①]

这些东西的象征含义在于,建造圣所的木板象征着基督的信众,他们构成了教会。木板里面覆盖着四色帐幔,因为信众内心里面装饰着四种德性:按照《注解》的评论:亚麻色代表着身体上的光辉洁净;紫色表示心灵向往天堂之物;红色代表着肉体所受之痛苦;朱红色表示心灵在痛苦之中闪耀着对天主和邻人之爱。[②] 按照《注解》的评论:建筑顶上的帐幕代表着教会的高级教士和博士,他们应当因天堂般的生活方式而凸显(通过紫色的皮表示);他们也应当作好殉道的准备(鲜红色的皮表示);他们应当过苦行的生活并且忍耐灾祸(这由山羊皮的帐幕表示,任其风吹雨打)。[③]

答复9:圣所和器皿圣化的字面原因在于这样会受到更大的尊敬,它们圣化后专用于崇拜天主。其象征原因在于圣化象征着活的圣所的圣化,即信众的成圣,他们构成了基督的教会。

---

① 佩特鲁斯·康姆斯特(Peter Comestor),《经院主义历史》(*Hist. Scholast.*),《出谷纪》,第五十八章(PL 198, 1179)。

② 《注解》(I, 180F)。——参照圣·比德,(St. Bede)《论圣所》(*De Tabernaculo*),卷二,第二章(PL 91, 425)。

③ 《注解》(I, 181C; 182E)。——参照圣·比德,《论圣所》,卷二,第三章及第四章(PL 91, 430; 435)。

答复10:在《旧约》法律之中,从《户籍纪》中可以推断出存在七个短暂的节日和一个连续性的盛宴。在连续性的节日中,每天早晚都祭献一只羔羊;这种“持久祭祀”的连续性节日象征着至福的永恒。

短暂节日中最重要的是每7天举行一次的守安息日,如前所述,这是为了纪念宇宙创造之德。[①] 另一个重要的节日是新月节,每月举行一次,这是为了纪念神圣统治之德。因为下界主要是随着月亮的运行而改变,所以这个节日在新月出现时举行。不在月满时举行是为了避免偶像崇拜,外邦人经常在那个时间祭祀。这两种恩惠都是授予全人类的,因此,节日举行得比较频繁。

其余的5个节日每年都要庆祝一次,是为了纪念专授予犹太民族的恩惠。在每年的第一个月有逾越节,这是为了纪念从埃及解放的恩惠。50天后是五旬节,这是为了纪念法律的颁布。剩下的3个节日都在第7个月,这一整个月都在庆祝,就像每周的第7天。第7个月的第1天是号角节,纪念的是以撒格祭献天主,当时亚巴郎看到了两角被困的公绵羊,后来他们就以吹号角代表它。号角节是某种邀请,他们准备好迎接下个节日,这个节日是在7月的第十天,它

① 问题100,第5节。

就是赎罪节,纪念的是天主在梅瑟的祈祷下宽恕了民众崇拜金牛犊的罪过。在此之后是为期7天的住棚节,纪念的是天主在沙漠中施予的引导和保护,那时他们就住在帐篷中。因此,在这个节日里,他们该有“最美丽的树的果子”,即柠檬;该有“叶子最密的树枝”,即香桃木,它是芳香的;该有“棕榈枝”和“河边的柳条”,可以长时间地保持绿色;这些都是应许之地才有的,用以表明天主已经把他们从野地带到了福地。第8天是另一个节日,即聚募节,在这天向民众募集神圣崇拜必需的开销,它代表着应许之地给他们带来的统一与和平。

这些节日的象征意义在于持续地祭献羔羊预示着基督的永恒,他是“天主的羔羊”(《若望福音》第1章36节),而且根据《希伯来书》第13章8节所言:“耶稣基督昨天、今天、直到永远,常是一样。”按照《希伯来书》第4章的说法,安息日代表着基督给予我们的精神安歇。开始于新月期的新月节象征着基督的布道和神迹照耀着初期的教会。五旬节象征着圣神降落在宗徒身上。号角节象征着宗徒们的布道。赎罪节象征着基督徒从罪中洁净。住棚节象征着他们在现世世界中的朝圣之旅,他们以德行前行。聚募节预示着信众在天堂中的大团圆,这个节日也被描述为“至圣的”(《肋未纪》第23章36节)。这三个节日前后相继,就如《圣咏集》第 83 章 8 节所阐明的,那些脱离了恶的应当前进到德,直到他们觐见天主。

第五节　《旧约》法律的圣事是否具有合理的原因?

我们这么展开第五节:

反论 1:《旧约》法律的圣事似乎没有合理的原因。因为神圣崇拜的行为不应与偶像崇拜一样,正如经上所写(《申命纪》第 12 章 31 节):"对上主你的天主,你不可这样做,因为凡上主所憎恨的可恶之事,他们对自己的神都做了。"但偶像崇拜者常把自己割伤以致流血,就如《列王纪上》第 18 章 28 节所写:"照他们的习惯,用刀、用枪割伤自己,直到全身流出血来。"正因如此,主命令(《申命纪》第 14 章 1 节):"你们不应为死者割伤自己,不应为死者将头顶剃光。"因此,法律规定割损礼是不合适的(《肋未纪》第 12 章 3 节)。

反论 2:再者,根据《圣咏集》第 34 章 18 节:"使我在众多的民族中称扬你",那些崇拜天主的行为应当端庄得体、庄重严肃。但是,匆忙饮食似乎显得轻浮。因此,命令人们"急速快吃"逾越节的羔羊(《出谷纪》第 12 章 11 节),这似乎是不合适的。其他与吃羔羊相关的规定似乎也都不合理。

反论 3:《旧约》法律的圣事是《新约》法律圣事的象征。

根据《格林多前书》第 5 章 7 节:“我们的逾越节羔羊基督,已被祭杀作了祭品”,所以逾越节的羔羊象征着圣餐的圣事。因此,在《旧约》法律中也应存在一些圣事,用以预示《新约》法律中的其他圣事,例如坚振、终傅、婚配等圣事。

反论 4:取洁只能是祛除不洁净之物。但是就天主而言,任何形体物都不是不洁净的,因为所有形体都是天主的造物,而“天主所造的样样都好,加以感恩的心领受,没有一样是可摈弃的”(《弟茂德前书》第 4 章 4 节)。因此,要求人们在接触尸体或有类似的肉体接触后取洁,这是不合理的。

反论 5:经上写道(《德训篇》第 34 章 4 节):“污秽里能有什么洁净呢?”但红母牛焚烧后的灰烬是不洁净的,因为它使人不洁净。按照经上所说(《户籍纪》第 19 章 7 节),宰杀它的祭司直到晚上都是不洁净的;同样焚烧它和收拾它的灰烬的人都是不洁净的。因此,规定喷洒这些灰烬取洁是不合理的。

反论 6:罪不是某种可以从一个地方移动到另一个地方的有体物,人也不能通过某种不洁净之物变得洁净。因此,为了赎罪,祭司把以色列子民的罪放在一只公山羊身上,认为它会把这些罪带到野外;然后把它和公牛一起在帐外焚烧,以此取洁。结果,他们还是要用水洗衣服和身体(《肋未纪》第 16 章),这还会是不洁的。因此,这么做是不合理的。

反论 7:已经洁净的东西就无需再次取洁。因此,按照《肋未纪》第 14 章的规定,对一个癞病人取洁后再次取洁,或者对一个房屋再次取洁,这是不合理的。

反论 8:精神上的不洁无法通过有形的水或者剃去毛发取洁。因此,主命令(《出谷纪》第 30 章 18 节以下)制作一个带座的铜盆以便祭司在进入殿宇之前洗手脚,这似乎是不合理的。而且,他命令(《户籍纪》第 8 章 7 节)把取洁水喷洒在肋未人身上,并且剃光全部体毛。这似乎也是不合理的。

反论 9:高级的不能由较低的来洁净。因此,《旧约》法律规定,祝圣大小祭司和肋未人时(根据《肋未纪》第 8 章),应当身体涂油,奉献物质的祭品和祭物(根据《户籍纪》第 8 章 5 节),这是不合理的。

反论 10:还有,正如《撒慕尔纪》第 16 章 7 节所言:"人看外貌,上主却看人心。"但是,人呈现于外的是他的身体和衣服。① 因此,如《出谷纪》所说的,要大小祭司穿上特别的服饰,这是不合理的。而且,任何人如果因为身体的缺陷被拒之于祭司职位之外似乎都是不合理的,但《肋未纪》第 21 章 17 节以下却说:"世世代代你的后裔中,凡身上有缺陷

① 梅瑟·迈蒙尼德,《迷途指津》,卷三,第四十五节(p. 357)。

的,不得前去向天主奉献供物……不论是眼瞎、脚跛,等等。”因此,《旧约》法律的圣事似乎是不合理的。

但是相反,经上写道(《肋未纪》第20章8节):“你们应遵守我的法令,一一依照执行,我是你们成圣的上主。”但天主所行之事没有不合理的,因为经上说(《圣咏集》第13章24节):“全是你以智慧所创办。”所以,在《旧约》法律的圣事中不存在没有合理原因的东西,它们都是为了人的圣化。

我的回答是,正如前文所述,恰当地讲,圣事是天主崇拜者为了成圣所行之事,以某种方式专用于天主崇拜。[①] 一般来说,天主崇拜属于全体民众,但是,它也特别地属于祭司和肋未人,他们是神圣崇拜的使者。因此,在《旧约》法律的这些圣事之中,某些关系到全体民众,而其他的只属于使者。

对于这二者有三件事是必需的。首先,崇拜天主之地位的确立。这种确立对于一般民众而言是通过割损礼完成的,没有它就没有对任何法律的遵守;对于祭司而言是通过祝圣礼完成的。其次,要享用与神圣崇拜相关的那些东西。对于民众来说就是分享逾越节的宴席,《出谷纪》第12章43节以下清楚表明,没受割损礼的不许参加。对于祭司来说

---

① 问题101,第4节。

则是享用祭品、供饼和其他分配给他们的东西。最后，消除一切神圣崇拜的障碍，即各种不洁。对于民众而言，规定了祛除某些外在不洁以及赎罪；对于祭司和肋未人而言，规定了洗手脚和剃去毛发。

这些事情都有合理的原因，既有字面上的，也有象征上的。前者在于它们是用于那个时代崇拜天主的，后者在于它们是为了预示基督（我们将一一考察它们）。

答复1：割损礼的主要的字面原因在于人以此公开表明唯一真主的信念。因为亚巴郎是第一个与异教徒分离的人，离开了家庭和亲属，所以他第一个接受了割损礼。宗徒详细解释了这个原因（《罗马书》第4章9节以下）："他后来领受了割损的标记，只是作为他未受割损时，因信德获得正义的印证。"因为我们得知，"亚巴郎的信德为他算为正义"，这是由于"他在绝望中仍怀着希望而相信了"，即他相信恩宠的希望，而对自然的希望绝望，这就是所说的"他要成为万民之父"，而当时他已经是一位老人，妻子也已经年老绝孕。为了使亚巴郎这种信仰的宣示和榜样牢固地停留于犹太人心里，他们在肉体上接受了他们无法忘记的标记。因此，经上写道（《创世纪》第17章13节）："我的约刻在你们肉体上，作为永久的约。"把日期定在第8天是因为在此之前孩子柔弱，会严重受伤，他们被视为尚未长结实，甚至动物不满 8 天也不能献祭。也不在那天之后是因为免得有些人因疼痛而拒绝割损,也免得有些父母随着孩子长大接触增多而爱怜加深,从而逃避割损。第二个理由是为了弱化那个部位的欲望。第三个原因是为了斥责维纳斯和普利阿普斯崇拜,它们所崇拜的正是那个部位。主的禁令只延伸到割伤自己崇拜偶像,而不包括我们刚才所说的割损礼。

割损礼的象征原因在于它预示着消除腐败,这正是基督所带来的,并且将在第八时代完美实现,在这个时代众人将复活。由于一切罪与罚的腐败都源于肉体的根源,都来自我们始祖的罪,所以割损要针对的是生殖部位。因此,宗徒说(《哥罗森书》第 2 章 11 节):"你们也是在他内受了割损,但不是人手所行的割损,而是基督的割损,在乎脱去肉欲之身。"

答复 2:逾越节宴会的字面理由是为了纪念天主带离埃及的恩惠。因此,通过宴会的庆典,他们宣布他们属于那个由天主带离埃及的民族。当他们从埃及解放出来之后,他们受命把羔羊的血泼洒在门框上,这似乎是在表面与埃及崇拜公羊仪式的决裂。因此,通过把羔羊血泼在或涂在门框上,他们才得以脱离埃及将受的灭顶之灾。

在他们离开埃及时有两件事情需要注意:他们离开时的匆忙,正如《出谷纪》第 12 章所载,埃及迫使他们快走;任何没有随着人群迅速离开的人都有被埃及人屠杀的危险。他们的匆忙表现在两个方面。首先,他们吃的东西。他们受命吃无酵饼,这是"他们急迫离开埃及等不及发酵"(《出谷纪》第12章39节)的标志;吃的是烤肉,这无需太多时间准备;而且他们也没有折断骨头,因为匆忙中没有时间做这些。其次,吃的仪态。经上载(《出谷纪》第12章11节):"束着腰,脚上穿着鞋,手里拿着棍杖,急速快吃。"这清楚地表明了那刻人们即将启程上路。同时也提到了下述命令:"应在同一间房屋内吃,尽量不将肉块带到屋外"(《出谷纪》第12章46节);即由于匆忙,来不及送任何礼物。

他们在埃及所受的苦痛是通过野莴苣表示的。象征原因是明显的,逾越节的羔羊祭象征着基督的牺牲,根据《格林多前书》第5章7节:"我们的逾越节羔羊基督,已被祭杀作了牺牲。"为了保证免于屠杀而把羔羊的血泼在门框上,这象征着信众心中和口中对基督苦难的信仰,通过这苦难我们脱离罪和死亡。根据《伯多禄前书》第1章18节:"你们被用宝血,即无玷无瑕的羔羊基督的宝血赎出。"分享羔羊肉象征着在圣事中分享基督的身体;肉在火上烤象征着基督的苦难或仁爱。把它同无酵饼一起吃象征着分享基督身体的信众过上无罪的生活,正如《格林多前书》第5章8节所言:"所以我们过节……只可用纯洁和真诚的无酵饼。"

再加上野莴苣是在象征领圣体者对罪的补赎。腰带象征着贞洁,鞋子象征着死去的祖先。他们握着的棍杖象征着圣职的权威;要求逾越节羔羊在一间房屋里吃,即在天主教会中,而不是在在异教徒的秘密集会中。

答复3:一些《新约》的圣事对应着《旧约》的象征性圣事。洗礼是信仰的圣事,对应着割损礼。因此,经上写道(《哥罗森书》第2章11、12节):"你们也受了我们的主基督的割损,因圣洗与他一同埋葬了。"《新约》中圣餐礼对应着逾越节羔羊宴。《新约》中的忏悔相当于《旧约》的全部取洁。《新约》的神品和圣秩相当于《旧约》的大祭司和祭司的祝圣。坚振的圣事是恩宠圆满的圣事,在《旧约》中没有对应的圣事,因为圆满的时刻尚未到来,"法律本来就不能成就什么"(《希伯来书》第7章19节)。同样,终傅是臻于荣光的直接准备,它的通道在《旧约》之中尚未开启,因为尚未偿付对价。婚配在《旧约》之下确实存在,但只是自然的功能,尚未作为基督与教会结合的圣事,这种结合还没有产生。因此,在《旧约》之下,离婚是允许的,但这却是与圣事的本质相悖的。

答复4:正如前述所言,《旧约》法律的取洁是为了消除神圣崇拜的障碍,这体现在两个方面:精神方面,在于把心灵奉献给天主;物质方面,在于祭品、祭物等等。人在精神崇拜方面受到罪的阻碍，由此可以说人是受到玷污的，例如，被偶像崇拜、杀人、奸淫或者乱伦等玷污。人可以经由特定的祭祀，或者为整个群体的祭献，或者为某些个人的罪的祭献，从而洗净这些玷污。不是说那些有形的祭祀自身具有免罪的能力，而是说它们象征着基督所带来的对罪的免除，但是那些古人通过声明对救世主的信仰，虽然参与的只是一种象征性的祭祀，却也能成为这救赎的分享者。

外在崇拜的障碍在于某些身体上的不洁，这首先被认为存在于人身上，然后存在于其他动物身上、人的服饰上、居所和器皿上。在人身上，不洁被认为部分产生于他自身，部分产生于他与不洁物的接触。由人本身而来的不洁是早就存在的易于腐败、暴露于腐败的东西；结果，由于死亡是一种腐败，人的尸体被视为不洁的。同样地，一些癞病产生于体液的腐败，这体液流出后会感染他人，因此癞病人被视为不洁的。还有，遭受血漏的妇女，不管是由于疾病，还是由于自然现象（月经或者孕期）；同理，遗精的男子也是不洁，不管是由于疾病，还是由于自慰或性交。因为前述每种体液都包含某种不洁的污染。另外，人接触任何不洁的东西，也会沾染不洁。

对于这些不洁既存在着字面的原因，也存在着象征的原因。字面原因取自对那些神圣崇拜之物的尊敬，这既是因为人们在不洁时不常去触碰珍贵之物，也是因为不常接触圣物会更加尊重它们。既然人很少能避免前述不洁，便导致他们很少接触崇拜天主所用之物，那么当他们接触时就会带着更大的尊敬和谦逊。[①] 而且，其中有些事情的字面原因在于，人们不应像害怕接触癞病人或其他患有类似讨厌和传染病症的人那样远离天主的崇拜。其他的一些则是为了避免偶像崇拜，因为外邦人有时会在他们的祭祀仪式中使用血和精液。所有这些身体上的不洁都可以用水洗净，或者在那些比较严重的情况下，用一些赎罪的祭祀予以取洁。

这些不洁的象征原因在于它们是各种罪的象征。任何尸体的不洁都是罪的不洁的象征，后者是灵魂的死亡。癞病的不洁象征着异端邪说的不洁，这是因为异端邪说就像癞病一样具有传染性，而且也是因为异端邪说多少具有真理和错误混合的性质，这就像癞病体的表面也区分健康部分和感染的部分。妇女血漏的不洁象征着偶像崇拜的不洁，因为血被作为祭献的东西。男人遗精的不洁象征着空话的不洁，因为“种子是天主的话”（《路加福音》第 8 章 17

---

① 梅瑟·迈蒙尼德，《迷途指津》，卷三，第四十七节（p. 367）。

节)。性交和妇女生产时的不洁象征着原罪的不洁。月经期妇女的不洁象征着耽于享乐的不洁。一般来说,触摸不洁东西所传染的不洁象征着对他人之罪表示同意的不洁,这是根据《格林多后书》第6章17节:“你们应从他们中间出来,离开他们……你们不可触摸不洁之物。”

而且,由接触产生的不洁甚至传染到无生命物上;因为不洁者无论以什么方式触及的东西都会变得不洁。外邦人认为不洁不仅通过触摸传染,而且还通过谈话或观望传染,正如拉比·梅瑟在谈到月经期的妇女所说的,[①]在这方面法律降低了外邦人的迷信。这个神秘的意义在于:“不虔敬的人,与他行的不虔敬的事,同样为天主所憎恶”(《智慧篇》第14章9节)。

无生命物本身也存在一种不洁,如房屋和衣服上的起癞的不洁。正如人身上的癞是由体液腐化导致肉体化脓和溃烂而产生的,在房屋的石头上,或者在衣服上,也有时也会由于过于潮湿或干燥产生腐败之物。因此,法律也称这种腐败为“癞”,由此认为这房屋或衣物是不洁的。如前所述,这既是因为所有腐败都意味着不洁,也是因为外邦人把崇拜他们的屋神视为一种针对这种腐败的防腐剂。因此,

---

① 梅瑟·迈蒙尼德,《迷途指津》,卷三,第四十七节(p.368)。

法律规定对于房屋来说,如果这种腐败具有持久性就要毁掉,对于衣服来说就要烧掉,以避免所有偶像崇拜的机会。还存在一种器皿的不洁,对此经上写道(《户籍纪》第19章15节):“一切开着口,没有盖上盖的器皿,都成了不洁的。”这种不洁的原因在于任何不洁都会轻易落入到这些器皿之中,从而使它们变得不洁。而且,这个命令旨在防止偶像崇拜。那些偶像崇拜者认为假如老鼠、蜥蜴这些他们常用于祭祀偶像之物落到器皿里或者水里,这会更加令神高兴。甚至现在仍然有些妇女放下开口的器皿以尊敬她们称之为雅纳斯的夜神。

这些不洁的象征原因在于,房屋的癞象征着异端教派的不洁;亚麻衣服的癞象征着心思尖刻所导致的邪恶;羊毛衣服的癞象征着谄媚者的邪恶;经线上的癞象征着灵魂的恶;纬线上的癞象征着肉体的恶;经线在纬线之内,灵魂也在肉体之内。没有盖的器皿象征着缺乏涵养、口无遮拦的人。

答复5:如上所述,在法律中有两种不洁:一种是由于心灵或身体的腐败,这种是较为严重的不洁;另一种仅仅是由于与不洁物的接触,这种不洁不那么严重,而且较易补赎。前一种不洁要通过赎罪祭补赎,因为一切腐败都是由于罪,并且表示着罪;而后一种不洁仅由喷洒某种水即可补赎,这就是我们在《户籍纪》19 章读到的那种水。在那里，天主命人取一头红母牛献祭，以此纪念他们崇拜牛犊所犯下的罪。是一头母牛而不是牛犊是因为主常以此指称犹太人，如《欧瑟亚书》第 4 章 16 节所言："以色列倔强，犹如一头倔强的母牛。"这也或者是因为他们在效仿埃及习俗崇拜过小母牛，如《欧瑟亚书》第 10 章 5 节所言："他们敬拜了贝特阿文的母牛。"为了表示对偶像崇拜的厌恶，都在帐外祭祀。实际上，凡是补赎大众罪过的祭祀，都是在帐外焚烧的。而且，为了表示这种祭祀除去了全体民众的一切罪过，祭司用手蘸上牛血，向会幕的门上反复洒上七次，因为七这个数字代表一个整体。再者说来，洒血也与厌恶偶像崇拜有关。在偶像崇拜中，血不是被洒出去，而是收集回来，人们围着它吃以祭拜偶像。用火焚烧，这或者是因为天主在火中向梅瑟显现，法律从火中向众人颁布；或者代表着偶像崇拜以及与之相关的所有东西都应该一起根除；这就像母牛都被彻底焚烧一样：牛的皮、肉、血连粪，一起焚烧。在焚烧中又添加香柏木、牛膝草和鲜红线。香柏木不易腐败，鲜红色不易褪色，牛膝草在干了之后仍保有香味，这象征着这祭祀是为了保存民众，保存他们的善行和忠诚。因此，收起牛灰："为以色列子民会众留下作取洁之用"（《户籍纪》第 19 章 9

节)。或者如约瑟夫所言,这是显示了四种元素。[1] 火中加的香柏木象征着土,因为它生于土;牛膝草象征着空气,因为它的气味;鲜红色象征着水,因为这种颜色取之于水;这表明这种祭祀是献给四种元素创造者的事实。由于这种祭祀是为偶像崇拜之罪而献的,为表示对罪的厌恶,为了表示无论任何方式与偶像崇拜相关的人都应因不洁而被弃,那焚烧牛的人、收拾牛灰的人和洒含有牛灰的水的人都被视为不洁的。为消除这种不洁只需要洗净他们的衣服,而不用洒水,否则这个过程就没有尽头了,因为因洒水而不洁,在自己身上再洒水仍是不洁,如果别人洒水则别人也会变得不洁,同理任何给他洒水的人亦如此,这样就无穷尽了。

这种祭祀的象征性原因在,红母牛象征着基督人性的脆弱面,这由女性代表;红色则象征着他受难的血。红母牛是成年的,是因为基督的一切工作都是完美的;身上没有残缺,且没有负过轭,这表示基督是无辜的,没有承受过罪的轭。要把母牛牵到梅瑟面前,因为"基督曾被控诉违犯了梅瑟法律中规定的安息日";要把母牛交给以利亚撒祭司,因为"基督曾被交在司祭们的手中处决";在帐外宰杀,因为

---

① 《犹太战记》(*The Jewish War*),卷五,第五章,第四节(Ⅲ, 264)。

“基督在城门外受了苦难”(《希伯来书》第13章12节)。祭司用手蘸上血,因为通过手指代表的分开(即,把血从红母牛中分开)象征着应当思考和效仿基督苦难的奥义。

向会幕多次洒血,会幕代表着犹太会众,这或者是对不信基督的犹太人的谴责,或者是为洁净信众;七次或者代表着圣神的七恩,或者代表着全部时间的七天。而且,凡是与基督道成肉身相关的一切事物都应用火烧掉,即它们应从灵性的角度理解;皮和肉代表着基督的外在工作,血代表着加速他外在行为的微妙的内在力量,粪代表着他的疲劳、饥渴以及一切与他人性的脆弱相关之物。另外添加的三种东西:香柏木代表着希望或沉思的高度;牛膝草代表着信仰的谦逊;染过两次的鲜红色代表着双重的仁爱。我们应当通过这三者坚信基督的受难。焚烧的灰烬应由洁净之人收拾,因为苦难的余迹应当由对基督的死没有罪过的外邦人拥有。把灰烬置于水中是为了消除,因为洗礼从基督的苦难中获得了洗尽一切罪过的能力。宰杀母牛的祭司、焚烧者、收拾灰烬者以及洒水者,都是不洁的。这或者是因为犹太人因杀害基督而变得不洁(而我们的罪却由此补赎),这要延续到晚上,即直到世界末日,以色列余部归化的时候;或者是因为那些为使他人洁净而处理圣物之人也会受染不洁,这正如格列高利所言,[①]这药持续到晚上,即直到此世生命的终结。

答复6:如前所述,由心灵或身体的腐败而导致的不洁要通过赎罪祭补赎。为了赎个人的罪过常要献上特别的祭祀。但是,由于一些人会忽视补赎这些罪过和不洁,或者由于无知无法祭献这种补赎,因此就规定每年一次,在第七个月的第十天为全体民众献赎罪祭。而且,因为正如宗徒所言(《希伯来书》第7章28节):"法律所立为大司祭的人是有弱点的",所以祭司适宜首先为自己的罪祭献一头牛犊,以纪念亚郎制造金牛的罪。此外,要献上一只公绵羊作全燔祭,公绵羊是羊群的头羊,这可以代表祭司的权威,以荣耀天主。然后,祭司为民众献上两头公山羊,其中一头是为了补赎大众之罪。公山羊是腥臊之物,它的皮做成的衣服具有刺鼻的气味,以此表示罪的恶臭、不洁和刺痛。宰杀公山羊之后,取出它的血,把它和牛血一起带到至圣所,用以喷洒整个圣所:这象征着从整个圣所除去了全部以色列子民的不洁。用于献祭的公山羊和牛的尸体都要焚烧,这象征着罪的彻底根除。然而,它们不是在祭坛上焚烧的,因为只有全燔祭才在那里焚烧,为了表示对罪的厌恶,规定它们

---

① 《牧灵规范》(*Pastor.*),卷二,第五章(PL 77, 34)。

要在帐外焚烧，一切严重罪过的献祭，或者为大众之罪的献祭都是这么做的。另一头山羊被放到野外，不是把它献给魔鬼（这正是外邦人在野外崇拜时所要做的），因为向魔鬼献上任何东西都是不合法的；而是为了指明刚才所行之祭祀的效果。祭司把手放在羊头上，宣告以色列子民的罪过：仿佛山羊要把这些罪过带到野外，在那里羊会被野兽吃掉，以此表示代替了民众之罪的惩罚。说它承载着民众之罪，这或者是因为它被放走代表着民众之罪的宽恕，或者是因为在它的头上写着那些罪的清单。

这些事物的象征意义在于，基督由牛象征，这是因为他的力量；由公绵羊象征，这是因为他是信众的头领；由公山羊象征，这是因为他的"罪恶肉身的形状"（《罗马书》第 8 章 3 节）。而且，基督为了祭司和民众的罪而被献祭，因为高低不同等级的人都由他的苦难而洁净了罪。牛羊的血被祭司带到圣所，因为天国的门因基督的血而打开。它们的尸体在帐外焚烧，是因为正如宗徒所说的："基督在城门外受了苦难"（《希伯来书》第 13 章 12 节）。放走的山羊或者代表着在基督的人性受难时，他的神性回避了，不是去了另一个地方，而是限制了能力；或者代表着应当从我们身上赶走低等欲望，而把德性行为献给我们的主。

关于那些焚烧这些东西而受染不洁的原因与前述红母

牛祭祀相同。

答复7:法律仪式并不使癫病人除去癫,而是宣布他除去了癫病。这从《肋未纪》第14章3节以下可以看出,那里对于祭司写道:“如见癫病人的病症痊愈了,就吩咐人为那取洁者。”因此,癫病人已经康复了,说他洁净了是通过祭司的裁定让他重回社会群体之中,重新恢复对天主的崇拜。然而,有时祭司在判断上出现了错误,身体的癫由法律仪式奇迹般地治愈了。

癫病人的洁净分为两步。首先,宣布他已经洁净;其次,由于洁净而使他重回社会群体和对天主的崇拜,这要在七天之后。在第一次取洁时,要献上两只活麻雀、香柏木、鲜红线和牛膝草。用红线把麻雀和牛膝草拴到香柏木上,香柏木就像是洒水器的把柄一样;把牛膝草和麻雀作为洒水器的一部分浸入另一只在活水上宰杀的麻雀的血中。这四件东西对应着癫病四种病症的解药。香柏木是不易腐败的,这与腐败对立;牛膝草具有香味,这与恶臭对立;活麻雀与麻木对立;鲜红色是明亮的颜色,这与癫的恶心颜色对立。活麻雀被放飞到旷野之中,因为麻风病人要重获先前的自由。

第八天癫病人被允许崇拜天主,重回社会群体,但要剃光身体毛发,洗净衣服,因为癫病腐烂了毛发,沾染了衣服,并且让它们变得难闻。然后,为他的罪献祭,因为癞常常是罪的结果。用牺牲的血涂抹在取洁者的右耳垂、右手拇指和右脚大脚趾上,因为这些都是先感知到和诊断出病症的部位。在这个仪式中要用到三种液体:血,以与腐化的血对立;油,为指病的痊愈;活水,为洗去污秽。

象征的原因在于,基督的神性和人性分别由两只麻雀表示。其中的一只与基督的人性相似,在活水上的土制器皿中献祭,因为洗礼之水由基督的苦难而圣化了;另一只是他不觉痛苦的神性的标志,仍然活着是因为神性不能死亡,它飞走了是因为神性不能为苦难所包围。这只活麻雀与香柏木、鲜红线和牛膝草,如前文所述,它们代表着信、望、爱,一起浸入水中以便喷洒,这是因为我们要在神—人的信仰中洗礼。要用洗礼之水或泪水洗衣服,即行为,和头发,即思想。在取洁者的右耳垂涂抹上血和油,这是为了强化他对有害之言的抗拒;涂抹他的右手拇指和右脚大脚趾是为了他行为的圣洁。关于这种取洁或不洁的其他事项,与适用于其他罪过或非法的祭祀没有特别不同。

答复8和9:正如民众以割损礼适得以行神圣崇拜,祭司们亦以特别之取洁或祝圣礼方得成就。因此,他们受命与常人分开,专授以神圣崇拜之职。在祝圣或册立他们时的行为均是为了表明纯洁、权力和尊贵的特权地位。因此,在立祭司时要做三件事。首先,他们要取洁;其次,他们要装扮和祝圣;第三,他们要用于职务。一般都要用水取洁,并进行一些祭祀;但根据《肋未纪》第8章(以及《户籍纪》第8章7节),肋未人要特别剃光他们身体的毛发。

对于大祭司和祭司,其祝圣程序如下。首先,他们洗好后,穿上特制的衣服以示尊贵。大祭司要特别用油涂于头部以表示祝圣的权力从他流出,就像油从头流到身体其他部位(正如《圣咏集》第133章2节所言:"像亚郎头上珍贵的油,流到他胡须上。")。但是,对于肋未人而言,除了由以色列的子民通过大祭司的手把他们献给天主并祝福他们之外,并没有受到其他的祝圣。小祭司只祝圣要用以祭祀的手。用牺牲的血涂抹于他们的右耳垂、右手拇指和右脚大脚趾,这表示他们在祭祀时要服从天主的法律(这由用血涂于右耳表示);他们在祭祀时应当认真尽责(这由涂抹手脚表示)。他们的身上和衣服上要洒上圣化的动物的血,以纪念使他们从埃及解放出来的羔羊的血。对于他们的圣化,要提供下述祭品:一头赎罪用的公牛,这是纪念亚郎制造金牛犊的罪过;一只用于全燔祭的公绵羊,为了纪念亚巴郎的奉献,他的顺服是大祭司应效仿的;另一只祝圣的公绵羊,用作和平祭,这是为了纪念通过羔羊的血从埃及解放出来;一篮子饼,这是为了纪念恩赐给民众的玛纳。

对于他们职位的指定,要公绵羊的脂肪、一个圆饼、公绵羊的右后腿放在他们的手上,这表示他们获得了把这些东西奉献给天主的权力;而肋未人被授予职位则是领他进入立约的圣所,这就像是为管理圣所里的器皿。

这些事情的象征意义在于,那些受祝圣担任基督神职的人首先应当用洗礼的水或泪水,在他们对基督受难的信仰中净化,这既是赎罪的祭祀也是净化的祭祀。他们也要剃去身体的所有毛发,即一切邪恶的思想。而且,他们应当用美德装备自己,以圣神的油圣化,以基督的血喷洒。这样他们才能用于履行神职。

答复10:正如前述所言,法律的目的在于导人尊重神圣崇拜,这可以两种方式实现:首先,排除神圣崇拜之中任何轻视的因素;其次,在神圣崇拜之中加入敬畏的性质。如果在圣所及其器皿方面,在用作牺牲的动物方面,这些都能够得到遵守,那么在祭司方面更应得到遵守。因此,为了消除对祭司的轻视,法律规定他们应当没有身体的污点和缺陷,因为有缺陷的人常受到他人的轻视。基于同样的原因,对那些担任天主侍者的选择也不是毫无区别地来自任何世族,而是来自特定世族的后裔,以此给予他们显贵尊荣。

为了使他们受到尊重,他们要穿上特别的祭服,进行特别的祝圣仪式。这是华丽服饰的一般原因。尤其是那些大祭司拥有八件祭服。第一件是麻布长袍。第二件是紫色无袖长袍,底边一圈放有金铃和用紫线、红线和鲜红线织成的石榴。第三件是肩带,盖着双肩及前胸,它由金线、紫线、红线、鲜红线和亚麻线织成,肩上带着两颗红玛瑙石,在石上刻着以色列支系的名称。第四件是胸牌,这是用同种材料做成的,正方形,置于胸前,系于肩带。这胸牌上有十二块宝石,分作四行,上面也刻着以色列支系的名称,代表着祭司承载着整个民族,因为他肩负着它们的名称;为它们的福利着想是他的职责,因为他把它们放在胸前就像把它们放在心里一样。主命令把"教义"和"真理"放在胸牌上,因为与正义的"教义"和"真理"相关的格言写于其上。犹太人自称在胸牌上有一颗石头,它随以色列子民未来命运的状况变换颜色。他们就称之为"真理"和"教义"。第五件是由前述四色构成的腰带。第六件是亚麻做成的头饰或法冠。第七件是垂于额头的金牌,上面写有天主的名字。第八件是麻布短裤,为上圣所或祭坛时遮盖下体之用。较低的祭司只有四件:亚麻长袍、短裤、腰带和法冠。

有人认为,[1]这些祭服的字面原因在于,它们代表着世

---

① 《注解》(Ⅲ, 385E),拉巴努斯·莫鲁斯(Rhabanus Maurus),《智慧篇释义》(*In Sap.*),卷三,第十七章,关于第十八章,第24节(PL 109, 758)。

界的安排,大祭司就像是世界造物主的臣宰。因此经上写道(《智慧篇》第18章24节):“在他(亚郎)的长衣上,带有整个的世界。”亚麻短裤表示土地,因为亚麻生于土中。腰带表示海洋,它包围着土地。紫色无袖长袍以其颜色代表着空气,它的铃铛表示雷,石榴表示电。肩带以其颜色代表着星空,两块红宝石代表着两个半球,或者太阳和月亮。胸前的十二块宝石是黄道十二宫的标志,之所以放在胸前,是因为天上存在着地上之物的范型,正如《约伯传》第38章33节所言:“你岂知天体的定律,实施天律管治大地?”法冠代表着天堂,金牌则是统治整个宇宙的天主的标志。

它们的象征原因是显而易见的。祭司没有任何的缺陷象征着他们没有任何罪与恶。因此,他不应是盲的,即他不应无知;他不应是跛的,即没有在目标上游移不定;他不应有太小、太大或畸形的鼻子,即他不应缺乏审慎、过犹不及或有所偏见,因为鼻子代表着审慎,它能察知气味。他不应有残损的手脚,即不应失去行善工促德性的能力。他也不能鸡胸驼背,那会说明他对尘世之物颇多眷恋。他也不能是眼睛模糊的,即是说他的心灵为情欲所蒙蔽,因为泪水往往会使他如此。也不能眼生白翳,即他自以为正直而清白无瑕。他不可有持久性的麻疹,那代表着肉体的欲望;不可有干癣,它覆盖着身体,虽没有疼痛,却是肢体的瑕疵,那代表着贪婪。最后,他也不可是睾丸破碎或疝气的人,这虽然不表现为行为的下贱,却会呈现内心的卑鄙。

祭服代表着祭司的德性。有四种是一切祭司所必须具备的。它们分别是:短裤所象征的贞洁;亚麻长袍所象征的清白;腰带所象征的审慎;法冠所象征的目标纯正。大祭司除此之外还应具备另外四种。首先,常以天主为念,这以前额上刻有天主之名的金牌为标志;其次,承载民众之缺点,这以他们肩上的肩带为标志;再次,以仁爱的关怀把民众置于心间,这以他们的胸牌为标志;最后,追求完满的神性生活,这以紫色无袖长袍为标志。袍下的小金铃象征着神圣之教义与大祭司神性生活的紧密结合。此外,石榴象征着信仰的一致和善良道德的和睦。因为他的学理应当紧密一致,不应打破信仰与和平的合一。

第六节　礼仪守则是否具有合理的原因?

我们这么展开第六节:

反论1:礼仪守则似乎没有任何合理的原因。因为正如宗徒所言(《弟茂德前书》第4章4节):"天主所造的样样都好,加以感恩的心领受,没有一样是可摈弃的。"因此,《肋未纪》第11章规定某些事物因不洁而应禁食,这是不合理的。

反论2:正如动物是给人作食物的,植物也是如此。因此经上写道(《创世纪》第9章3节):“我将这一切(有生命的动物)赐给你们,有如以前赐给你们蔬菜一样。”但是,法律并没有区分哪些是不洁的,尽管有些是非常有害的,例如那些有毒的。所以,动物似乎也不应被作为不洁而被加以禁止。

反论3:如果产生某物者是不洁的,那么该物似乎也因此是不洁的。但是肉产生于血,由于全部的肉并未因不洁而禁止,同理,似乎血也不应因不洁而被禁止,由血产生的脂肪也不应被禁止。

反论4:我们的主说(《玛窦福音》第10章28节,《路加福音》第12章4节):“不要害怕那些杀害肉身的”,而在死后他们就“不能更有所为的人”。如果死后伤害可以经由对他身体的作为而传达给人,这就不正确了。因此,对于已经死掉的动物怎样烹煮它的肉体更不会与它有关。所以,《出谷纪》第23章19节说:“不可煮山羊羔在其母奶之中”,这似乎没有任何原因。

反论5:首生的人和动物作为最完美的,被命令要祭献给天主(《出谷纪》第13章)。因此,《肋未纪》第19章23节设定的命令就不合理:“几时你们进了那地方,栽种了什么果树,应取走它们未受割损的(即初果),你们应视为不洁,不可以吃。”

反论6:衣服本是人的身外之物。因此,不应禁止犹太人穿某些种类的衣服:例如,“用两种线织成的衣服,不可穿在你的身上”(《肋未纪》第19章19节);“女人不可穿男人的服装,男人亦不可穿女人的衣服”(《申命纪》第22章5节);接着,“不可穿羊毛和麻混合织成的布料”(第11节)。

反论7:谨记天主的诫命,这与身体无关,而与心灵相连。因此,《申命纪》第6章8节以下的规定并不合理:把天主的诫命“系在你的手上,当作标记”,并且“刻在你宅的门框上和门扇上”;《户籍纪》第15章38节以下的规定也不合理:“在自己的衣边上做上縌子;衣边的每个縌子应用紫绳系。这縌子是为叫你们一看见,就想起上主的诫命。”

反论8:宗徒说(《格林多前书》第9章9节):“天主不关心牛”,所以也不关心其他的非理性动物。因此,以下命令就没有原因了。《申命纪》第22章6节:“你在路上,如果发现树上或地上有鸟窝,里面有雏或有蛋,你不可连母鸟带幼雏一并拿去。”以及《申命纪》第25章4节:“牛在打场的时候,不可笼住它的嘴。”还有《肋未纪》第19章19节的:“不可使你的家畜与不同类的配合。”

反论9:植物尚且不分洁净与不洁净。因此,更不应在植物的种植上作出任何区分。因此,下述规定是不合理的。(《肋未纪》第19章19节):“一块田内,不可播上不同的种子。”《申命纪》第 22 章 9 节以下:“在你的葡萄园内,不可撒上两样的种子”,而且,“不可使牛驴一同耕作”。

反论 10:显然无生命之物是服从人之权力的。因此,《申命纪》第 7 章 25 节以下的命令是不合理的,它禁止人们取制造偶像所用的金银以及偶像殿内的任何物品。《申命纪》第 23 章 13 节的规定似乎也是荒谬的:他们应当“用它来掘坑,然后用它铲土掩盖粪便。”

反论 11:还有,虔诚似乎是祭司们特别需要的。但是协助一个朋友的葬礼似乎就是虔诚的行为,《多俾亚传》即是因此受到赞扬的(《多俾亚传》第 1 章 20 节以下)。同样,娶一个妓女有时也是虔诚的行为,因为可以由此为她洗去罪和耻。因此,对祭司禁止这些事情似乎是前后不一的(《肋未纪》第 21 章)。

但是相反,经上写道(《申命纪》第 18 章 14 节):“但上主你的天主却为你不是这样安排。”从这些话我们可以推断,这些守则是天主专为犹太民族制定的。因此,它们并非没有原因。

我的回答是,如前所述,犹太民族是被特别拣选以进行天主崇拜的,在他们之中,祭司们又是特别留出以成全这个目的的。正如其他用于神圣崇拜的事物需要特别标出以便得配天主崇拜,对于犹太人民而言,特别是祭司,他们的生活方式也需要某种不同之处以配合神圣崇拜,不管这是精神方面的,还是肉体方面的。法律所规定的崇拜象征着基督的奥义,因此无论他们做什么都是与基督相关的象征,正如《格林多前书》第 5 章 11 节所言:"发生在他们身上的这一切事,都是为给人作鉴戒。"由此可见,这些守则的理由就可以从两个方面加以理解:首先,根据它们对天主崇拜的适合;其次,根据它们对基督徒生活方式的预示。

答复 1:如前所述,法律区分了两种污染或不洁:一种是罪的,灵魂由此被玷污;另一种由某种腐败构成,身体由此受到某种感染。就第一种不洁而言,没有食物在自然上是不洁的,也没有食物在自然上可以玷污一个人。因此,我们可以在经上读到(《玛窦福音》第 15 章 11 节):"不是入于口的,使人污秽;而是出于口的,才使人污秽。"这些话语在第 17 节被解释为是指各种罪。然而,有些食物会偶然地玷污灵魂,这是由于人们在分享它们时会违反服从、誓言,或者过度贪求,又或者导致淫乱,正因如此有人戒酒、戒肉。

然而,就身体上的不洁而言,这主要由某种腐败构成。某些动物的肉是不洁的,这或者是因为,像猪这类动物,它们吃不洁之物,或者它们生活于不洁的环境之中(像田鼠和老鼠这类动物生活于地下,会染上某种难闻的气味),或者是因为它们的肉太湿或太干容易在人体内产生腐败的体液。[①] 因此,禁止吃平蹄动物,即那些不分趾的动物,因为它们土气太重;同样,也禁止吃多趾动物,因为这些动物非常狂暴,肉也太干(例如,狮子等)。基于同样的道理,禁止吃某些以很干的肉体为食物的鸟类,和某些太湿的水禽。某些无磷、无鳍的鱼也禁止吃,因为它们太湿,例如鳝鱼等。然而,可以吃反刍的动物和蹄子分开的动物,因为这些动物体液得到良好吸收,它们湿度上自然平衡:它们不会太湿,这从有蹄子即可看出;也不太干,因为它们的蹄子不是平的而是裂开的。对于鱼类来说,较干类型可以食用,有鳞、有鳍是其标志,因为这可以调节它们的湿度。对于鸟类可以吃那些比较容易驯服的,例如鸡、山鹑等。另一个理由是拒绝偶像崇拜,因为外邦人,特别是犹太人,曾经成长于其中的埃及人,把这里所禁止的动物祭献给他们的偶像,或者把它们用于巫术;他们不吃那些允许犹太人吃的动物,而是把它们当作神明进行崇拜,或者如前所述出于其他动机戒绝食用它们。第三个理由是防止在食物上浪费太多精力。因此,允许他们吃那些容易取得的动物。

任何动物的血和脂肪都是禁食的。禁止食血这既是为

---

① 梅瑟·迈蒙尼德,《迷途指津》,卷三,第四十八章(p. 370)。

了避免残忍,如前文所述,人们厌恶人类流血;也是为了避免偶像崇拜的礼仪,在那里人们常把血收集起来,围着它设宴以崇拜偶像,对他们来说血是最可接受的。因此,主命令把血洒掉,并且用土覆盖(《肋未纪》第 17 章 13 节)。基于同样原因,也禁止吃扼死或闷死的动物,因为这些动物血和身体没有分离,或者因为这种死法过于痛苦,主甚至对于非理性的动物也希望避免残忍,习惯了对动物的友善,人就会对他人不那么残忍。禁止食用脂肪,这既是因为偶像崇拜者食用它以崇拜他们的神,也是因为要用它崇拜天主,还因为血和脂肪没有营养,最后这是拉比·梅瑟提出的理由。[1]对于为何禁止吃筋,《创世纪》第 32 章 32 节给出了理由:"以色列子民至今不吃大腿窝上的筋,因为那与雅各伯搏斗的人打了雅各伯的大腿窝,正打在筋上,并使它脱了节。"

这些事物的象征原因在于,所有这些动物都象征着特定的罪,所以才禁止它们。因此,奥古斯丁说:"就猪和羔羊而言,二者在自然上都是洁净的,因为一切天主所造都是好的;然而,羔羊是洁净的,而猪在某种意义上却是不洁净的。因此,若说'蠢人'和'智者',就其发音、字母和符号而言都是洁净的表达,但是就其意义而言一个是洁净的,而另一个

① 梅瑟·迈蒙尼德,《迷途指津》,卷三,第四十八章(p. 370)。

却是不洁净的。”[①]反刍和分蹄的就其含义来说是洁净的。分蹄象征着新旧二约，或者圣父与圣子，或者基督的二性，或者善恶的二分。反刍象征着对《圣经》的沉思默想和良好理解，缺乏这些的在精神上是不洁的。同样，那些有鳞、有鳍的鱼就其含义而言是洁净的，因为鳍象征着天堂或沉思的生活，而鳞则象征着苦难的生活，二者都是精神洁净所需的。有些鸟类禁止食用。[②] 鹰飞得很高，禁食它是禁止骄傲；狮鹫是马和人的天敌，禁食它是禁止有权势者的残忍。鹗以小鸟为食，象征着那些欺凌弱者的人。鸢充满狡诈，象征着那些欺瞒之徒。秃鹫随军而动，以死尸为食，象征着那些幸灾乐祸从中渔利之徒。乌鸦象征着那些贪图享受的人，或者缺乏真挚友谊的人，因为它离开方舟之后就没再回来。鸵鸟虽然是鸟却不能飞，总是活动于地面，象征着那些为天主而战斗，同时又为世俗之事所吸引的人。夜鹰夜间视力强，而白天看不到东西，象征着精于世事，却拙于灵性之物的人。海鸥既飞于空中，也游于水中，象征着那些对割损礼和洗礼都钟爱的人，或者象征着那些愿意以沉思高飞，

---

① 《驳法斯特》，卷六，第七章（PL 42, 233）。

② 参照拉巴努斯·莫鲁斯，《论宇宙》（*De Univ.*），卷八，第一章及第六章（PL Ⅲ, 222; 240-255）；圣·伊西多尔，《词源学》，卷十二，第二章及第十七章（PL 82, 436; 459）。

同时又居于感官快乐之水中的人。隼能帮人捕猎,象征着那些帮助强者压制弱者的人。[①] 枭夜里出来猎食而白天隐藏起来,象征着那些试图隐藏其暗事的淫乐之徒。[②] 白鹭能长时间留在水中,象征着投身于欢乐之中的贪食之人。朱鹭是一种非洲产的鸟,长着长喙,以蛇为食,或许与鹳相同。[③] 它象征着嫉妒之人,以他人痛苦为乐,正如朱鹭以蛇为乐。天鹅颜色光亮,可以用长颈从地里或水里的深处取食,象征着表面道貌岸然实则追逐世俗名利之人。麻鹗是东方产的鸟,有长喙,在喉部有囊,可以在里面储存食物,过段时间后再消化,[④]象征着吝啬鬼,终日为聚敛生活用品费神。大鹬与其他鸟不同,它有一个用于游泳的大蹼脚,也有一只用于走路的分趾的脚,在水里游泳像只鸭子,在陆上行走像只山鹑,[⑤]它在水中吸食,象征着不愿听从建议,只会根据自己意志行事的人。苍鹭也称之为猎鹰,象征着"在他们的行径上只有蹂躏和困苦"的人(《圣咏集》第 14 章 3 节)。珩是喜欢鸣叫的鸟,象征着散布流言者。戴胜鸟在粪里筑巢,以腐烂

---

① 圣·阿尔伯特,《论灵魂释义》(*In De Anim.*),卷二十三,第一章,第二十二节(Ⅻ, 482)。

② 见上书,卷二十三,第一章,第二十二节(Ⅻ, 4493)。

③ 见上书,卷八,第一章,第二节(Ⅺ, 427)。

④ 圣·阿尔伯特,《论灵魂释义》,卷二十三,第一章,第二十四节(Ⅻ, 497)。

⑤ 同上(Ⅻ, 501)。

的东西为食，鸣叫好似呻吟，象征着使不洁的人死亡的世间苦难。蝙蝠沿地面飞行，象征着具有世俗知识的天赋，却只追求世俗之事的人。在会飞的四足禽中，只有那些后腿比前腿长，能够跳跃的才准许食用，那些紧贴地面的都禁止食用。因为那些滥用四福音理论不能高飞的人都是不洁的。通过对血、脂肪和筋的禁止，我们可以理解关于残忍、贪欲和犯罪的冒失。

答复 2：人们在大洪水之前常吃植物和土壤的其他产物，吃肉似乎是大洪水之后才开始引入的。因为经上写道（《创世纪》第 9 章 3 节）："我将这一切（有生命的动物）赐给你们，有如以前赐给你们蔬菜一样。"这是因为吃土壤的产物具有一种俭朴生活的性质，而吃肉则是一种精致和讲究的生活方式。土壤自然生出了植物，这些土壤的植物只需极少的努力就可以获得丰富的产量。而饲养或捕获动物都需要不小的努力。因此，天主希望把他的子民带回到更为简朴的生活之中，于是就禁止人们吃太多种类的动物，但不禁止那些土壤生产的东西。另一个原因在于动物是祭献给偶像的，而土壤的产物则不是。

答复 3：刚才所说的可以清楚地回答这个反对意见。

答复 4：尽管山羊羔在宰杀之后其没有肉体被煮的感觉，但是把用于养育后代的母兽的奶放在同一盘子之中，这似乎有点残酷的味道。据说外邦人在祭祀偶像的盛宴上，就是这么准备小山羊的肉的，以便进行祭祀或宴会。《出谷纪》第23章在《旧约》法律的庆祝仪式之后，补充说："不可煮山羊羔在其母奶之中。"这条禁令的象征性原因在于：小山羊象征着基督，因为他"罪恶肉身的形状"（《罗马书》第8章3节），不应被犹太人所煮，即，不应被犹太人宰杀，在母奶中，即在幼年时期。或者说，它象征着小山羊，即罪人，不应在其母奶中烹煮，即，不应受到谄媚的哄骗。

答复5：外邦人把初果献给他们的神明，他们认为初果可以带来好运。他们或者把初果焚烧以行巫术。[①] 因此，以色列人受命把前三年的果实视为不洁净的。在那个国家中几乎所有果树都是三年后结果，无论是种的、栽的还是嫁接的。但很少用果实或果种栽种，因为这些要很长时间才会结果实。法律只为一般情形而立。第四年的果实作为洁净的初果要献给天主，从第五年开始果实是可以吃的。

象征的原因在于，这些象征着下述事实：在法律的三个阶段之后（第一个阶段是从亚巴郎到达味，第二个阶段是到他们成为巴比伦之囚，第三个阶段是到基督的到来），法律的果实，即基督，被献给天主。或者说，我们不应相信我们

---

① 参照梅瑟·迈蒙尼德，《迷途指津》，卷三，第三十七章（p.334）。

的最初努力，因为它们是有缺陷的。

答复6：《德训篇》第19章27节说："人的服装……表示他的为人。"因此，主希望把他的子民从其他民族区分出来，这不仅要用割损礼的符号，那是肉体上的，还要通过某种不同的服装。于是就禁止人们穿羊毛和亚麻混织的衣服，也禁止女穿男装，或者男穿女装。这有两个原因。首先，为了避免偶像崇拜。因为在外邦人的宗教仪式中，常用这样的多种材料做成的衣服。而且，在崇拜战神（Mars）时，女人穿上男人的盔甲；在崇拜爱神（Venus）时，男人穿上女人的衣服。[①] 其次，为了避免淫乱。因为在制作衣服时使用不同的材料代表着混乱的性结合，而女人穿着男人的衣服，或者相反，则刺激邪恶的欲望，并给淫乱以可乘之机。象征性的原因在于，禁止穿羊毛和亚麻混织的衣服象征着禁止把无罪的纯朴和恶意的欺诈混合起来，前者由羊毛表示，后者由亚麻表示。而且，禁止女人穿男人衣服象征着禁止女人承担教导职责或者男人的其他职责；禁止男人穿女人的衣服象征着禁止男人装扮女人的举止。

答复7：对于《玛窦福音》第23章6节哲罗姆说："主命令在衣服的四角处做四个紫色的縫子，以便把以色列人从

---

① 参照梅瑟·迈蒙尼德，《迷途指津》，卷三，第三十七章（p. 335）。

其他民族中区分开来。”[①]因此，他们以这种方式宣称是犹太人，并且见到这个标志就会想起法律。

当读到：“（将天主的诫命）系在你的手上，悬在额头”，法利赛人对此却给出了错误的解释，并且将梅瑟的《十诫》写在羊皮纸上，像花环那样系在额头，在眼前摆动。[②] 而主发布这命令的意图在于，他们应当约束其手，即他们的行动；它们应当在他们眼前，即在他们的思想中。嵌在外衣中的紫色繸子象征着应当伴随我们行为的属神目的。然而，也可以说，由于人们欲望太盛，而且顽固不化，所以有必要以这些感官之物促使他们遵守法律。

答复 8：人的爱有两种：一种是理性之爱，另一种是情感之爱。如果是理性之爱，那么它就与人如何对待动物没有关系，因为天主把所有事物都交给人了，正如《圣咏集》第 8 章 8 节所说：“将一切放在他的脚下。”正是在这个意义上宗徒说：“天主不关心牛”，因为天主并不过问人怎样对待牛或其他动物。

但是，如果是情感之爱，那么它也涉及其他动物，因为怜悯之情可由他人的痛苦引发，而且甚至非理性的动物也

---

① 《玛窦福音释义》（*In Matt.*），卷四，关于第二十三章，第 6 节（PL 26，175）。

② 同上（PL 26，174）。

能感受到痛苦,所以人的怜悯之爱可能因其他动物遭受痛苦而引发。如果人对动物尚有怜悯之爱,那么他更会对其同类抱以同情,这是显而易见的。所以经上写道(《箴言》第12章10节):“义人珍惜禽兽的生命,恶人的心肠残忍刻薄。”主为了把怜悯之爱灌输到那易于残忍的犹太子民心中,就希望他们甚至对野兽也抱以怜悯之情,并且禁止他们对某些动物做下残忍之事。因此,“不可煮山羊羔在其母奶之中”,以及“牛在打场的时候,不可笼住它的嘴”,还有“不许将母鸟和幼雏一并杀害”。然而,也可以说,这些禁令是为了厌恶偶像崇拜而立的。因为埃及人认为牛在打场的时候吃谷穗是恶劣的。而且,一些巫师常诱捕正在孵化幼雏的母鸟,用它们表示果实累累和养育子女的好运。另一个原因在于,通常认为发现守护幼雏的母鸟是一种吉兆。

关于不同种类动物的交配,其字面理由有三重。首先,表示对埃及人偶像崇拜的厌恶,[①]他们用不同种类动物的交配崇拜行星,认为不同的组合会产生不同种类的事物,具有不同的效果。其次,表示对违反自然的交配的谴责。最后,整个地消除激发性欲的机会。因为不同种类动物的交配并不容易,非要人予以促成,观看这些事情会导致性欲的萌

① 参照梅瑟·迈蒙尼德,《迷途指津》,卷三,第三十七章(p. 337)。

动。因此,拉比·梅瑟说,[①]在犹太传统中我们可以发现法律规定,人应把眼睛从这些事情上移开。

这些事物的象征原因在于,不应不为打场的牛提供生活必需品,即不应不为传道人员提供生活必需品,这一如宗徒所言(《格林多前书》第9章4节以下)。而且,我们不应将母鸟和幼雏一并拿走,这是因为在特定情况下我们必须采用精神含义,即幼雏,从而放弃字面含义,即母鸟,例如,在法律的礼仪训令方面。同样,禁止任何负重的动物,即普通民众,由其他种类的动物,即外邦人或犹太人,产生出来,即有任何关系。

答复9:禁止农作物的混种,字面上是为了表示对偶像崇拜的厌恶。因为埃及人在崇拜星辰时使用不同种子、动物和衣服的混搭,以代表星辰的不同组合。[②] 或者禁止这些混合是为了表示对违反自然的交配的谴责。

然而,它们也具有象征原因。"在葡萄园内不可撒别的种子",这可以在精神的意义上加以理解,即,禁止在教会里传播异端邪说,那是精神的葡萄园。同样,"一块田"即是指教会,不能种上不同的种子,即不能同时传播天主教和异端

---

① 见梅瑟·迈蒙尼德,《迷途指津》,卷三,第四十九章(p. 377)。

② 参照上书,卷三,第三十七章(p. 337)。

邪说。“不可使牛驴一同耕作”,因此,愚人和智者不可相伴传道,因为会阻碍对方。

答复10:(原文阙如,有些版本做出了相应的补充)禁止取那种金银,这之所以合理不是因为它们不受人支配,而是因为它们就像用它们所造的偶像一样都是受天主憎恶直至诅咒的东西。这在相同的章节表现得非常清楚了,那里说“可憎之物,你不可带进你屋内;免得你与那些东西一同毁灭”(《申命纪》第7章26节)。这条禁令的另一个原因在于,如果人们接受了金银就有可能因贪恋而堕入偶像崇拜,而犹太人恰恰具有这种倾向。关于掩盖粪便的第二条禁令也是正当合理的。这既是为了保持身体干净、空气有益健康,也是为了表示对设在营内的圣约圣所应有的尊敬,这里是天主的住所。从那段可以清楚地看出,在陈述命令之后就立刻给出了理由,“因为上主你的天主在你营中往来”,等等,“所以你的营地应当圣洁”(《申命纪》第23章15节)。按照格雷戈里的观点,这条禁令的象征性原因在于,罪是我们灵魂的恶臭排泄,应当以忏悔加以掩盖,以求得天主的接纳。经文上也说,“罪恶蒙赦免,过犯得遮掩的人,有福”(《圣咏集》第31章1节)。或者按照《注解》的说法,我们应当承认人类自身的不幸,在深思中谦卑地掩盖和涤荡我们骄傲和自满的不洁。*

答复11：②巫师和进行偶像崇拜的祭司在他们的仪式中会使用骨头和死尸。为了根除偶像崇拜的习俗，天主命令低等的祭司在服务殿宇的特定时间内"不可为尸体陷于不洁"，除非是那些特别亲近的人，例如父母，或者其他近亲属。但是，由于大祭司随时都在服侍圣殿，因此绝对禁止接触尸体，无论与其多么亲近。另外，也禁止祭司娶妓女或被休女人以及处女之外的女人为妻，这既是为了表示对祭司职位的尊重，因为这种婚姻会破坏这种尊重，也是为了使子女不因母亲的耻辱而蒙羞，这是祭司的尊贵从父辈传到子辈最应避免的方面。还有，他们也受命不要剃头和剃胡须，不要割伤身体，这也是为了排除偶像崇拜的仪式。因为外邦人的祭司要剃头和剃胡须，经上写道（《巴路克》第6章30节）："在庙里，司祭穿着破裂的袈裟，剃去了须发，光头坐着。"而且，在崇拜偶像时，"他们用刀、用枪割伤自己"（《列王纪上》第18章28节）。正因如此，《旧约》命令祭司以相反的方式行为。

---

* 原文无反论10，译者补充时，参考的是托马斯·吉尔比（Thomas Gilby）总主编的《神学大全：拉丁文本和英文翻译、引言、注释、附录及术语表》（*Summa Theologiae Latin text and English translation, Introcluctions, Notes, Appendices and Glossaries, Blackfriars*, 1972）。——译者

② 对反论10的回答缺失。

这些事物的精神性原因在于，祭司们应当完全避开死亡的行为，即罪行。不剃头，即不把智慧放在一旁；也不剃须，即不把智慧的完美放在一旁；不撕破衣服或割伤身体，即不导致分裂之罪。

问题一百零三　论礼仪训令的期间

（四节）

我们现在要思考礼仪训令的期间问题，在这个论题之下有四个问题需要探讨：(1)礼仪训令在法律颁布之前是否存在？(2)在法律时代《旧约》的礼仪能否使人称义？(3)它们在基督到来后是否停止？(4)在基督到来后遵守它们是否是死罪？

第一节　礼仪训令在法律颁布之前是否存在？

我们这么展开第一节：

反论1：礼仪训令似乎在法律颁布之前就已存在。如前所述，[1]祭祀和全燔祭即是《旧约》法律的礼仪。但它们都在法律之前就存在，经上写道(《创世纪》第4章3、4节)："加音把田地的出产作祭品献给天主；同时亚伯尔献上自己羊群中最肥美而又是首生的羊。"诺厄给上主"做了全燔祭"(《创世纪》第8章20节)；亚巴郎也是如此(《创世纪》第22章13节)。因此，《旧约》法律的礼仪在法律颁布之前就已存在。

反论2：其次，祭坛的建立和祝圣是关涉圣物的礼仪的一部分。但是，这些都在法律之前即已存在。我们在经上读到(《创世纪》第13章18节)："亚巴郎给上主筑了一座祭坛"；以及《创世纪》第28章18节："雅各伯……把那石头立作石柱，在顶上倒了油。"因此，法律的礼仪先于法律。

反论3：再者，第一件法律的圣事似乎是割损礼。但是，《创世纪》第17章10节似乎表明割损礼先于法律。同样，祭司的职位也先于法律，因为经上写道(《创世纪》第14章18节)："默基瑟德……是至高者天主的司祭。"所以，圣事的礼仪先于法律。

---

① 问题101，第4节。

反论4:还有,如前所述,[①]动物洁与不洁的区分属于守则的礼仪。但是,这种区分先于法律,因为经上写道(《创世纪》第7章2、3节):“由一切洁净牲畜中,各取公母七对;由那些不洁净的牲畜中,各取公母一对。”所以,法律的礼仪先于法律。

但是相反,经上写道(《申命纪》第6章1节):“以下是上主你们的天主吩咐我教给你们的训令和礼仪。”但是,如果前述礼仪早已存在就无需再教。因此,法律的礼仪并不先于法律。

我的回答是,从前述明显可以看出,法律的礼仪为着双重目的而立,[②]即,对天主的崇拜和对基督的预示。任何人崇拜天主都需要借助对外部崇拜方面的事物的确定来进行。这种神圣崇拜的确定属于礼仪,正如前述表明,[③]对我们与邻人关系的确定属于司法训令。那么,正如人们之间通常存在着某些实际上不是由神法权威所确立的司法训令,它们只是由人类理性设定的,因此,也存在着一些并非由某种法律的权威所确定的礼仪,它们只是源自那些崇拜天主者的意志和忠诚。然而,由于在法律颁布之前,一些杰

① 问题102,第6节,答复1。
② 问题101,第2节;问题102,第2节。
③ 问题99,第4节。

出的人士即被赋予了先知的气质,可以相信那是天国的感召,就像是一部私人的法律,促使他们以某种特定的方式崇拜天主。这既遵守了内部的崇拜,也是基督之奥义的适当标志,那也由他们所做的其他事情加以预示,正如《格林多前书》第10章11节所言:"发生在他们身上的这一切事,都是为给人作鉴戒。"因此,在法律之前存在某些礼仪,但它们不是法律的礼仪,因为它们尚未由立法加以颁布。

答复1:在法律颁布之前的先祖们奉献这些祭品、牺牲和全燔祭是出于他们意志的热忱,因为对他们来说,把从天主处获得的东西奉献给天主以示崇敬似乎是恰当的,这也表明他们所崇拜的天主是万物的始末。

答复2:他们也确立了某些圣物,因为他们认为对天主的尊敬要求专设某些地方以进行神圣崇拜。

答复3:割损礼的圣事是由天主在法律之前命令的。因此,它不能像法律的规定那样被称作法律的圣事,而只能作为包含在法律之内的守则。基于此,主说(《若望福音》第7章22节):割损礼"其实并不是由梅瑟,而是由祖先开始的。"再者,在法律颁布之前,在那些崇拜天主的人中,祭司职位是由人任命产生的,那时由首生的享有祭司的尊贵。

答复4:在法律颁布之前,洁净动物和不洁净动物的区分不是在食用方面,因为经上写道(《创世纪》第9章3节):

"凡有生命的动物,都可作你们的食物";而是在作为牺牲上,因为人们只用某些特定的动物祭祀。然而,如果它们在食用上确有区别的话,这也不是说吃这些动物被视为非法,因为任何法律都没有这类禁止,而是说基于嫌恶或风俗;所以,即便是现在我们也可以看到有些食物在某些国家也会遭来厌恶,而在其他国家却常为人们所享用。

第二节　在法律时代《旧约》的礼仪能否使人称义?

我们这么展开第二节:

反论1:《旧约》法律的礼仪在法律时代似乎能使人称义。因为赎罪和祝圣都与称义有关。但是,经上说(《出谷纪》第29章21节)祭司及其衣服通过洒血和涂油而圣化;而且还说(《肋未纪》第16章16节),祭司通过洒牛血,"为以色列子民的不洁,和他们犯的种种罪过,给圣所取洁"。因此,《旧约》法律的礼仪能够使人称义。

反论2:再者,人用以取悦天主之物都与正义有关,正如《圣咏集》第10章8节所言:"上主是正义的,他酷爱公正。"但是,有人通过礼仪取悦天主,正如《肋未纪》第10章19节所言:"我若怀着悲哀的心情,我岂能在礼仪中使上主满意?"因此,《旧约》法律的礼仪能够使人称义。

反论3:还有,神圣崇拜方面的事物与灵魂的关系比与身体的关系更紧密,正如《圣咏集》第18章8节所言:“上主的法律是完善的,能畅快人灵。”但是,按照《肋未纪》所说,癞病人是通过《旧约》法律的礼仪洁净的。因此,《旧约》法律的礼仪更能通过使灵魂称义而洁净它。

但是相反,宗徒说(《迦拉达书》第2章21节):“如果成义是赖着法律,那么基督就白白地死了。”这即是说没有原因。但是,这是不能接受的。因此,《旧约》法律的礼仪并不授人正义。

我的回答是,如前所述,《旧约》法律区分了两类不洁。[①]一种是精神上的,是罪的不洁。另一种是身体上的,使人不适于进行神圣崇拜。癞病人或者任何接触尸体的人都被说成是不洁的。因此,不洁不过就是一种不规则(irregularity)。对于这种不洁,《旧约》法律的礼仪能够洁净,因为它们就是法律所确定的用以消除前述法律所规定的不洁的。因此,宗徒说(《希伯来书》第9章13节):“公山羊和牛犊的血,以及母牛的灰烬,洒在那些受玷污的人身上,可净化他们得到肉身的洁净。”正因为通过这些礼仪冲洗的这种不洁影响的是肉体而不是灵魂,所以宗徒在此之前(第10节)就称之为

① 问题102,第5节,答复4。

肉身的正义:“肉身的正义,被规定下来,等待改良的时期。”

另一方面,这些礼仪没有能力洁净灵魂的不洁,即罪的不洁。因为除非通过基督,“除免世罪者”(《若望福音》第1章29节),无法补赎罪过。由于基督苦难和道成肉身的奥义尚未真正发生,《旧约》的那些仪式不可能在自身中真正包含那源自基督已经受难和道成肉身的能力,而这些正是《新约》所包含的。所以它们不能洁净罪过。因此,宗徒说(《希伯来书》第10章4节):“公牛和公山羊的血断不能除免罪过”,他也因此称它们(《迦拉达书》第4章9节)“无能无用之物”:“无能”是因为它们无法除去罪;但这种“无能”来自它们的“无用”,即它们自身之中不包括恩宠。

然而,在法律的时代,那些虔诚的心灵通过信仰和受难与道成肉身的基督相连,这是可能的。由此,他们通过对基督的信仰而称义,对于这种信仰来说,遵守这些礼仪是某种表白,因为它们预示着基督。因此,在《旧约》中某些祭祀为罪而献,这不是说似乎祭祀本身洗刷了罪,而是因为它们是使罪洁净的信仰之表白。事实上,《旧约》在其用语中暗示了这一点,经上写道(《肋未纪》第4章26节;第5章16节):“司祭如此为他的罪行了赎罪礼,他方可获得罪赦。”这似乎是在说罪的宽恕不是通过祭祀,而是通过祭献者的信仰和热忱。然而,必须注意,《旧约》礼仪洗涮身体不洁的事实只是基督赎罪的一个象征。

因此,显然,在《旧约》法律状态下,那些礼仪不能使人称义。

答复1:祭司及其后代,他们的衣服或者任何属于他们的东西,通过洒血圣化,其效果只在于委任他们进行神圣崇拜,从他们身上消除障碍,如宗徒所言(《希伯来书》第9章13节)"肉体之洁净",这象征着"耶稣以自己的血圣化人民"(《希伯来书》第13章12节)。而且,补赎必须被理解为是指身体不洁的消除,而不是罪的宽恕。因此,甚至是不属于罪的圣所也被说成要除罪。

答复2:祭司取悦于天主是通过他们服从和热忱的礼仪,以及他们对象征本体的信仰,而不是通过那些事物本身。

答复3:洁净癞病人所规定的那些礼仪不是为着消除癞的污秽而订立的。这从这些礼仪在病人痊愈之后方才适用可以明显看出。因此,经上写道(《肋未纪》第14章3、4节):"司祭应到营外查看,如见癞病人的病症痊愈了,就吩咐那取洁者应奉献,等等。"显然,祭司不是在洁净之前,而是在洁净之后才作为癞病的裁判。但是,这些礼仪被用于除去不规则的不洁。然而,或许可以说一个祭司可能会在判断上出现了错误,癞病人被天主的大能奇迹般地洁净了,而不是通过祭祀。同样,《户籍纪》第5章19—27节也记载,在喝了祭司施咒之水后,犯淫诫的妇女的大腿奇迹般地萎缩了。

第三节　《旧约》的礼仪在基督到来后是否停止?

我们这么展开第三节:

反论1:《旧约》法律的礼仪似乎在基督到来之后并不停止。因为经上说(《巴路克》第4章1节):"她就是天主的诫命书,是永存的法律。"但是,法律的礼仪是法律的一部分。因此,法律的礼仪永存不坠。

反论2:其次,癞病人痊愈后奉献是法律的仪式。但是,福音书也命令已经痊愈的癞病人做这种奉献(《玛窦福音》第8章4节)。因此,《旧约》法律的礼仪在基督到来之后并没有停止。

反论3:再者,只要原因存在,结果就存在。但是,《旧约》法律的礼仪具有某些合理的原因,因为除了作为基督的象征,它们还为着天主的崇拜。所以,《旧约》法律的礼仪不应停止。

反论4:还有,如前所述,割损礼被规定为亚巴郎信仰的象征;守安息日是为了使人想起创造的恩典;其他的节日也是为了纪念其他的神圣恩赐。[①] 但是,亚巴郎的信仰应一直被人们效仿,我们概莫能外;创造的恩典和其他的神圣恩赐也永不应忘记。因此,至少割损礼和法定节日不应停止。

但是相反,宗徒说(《哥罗森书》第 2 章 16、17 节):"不要让任何人在饮食上,或在节期及月朔或安息日等事上,对你们有所规定。这一切原是未来事物的阴影。"《希伯来书》第 8 章 13 节也说:"一说'新的'(盟约),就把先前的,宣布为旧的了;但凡是旧的和老的,都已临近了灭亡。"

我的回答是,如前所述,[②]《旧约》法律的所有礼仪训令都是为着天主崇拜的。外在的崇拜应当与内在的崇拜相称,后者由信、望、爱构成。结果,外在的崇拜必须随着内在崇拜的变化而变化,由此就可以区分出三个阶段。第一个阶段,对天堂的事物和藉以获得它们的手段有信和望,但是这些都被认为是尚未到来的事物。这就是《旧约》法律时代信和望。第二个阶段是内在崇拜的阶段,我们把天堂的事物作为尚未到来的事物而有信和望,但把获得它们的手段作为当下的或过去的事物而有信和望。这就是《新约》法律的阶段。第三个阶段是二者都是当下的阶段,不再信什么

---

① 问题 102,第 4 节,答复 10;第 5 节,答复 1。

② 问题 101,第 1 节和第 2 节。

是缺乏的,不再望什么是未到来的。这就是至福阶段。

在至福阶段天主的崇拜不再是象征的,除了“感恩和赞颂之声”(《依撒意亚书》第51章3节)什么也没有。关于至福的城,经上写道(《默示录》第21章22节):“在城内我没有看见圣殿,因为上主全能的天主和羔羊就是她的圣殿。”相应地,第一阶段的礼仪预示着第二和第三阶段,随着第二阶段的到来就需停止,这时就要采用其他的礼仪以与那个时代的神圣崇拜相符。那里虽然天堂的事物是未来的,但我们藉以获得天堂之物的神圣恩赐却是当下的。

答复1:说《旧约》法律是永存的,这之于其道德训令方面是绝对的、无条件的,但之于其礼仪训令方面却是指那些礼仪所象征的真理。

答复2:人类救赎的奥义是在基督的苦难中完成的。因此,主那时说(《若望福音》第19章30节):“完成了。”结果,法律的规定在那里必须一并停止,因为它们的真理已经实现了。作为这事的标记,我们在基督受难中读到圣所的帐幔裂开了(《玛窦福音》第27章51节)。因此,在基督受难之前,在基督传道和行神迹期间,《旧约》法律与福音同时存在,因为基督的奥义已经开始,但尚未完成。正因如此,主在基督受难之前命令癞病人遵守法律的礼仪。

答复3:字面理由已经给出,[①]因为这些礼仪是关于神圣崇拜的,这神圣崇拜是建立在对未来之事的信仰上的。因此,当未来者业已到来时,崇拜及其存在的理由都会停止。

答复4:亚巴郎的信仰受到颂扬,这是因为他相信天主对他后裔的许诺,以此所有民族都得到祝福。因此,只要这后裔尚未到来,就有必要通过割损礼表白亚巴郎的信仰。但是,现在它实现了,同样的事情就需要通过另一种象征加以宣布,即洗礼。洗礼在这个方面取代了割损礼,正如宗徒所言(《哥罗森书》第2章11、12节):"你们也是在他内受了割损,但不是人手所行的割损,而是基督的割损,在乎脱去肉欲之身。你们既因圣洗与他一同埋葬了。"

至于安息日,它是使人怀念首次创造的标志,现在由主日(Lord's Day)取代了,后者使人想到基督复活新创造的开端。同样,《旧约》法律的其他节日也被一些新的节日取代了,因为赐给犹太民族的恩惠预示着基督赐予我们的恩惠。因此,基督的受难和复活节代替了逾越节;颁布活灵法律的五旬节取代了颁布《旧约》法律的五旬节;圣母的节日取代了新月节,后者显现了太阳的第一缕光芒,即基督,是恩宠的丰盈;宗徒们的节日代替了号角节;殉道和忏悔者的节日

---

① 问题102。

取代了赎罪节;圣堂祝圣节取代了住棚节;天使们的节日或诸圣节取代了聚募节。

第四节　基督受难后可以遵守法律礼仪而不犯死罪吗?

我们这么展开第四节:

反论1:在基督受难之后似乎可以遵守法律的礼仪而不犯死罪。因为我们不应相信宗徒在领受了圣神之后犯下了死罪,圣神给他们“自高天而来的能力”(《路加福音》第24章49节)。但是,在圣神降临之后宗徒遵守了法律的礼仪,经上载(《宗徒大事录》第16章3节)保禄给弟茂德行了割礼。而且,在雅各伯的建议下,保禄“把这几个人带去……同他们一起行了取洁礼,以后进了圣殿,呈报取洁的日子何时满期,何时为他们每人奉献供物”(《宗徒大事录》第21章26节)。因此,在基督受难之后可以遵守法律的礼仪而不犯死罪。

反论2:再者,法律的礼仪之一是避免与外邦人交往。但是,教会的第一位教宗就遵守着这种守则,因为经上载(《迦拉达书》第2章12节):有些人来到安提约基雅,伯多禄"就退避了,自己躲开"外邦人。所以,在基督受难之后遵守法律的礼仪而不犯死罪。

反论3:还有,宗徒的命令不会导人犯罪。但是,宗徒的规定曾命令外邦人遵守某些法律仪式。经上写道(《宗徒大事录》第15章28、29节):"圣神和我们决定,不再加给你们什么重担,除了这几项重要的事:即戒食祭邪神之物、血和窒死之物,并戒避奸淫。"因此,在基督受难后可以遵守法律的礼仪而不犯死罪。

但是相反,宗徒说(《迦拉达书》第5章2节):"若你们还愿意受割损,基督对你们就没有什么益处。"但是除了死罪之外,没什么会阻碍我们接受基督的益处。因此,在基督受难后,行割损礼,或者遵守其他的法律礼仪是死罪。

我的回答是,一切礼仪都是信仰的表白,由对天主的内在崇拜构成。人可以用言语也可以用行为表白这种内在的信仰。对于这二者如果他做出了假的宣布,他就犯下死罪。尽管我们对基督的信仰与古代祖先们的信仰是相同的,但由于他们生在基督之前,而我们处于基督之后,因此相同的信仰就被他们和我们以不同的言语表达了。对于他们而言,可以说"看,有位贞女要怀孕生子"(《依撒意亚书》第7章14节)。这里的动词是将来时,而我们表达同样的事实却要使用动词的过去时,说"她过去怀孕并生子"。同样的,

《旧约》法律的礼仪表示基督尚未出生和受难，而我们的圣事则表示他已经出生并受难。结果，正如现在有人在表白他的信仰时如果说基督尚未出生就是死罪，而这在古代圣祖们那里却是虔诚和真诚的。同样，现在遵守古代圣祖们以虔诚和真诚之心执行的那些礼仪也会是死罪。对此奥古斯丁的教义是："现在不再许诺他将要出生、将要受难和将要复活，他们圣事的这些真理是某种影像；相反，现在宣布他已经出生、已经受难和已经复活，这是我们基督徒都分享的圣事，是现实的表现。"[①]

答复 1：哲罗姆和奥古斯丁在这一点上似乎存在着不同的看法。哲罗姆区分了两段时期。[②] 第一段是基督受难之前，这段时期内法律的礼仪既不是死的，因为它们是强制性的，以它们自身的方式赎罪；也不是致死的，因为遵守它们不是有罪的。但是，在基督受难伊始，它们开始变得不仅是死的，因为不再是有效的或者具有约束力的了，而且是致死的，以致任何遵守它们的人都负有死罪。因此，哲罗姆说宗徒们在基督受难之后从来没有满心满意地遵守法律的礼仪，而只是一种虔诚的伪装，以免使得犹太人反感，阻碍他

① 《驳法斯特》，卷十九，第十六章（PL 42，357）。

② 《书信集》，第一百一十二篇（PL 22，921）。——参照《迦拉达书释义》，卷一，关于第十一章，第 11 节（PL 26，364）。

们的归化。然而,这种伪装应当理解为,不是说他们不实际地履行这些行为,而是说他们履行它们但不是以遵守法律的礼仪的心态。因此,一个人会为健康之故割去包皮,却没有遵守法定割损礼的目的。

但是,宗徒为了避免反感而隐藏关于生活和教义的真理,并把这种伪装用在关于信众的拯救之上,这似乎是不合适的。因此,奥古斯丁颇为合理地区分了三段时期。[1] 一段是基督受难之前,在这段时期内法律的礼仪既不是死的也不是致死的;另一段时期是在福音公布之后,法律的礼仪变得既是死的又是致死的。还有一段是一个中间阶段,即从基督受难到福音公布这一段时间。在这段时间内法律的礼仪是死的,因为它既没有效力也不具有约束力,但却不是致死的,因为犹太人在归化为基督徒时遵守它们是合法的,只要他们没有已经信赖它们到了把它们视为救赎所必需,仿佛对基督的信仰缺乏法律的遵守就无法称义的地步。另一方面,那些从异教徒皈依基督教的人也没有理由遵守它们。因此,保禄为弟茂德行割损礼,因为弟茂德的母亲是犹太人,但他却不愿为弟铎行割损礼,因为弟铎生于外邦人之家。

圣神之所以不愿归化的犹太人即刻戒绝犹太人所遵守

① 《书信集》,第八十二篇,第二章(PL 33, 280)。

的法律的礼仪，从而禁止归化的异教徒遵守异教的仪式，这是为了表明这两种礼仪存在差别。因为异教的礼仪绝对不合法，是天主一直禁止的，从而需要被拒绝；而《旧约》法律的礼仪是天主作为基督的象征而制定的，通过基督受难已经实现，所以就停止了。

答复2：按照哲罗姆的说法，伯多禄是假装避开外邦人，他是犹太人的宗徒，这么做是为了避免令犹太人反感。[①] 因此，他没有犯罪。另一方面，保禄也是假装斥责他，因为他是外邦人的宗徒，这样做是为了避免令外邦人反感。但是，奥古斯丁不同意这种解释方法。[②] 在《圣经》正典中（即《致迦拉达人书》第2章11节），保禄说伯多禄“有可责的地方”，我们不应认为有假。因此，伯多禄是真的有错，保禄是真的责备他，而不是假装。然而，伯多禄暂时遵守法律的礼仪而没有犯罪，因为他是归化的犹太人，这么做是合法的。但是，他为了避免让犹太人反感而过于拘谨地遵守了法律的仪式，这确实犯了罪，结果是他反倒令异邦人反感。

答复3：有些人认为，宗徒们的这条禁令不应从字面上

① 《迦拉达书释义》，卷一，关于第二章，第14节（PL 26, 367）。
② 《书信集》，第八十二篇，第二章（PL 33, 280）。

理解,而应从精神上理解,[1]即,禁止食血象征着禁止杀人;禁止食用窒死的动物象征着禁止暴力和劫掠;禁止食用祭献偶像之物象征着禁止偶像崇拜;禁止奸淫即是对罪本身的禁止。这种意见可以从《圣经》某些注解中推论出来,它们以某种神秘的方式解释这些禁令。然而,由于杀人和劫掠在外邦人那里也被视为非法,没有必要对那些从异教皈依基督的人特别规定这项命令。因此,其他人坚持字面上的理解,认为这些食物之所以被禁止不是为了制止对法律的礼仪的遵守,而是为了防止贪食。因此,哲罗姆在评论《厄则克耳》第 44 章 31 节("凡自然死或被猛兽撕裂的飞禽走兽,司祭都不可吃")时说:"他谴责那些因贪食而没有遵守这些训令的祭司。"[2]

但是,由于有些食物比这些更精美,更容易导致贪食,似乎没有理由只禁止那些食物,而不禁止其他的食物。

因此,我们必须遵循第三种意见,这种意见认为这些食物被禁止应从字面上理解,它不是为了服从法律的礼仪的目的,而是为了推进外邦人和犹太人共同生活的联合。按照犹太人的古代风俗,血和窒死之物是令人憎恨的,而且如

---

① 欧塞尔威廉(William of Auxerre),《黄金大全》(*Summa Aurea*),卷四,第一章,第二题(244vb)。

② 《厄则克耳释义》(*In Ezech.*),卷十八(PL 25, 464)。

果外邦人分食奉献给偶像的东西,犹太人会认为他们又萌发了偶像崇拜。因此,这些事物都暂时受到禁止,在此期间外邦人和犹太人会因此而变得相互团结。但是,随着时间的流逝,原因不存在了,结果也就没有了,那时福音教义的真理显白于世,正如主所教导的(《玛窦福音》第 15 章 11 节):“不是入于口的使人污秽”;而且“以感恩的心领受,没有一样是可摈弃的”(《弟茂德前书》第 4 章 4 节)。至于对于奸淫要予以特别规定,这是因为外邦人并不视其为罪。

问题一百零四　论司法训令

（四节）

我们现在要思考司法训令。首先，它们本身；其次，它们的原因。[①] 在第一个论题之下有四点需要探讨：(1)司法训令的含义是什么？(2)它们是否是象征性的？(3)它们的期间。(4)它们的划分。

① 问题105。

第一节 司法训令是否是那些调整人与其邻人关系的训令?

我们这么展开第一节:

反论1:司法训令似乎不是那些调整人与其邻人关系的训令。因为司法训令得名于"审断"(judgment, *judicium*)。但是,有许多调整人与其邻人关系的事物并不属于审断。因此,司法训令不是那些调整人与其邻人关系的训令。

反论2:再者,如前所述,司法训令不同于道德训令。[1] 但是,有许多调整人与其邻人关系的道德训令,这在第二块约版的七诫中体现得非常明显。因此,司法训令的得名不是来自它对人与其邻人关系的调整。

反论3:还有,如前所述,正如礼仪训令与天主相关,司法训令与人之邻人相关。[2] 但是,在礼仪训令之中,有一些是关于人自身的,例如我们前面已经谈到的关于食物和衣服的守则。[3] 因此,司法训令的得名不是来自它对人与其邻人关系的调整。

---

① 问题99,第4节。

② 问题99,第4节;问题101,第1节。

③ 问题102,第6节,答复1和6。

但是相反,(《厄则克耳》第18章8节)说在好人和义人的各种行为中,他"在人与人间执行公正的审断"。但司法训令得名于审断。因此,司法训令似乎是那些调整人与人之间关系的训令。

我的回答是,从前述我们所讨论的内容可以清楚地看出,法律的有些训令基于理性的指令获得其约束力,因为自然理性指示着应为或不应为。[①] 这些被称作道德训令,因为人类道德建立于理性之基础之上。同时,其他的训令不是从理性指令那里获得其约束力(因为就其本身而言,它们不表示应为或不应为之事的义务),而是从一些神圣的或人为的规定之中获得:这些规定是道德训令的某些限定。因此,当道德训令由神圣规定固定下来,并且涉及人对天主的服从时,它们就被称作礼仪训令;但是当它们指向人与人彼此之间的关系时,它们就被称作司法训令。由此,司法训令就具有两个条件:首先,它们指向人与人之间的关系;其次,它们不是从理性自身,而是通过它们的规定获得约束力。

答复1:审断通过某些人的官方公告发出,他们是公共事务的长官,被授予了司法权力。这些人的职责所在不仅是管理诉讼事务,而且包括人与人之间缔结的自愿契约,以

① 问题95,第2节;问题99,第4节。

及任何与整个共同体和政府相关的事务。因此,司法训令不仅包括那些涉及法律行为的训令,而且也包括所有调整人与人之间秩序的训令,只要这种秩序服从于作为至高法官的权威者的指导。

答复2:这个论证对于那些调整人与其邻人之间,并且只从理性指令那里获得其约束力的训令是成立的。

答复3:甚至在那些把我们引向天主的训令中,有些也是道德训令,它们是理性受到信仰的激发时单独指示的:例如,爱天主和崇拜天主。也存在一些礼仪训令,除非借助神圣规定就没有约束力。天主不仅关心奉献给他的牺牲,而且关心那些奉献牺牲和崇拜他的人的资格。因为人以天主为目的,人应当表现出崇拜天主的适当性,这是与天主相关的,所以是礼仪训令的事情。另一方面,人不以邻人为其目的,那才需要使自己适于其邻人,而这只是一种主奴关系才具有的,正如大哲学家所言,“奴隶整个都是其主人的”。①因此,人自身不存在司法训令。所有这类训令都是道德的,因为理性是道德事物的原则,它在人身上,在那些关于人的事物方面,具有同样的地位,就像一个君王或法官一样掌控着国家。然而,我们必须注意,由于人与其邻人的关系比人

① 《政治学》,卷一,第二章(1254a 12)。

与天主的关系更受制于理性，所以与人借以朝向天主的训令相比，更多存在的是人借以调整与其邻人之间关系的训令。基于同一原因，在法律之中必然存在着比司法训令更多的礼仪训令。

第二节　司法训令是象征性的吗？

我们这么展开第二节：

反论1：司法训令似乎不是象征性的。因为礼仪训令被规定为某些他物的象征，这似乎是恰当的。如果司法训令也是象征性的，那么这二者就没有了区分。

反论2：再者，某些司法训令被颁给了犹太民族，也有一些被颁给了其他异教民族。但颁给其他民族的司法训令不是象征性的，而是指出应为之事。因此，《旧约》法律的司法训令似乎也不是任何事物的象征。

反论3：还有，如前所述，那些与神圣崇拜相关的事物必须采用某些象征加以教导，因为天主之事处于我们的理性之上。[①] 但是，与我们邻人相关的事物却不在理性之上。因此，调整我们与邻人关系的司法训令不应是象征性的。

---

① 问题101，第1节，答复2。

但是相反,《出谷纪》第 21 章的司法训令既可以在道德意义上,也可以在象征意义上进行解释。

我的回答是,一条训令可以在两种意义上是象征性的。首先,主要地和本质地,即,它主要是作为某物的象征而制定的。在这种意义上礼仪训令是象征性的,因为它们主要是为着象征天主崇拜和基督奥义的事物而制定的。但有些训令是象征性的,却不是主要地和本质地,而是附带地。在这种意义上,《旧约》法律的司法训令是象征性的。因为它们不是为着成为象征之物的目的而制定的,而是为了根据正义和公平管理那个民族的状况。然而,它们确实附带地象征着某些事物,因为受这些训令调整的那个民族的整个状况都是象征的,正如《格林多前书》第 10 章 11 节所言:"发生在他们身上的一切事,都是为给人作鉴戒。"

答复 1:如上述解释的,礼仪训令与司法训令不是同种意义上的象征。

答复 2:天主挑选了犹太民族,让基督生于这个民族。结果,正如奥古斯丁所言,这个民族的整个状况必然是预言性的和象征性的。[①] 正因如此,甚至是这个民族的司法训令都比其他民族的更具象征性。因此,这个民族的战争和事

① 《驳法斯特》,卷二十二,第二十四章(PL 42, 417)。

迹都以一种神秘的意义加以解释,而亚述和罗马的却并不如此,虽然后者在人们的眼中更为著名。

答复3:在这个民族中,人与邻人的关系就其本身而言是理性上显明的。但是,就它涉及天主崇拜而言,却是超出理性之上的,就此而论,它是象征性的。

第三节　《旧约》法律的司法训令永远具有约束力吗?

我们这么展开第三节:

反论1:司法训令似乎永远具有约束力。因为司法训令与正义之德性相关,而审断乃是正义德性之执行。正义是"不死不灭的"(《智慧篇》第1章15节)。所以,司法训令永远具有约束力。

反论2:再者,神圣的规定比人类的规定更为持久。但是,人法的司法训令永远具有约束力,因此,神法的司法训令更应当永远具有约束力。

反论3:还有,宗徒说(《希伯来书》第7章18节):先前的诫命之废除,是由于它的弱点和无用。礼仪训令的确如此,正如宗徒所宣布的(《希伯来书》第9章9、10节):"不能使行敬礼的人,在良心上得到成全,仅仅是在食品、饮料和各样的洗礼，以及肉身的正义方面。”但是，司法训令对于制定它们的目的而言是有用的和有效的，即建立人与人之间的正义和公平。因此，《旧约》法律的司法训令没有取消，而是仍然有效。

但是相反，宗徒说（《希伯来书》第7章12节）：“司祭职一变更，法律也必然变更。”但是，司祭职位从亚郎传到了基督，所以整个法律也改变了。因此，司法训令不再具有效力。

我的回答是，司法训令不具有永远的约束力，它由于基督的到来而废除了，但是废除的方式与礼仪训令不同。在基督到来之后，特别是在福音公布之后，礼仪训令不仅是死的，而且对于那些遵守它们的人是致死的，[①]礼仪训令就是以此方式废除的。然而，司法训令是死的，因为它们不具有约束力了，但却不是致死的。如果权威者命令在他的国家中遵守这些司法训令，他并没有犯罪，除非这些训令的遵守，或者被命令遵守，似乎它们的约束力就来自《旧约》法律的规定那样，因为试图这么遵守它们是致死的罪。

这种区别的原因可由上述所说的内容推知。因为前文已经指出礼仪训令主要地和本质地是象征性的，规定它们

---

① 参照圣·奥古斯丁，《书信集》，第八十二篇，第二章（PL 33, 283）；圣·阿尔伯特，《四部语录注释》，第三章，第六节（XXIX）。

的主要目的即是预示基督即将到来的奥义。另一方面，司法训令却不是作为象征规定的，而是作为治理那个被引向天主的民族的状况的。结果，当那个民族的状况随着基督的到来而发生改变，司法训令就丧失了其约束力。如《迦拉达书》第3章24节所言，法律是"启蒙师"，把人引向基督。然而，由于规定这些司法训令的目的不是为了象征，而是为了某些行为的执行，因而它们的遵守对于信仰的真理是无害的。但是，遵守它们的目的如果是为了受法律约束，则对信仰的真理是有害的。因为这会得出结论说，那个民族此前的状况仍在延续，基督尚未到来。

答复1：遵守正义的义务当然是永恒的。但是，根据人类规定或神圣规定对那些正义事物的限定，则需要依照不同的人类状况有所不同。

答复2：由人所确立的司法训令只要那统治形式保持不变则永远有约束力。但是，如果国家或民族从一种统治形式转化为另一种统治形式，那么法律必须要改变。正如大哲学家所说的，由人民统治的民主制和由富人统治的寡头制就需要不同的法律。[①] 因此，当民族的状况发生了改变，司法训令也必须相应地改变。

---

① 《政治学》，卷四，第一章（1289a 11；a 22）。

答复 3:那些司法训令在于把民族引向正义和公平,以符合当时状况的要求。但是,在基督到来之后,民族的状况必然发生变化,在基督里面已经没有外邦人和犹太人之前的那种区别。正因如此,司法训令也需要改变。

第四节 可能为司法训令提出明确的划分吗?

我们这么展开第四节:

反论 1:为司法训令提出明确的划分似乎是不可能的。因为司法训令调整人与人之间的相互关系。但是,在人与人之间的相互关系上,需要调整的那些事情在数目上是无限的,所以不易划分。因此,不可能为司法训令提出明确的划分。

反论 2:再者,司法训令是对道德事件的确定。但道德训令似乎不能划分,除非它们可以还原为十诫的训令。因此,司法训令不存在明确的划分。

反论 3:还有,因为礼仪训令存在着明确的划分,法律通过把一些描述为祭祀,另一些描述为守则暗示了这种区分。但是,法律没有提到对司法训令的划分。因此,它们似乎没有明确的划分。

但是相反,哪里存在着秩序,哪里就必须要进行划分。

但是,秩序的概念主要地适用于司法训令,因为由此才能安排人民。所以,司法训令最需要进行明确的划分。

我的回答是,在某种程度上可以说,法律是指导和安排人类生活的艺术,正如在每种艺术中都存在着对艺术规则的明确划分,所以每种法律中也必然存在对法律训令的明确划分,否则法律就会因混乱而变得无用。因此,我们应当说,对于人们借以调整相互关系的《旧约》法律的司法训令也需划分,划分的根据在于人们受指引的不同方式。

在每一民族中都存在四种秩序:其一,人民的君主对其臣民;其二,臣民相互之间;其三,公民与外国人;其四,同一家庭的成员之间,比如,父与子,妻与夫,主与仆。根据这四种秩序我们可以在《旧约》法律之中划分出不同的司法训令。某些训令规定的是君主的产生,他的相应职责以及他应有之尊严,这是司法训令的第一个部分。再有些训令是关于公民相互之间的关系的:例如,买与卖、审判与惩罚,这是司法训令的第二部分。还有些训令是对外国人发布的:例如,对敌人发动的战争,以及关于旅行者和外国人的接收,这是司法训令的第三部分。最后,有些训令是关于家庭生活的:例如,仆人、妻子和孩子,这是司法训令的第四部分。

答复1:人与人之间关系的秩序确实在数目上无穷尽,但是,如上所述,可以根据人们的相互关系把它们还原为特定的不同类别。

答复2:如前所述,[1]《十诫》的训令在道德秩序中居于首位。因此,其他的道德训令应当参照它们进行区分。但是,司法训令和礼仪训令具有不同的约束力,这种约束力不是派生于自然理性,而仅仅是对它们的规定。因此,对于它们的划分具有不同的理由。

答复3:通过司法训令所规定的事物本身即是对法律划分司法训令的暗示。

① 问题100,第3节。

问题一百零五　论司法训令的原因

（四节）

我们现在要思考司法训令的原因。在这一论题之下有四点需要探讨:(1)与统治者相关之司法训令的原因。(2)关于人与人之间相互关系的训令。(3)关于外邦人的训令。(4)关于家庭事务的训令。

第一节　《旧约》法律关于统治者是否规定了合理的训令?

我们这么展开第一节:

反论1:关于统治者,《旧约》法律似乎制定了不合理的训令。因为正如大哲学家所言:“人民的统治主要依赖于最高首领。”[①]但是,法律却没有关于最高首领的规定,只有关于低级统治者的规定。例如,《出谷纪》第18章21节说:“你要从百姓中挑选有才能的,等等”;又在《户籍纪》第11章16节说:“你给我由以色列老年人中召选七十人”;还在《申命纪》第1章13节说:“你们各支派应推举一些有智慧、有见识、有经验的人。”因此,在人民的统治者方面,《旧约》法律规定得并不充分。

反论2:正如柏拉图所言,“完美者产生完美。”[②]一个国家或一个民族的最佳秩序在于由一位君王统治,因为这种统治形式最接近天主的统治,天主自始就统治着世界。所以,法律应当为人民设定一位君王,不应允许他们在这个事情上有所选择。但他们却被允许这样(《申命纪》第17章14、15节):“你如说:‘我愿照我四周的各民族,设立一位君王统治我’,你应将上主你的天主所拣选的人,立为你的君王。”

反论3:正如《玛窦福音》第12章25节所言:“凡一国自相纷争,必成废墟。”这种说法自有犹太民族为证,它的毁坏

① 《政治学》,卷三,第六章(1278b 10)。

② 《蒂迈欧篇》(*Timaeus*),卡尔西迪乌斯(Chalcidius)译,第九章(p. 157)、第十章(p. 158)——参照《蒂迈欧篇》(29A; 29E)。

正是国家分裂的结果。但是，法律主要应以人民的一般福利为宗旨。因此，它应当禁止国家二王分立，更不应以神圣的权威造就这种结果，而我们可以从经上读到史罗的先知阿希雅却以其权威带来了它（《列王纪上》第 11 章 29 节以下）。

反论 4：再者，《希伯来书》第 5 章 1 节说，设立祭司是为了人民在天主的事上的利益。那么，设立统治者是为了人民在人类事务上的利益。但是，某些东西在法律上分给了祭司和肋未人以维持生计：例如，什一税、初果等类似东西。同样的，某些东西也应确定为人民的统治者的生计，尤其是因为禁止他们接受贿赂，《出谷纪》第 23 章 8 节明显指出了这点："不可受贿赂，因为贿赂能使明眼人眼瞎，能颠倒正义者的言语。"

反论 5：还有，君主制是最佳政体，而暴政是腐败的形式。但是，当主任命君王时，他确立的是暴政的法律，因为经上写道（《列王纪上》第 8 章 11、12 节，似乎应是《撒慕尔纪》第 8 章 11、12 节）："那要统治你们的君王所享有的权利是：他要征用你们的儿子，等等。"因此，《旧约》法律在统治者方面制定了不合理的规定。

但是相反，以色列民族以其秩序之美而受称许（《户籍纪》第 24 章 5 节）："雅各伯，你的帐幕，何其壮观！以色列，你的居所，何其美好！”但是，一个民族的美好秩序依赖于其统治者的正确确立。因此，《旧约》法律在其统治者方面做出了正确的规定。

我的回答是，我们可以发现在一个国家或民族中正确的统治秩序有两点要求。其中一点正如《政治学》中所说的那样，[①]所有人都得以适当分享统治，因为这种组织形式可以确保人民之间的和平，并使它自身受到人民的称赞，从而持续久远。另一点可以从统治的形式，或者政体得以确立的形式中看出。正如大哲学家所言，[②]存在不同的政体形式，首先是君主制，统治权授予一人掌握；其次是贵族制，这代表着最优者的统治，统治权授予了少数几个人。相应的，一个国家的最佳统治形式是一个人具有管理一切人的权力，而在他之下其他人具有统治权。这种统治形式是全体人所分享的，这既是因为所有人都享有被选举权，也是因为统治者是全体人民中选举出来的。这是最佳的政体形式，它部分地是君主制，因为存在着一个全体人民的首脑；部分地是贵族制，因为有若干人当政；部分地是民主制，即人民统治，因为统治者可以从人民中选出，而人民具有选举其统

① 亚里士多德，《政治学》，卷二，第六章（1270b 17）。

② 见上书，卷三，第五章（1279a 32；b 4）。

治者的权利。

这是由神法确立的统治形式。梅瑟及其继任者以这种方式统治人民,他们每个人都是全体人民的统治者。因此,这里存在着某种形式的君主制。而且,选取了七十二位德高望重者,经上记载(《申命纪》第1章15节):“我遂选了你们各支派中有智慧、有经验的首领,立为你们的首领。”因此,这里存在着贵族制的元素。但是,由于统治者均是从人民中选举出来的,因为经上写道(《出谷纪》第18章21节):“你要从百姓中挑选有才能的,等等”;也是由于他们是由人民选举出来的,经上写道(《申命纪》第1章13节):“你们各支派应推举一些有智慧的,等等。”因此,这也是一种民主制的统治。由此显见,《旧约》法律对统治者有良好的规定。

答复1:犹太民族处于天主的特别照管之下,所以经上写道(《申命纪》第7章6节):“上主你的天主拣选了你作自己特属的人民。”这也是天主为何自己保留了对首领设定权的原因。为此梅瑟也向天主祈祷说(《户籍纪》第27章16节):“望上主,赐给一切血肉气息的天主,委派一人管理会众。”因此,天主命若苏厄为首领接替梅瑟。对于继任若苏厄的民长我们读到:“上主给以色列子民兴起一个拯救他们的救星,上主的神降在他们身上”(《民长纪》第3章9、10及

15节)。因此,主没有把选择君王的权力交给人民,而是自己保留着,正如《申命纪》第13章15节所表明的:你应将上主你的天主所拣选的人,立为你的君王。

答复2:只要君主制不腐败它就是统治人民的最佳形式。但是,太大的权力集中到一个君王手中就很容易蜕化为暴政,除非获得这种权力的人是一位德性卓著者。正如大哲学家所言,只有德性卓著者才能在财富中举止有方。[1]完美的德性只存于极少数人中间,而且更重要的是,犹太人易于残忍和贪婪,这些恶性最容易使人沦为暴君。因此,天主从一开始就没有把君王的权力设为全权,而是为他们设定了民长和法官。但是,后来当人民向他要求时,天主很不情愿地给他们立了君王,这从他对撒慕尔的话中可以看得真切(《撒慕尔纪上》第8章7节):"他们不是抛弃你,而是抛弃我作他们的君王。"

然而,对于君王的选立,天主一开始即确定了选举的方式(《申命纪》第17章14节以下)。他确定了两点:首先,在选择时要等待天主的决定;不应使另一个族的人为王,因为这些人常不以被统治之民的利益为重,也不关心他们的福利。其次,他规定君王在受任后自身应当如何表现,即,不

① 《伦理学》,卷四,第三章(1124a 30)。

应聚敛车辆马匹、妻妾或者财富，因为对这些东西的渴望会使君王变成暴君，从而摈弃正义。同时，他也规定了他们受任后对天主表现，即，应当不断阅读和思考天主的法律，并且应当敬畏和服从天主。还有，他也确定了他们应如何对其臣民行为，即，他们不应骄傲地鄙视他们或者虐待他们，并且他们不应偏离正义之途。

答复3：国家分裂、诸王并起，这是因百姓争吵而招致的惩罚，特别是违反达味公正统治的结果，而不是赐予他们的好处。因此，经上写道（《欧瑟亚书》第13章11节）："我在忿怒中给了你君王"，以及第8章4节："你们自立了君王，却没有我的同意；你们自立了首领，却没有教我知道。"

答复4：祭司的职位父子相传，如果不是任何人都能成为祭司，那么它就会赢得更大的尊重，对他们的尊重是出于对神圣崇拜的尊重。必须为他们提供某些东西以作为他们的生计，比如什一税、初果和其他的祭品。另一方面，如上所述，统治者是从人民中选出的，拥有自己的财产，可以维持生计。而且，天主禁止君王拥有过度的财富，或者聚敛很多以示奢华，这既是因为君王极少能够避免由此所引发的骄奢，也是因为如果统治者不那么富裕，又需废寝忘食，那么就不会引来一般人的觊觎之心，从而避免叛乱的机会。

答复5：那权利不是天主的规定赐给君王的，相反它是对君王将要僭越那种权利、制定不正义的法律,并退化为暴君以盘剥其臣民的预言。这从后面的经文就可以清楚地看出:"至于你们自己,还要作他的奴隶"(《列王纪上》第 8 章 17 节,似乎应是《撒慕尔纪上》第 8 章 17 节),这就是暴政的标志,因为暴君像奴隶一样统治其臣民。因此,撒慕尔说这些话是为了阻止他们要求一位国王的呼声,因而下面接着叙述,"但是,人民不愿听从撒慕尔的话"。有时即使是好的君王且绝非暴君,也会强要他们的子民做千夫长、百夫长,并从臣民那里收取众多的东西,以获得公共利益。

第二节 关于人与人之间关系的司法训令规定得是否合理?

我们这么展开第二节:

反论 1:关于人与人之间关系的司法训令似乎规定得并不合理。因为如果一个人能拿属于别人的东西,那么就不能和平相处。但这好像是法律所支持的,因为经上写道(《申命纪》第 23 章 24 节):"几时你进入你邻人的葡萄园,你可以随意摘食葡萄。"因此,对于人的和平相处,《旧约》法律并没有作出合理的规定。

反论 2:根据大哲学家的观点,国家衰落的主要原因在于由妇女掌管财产。[①] 但这却是《旧约》法律所采纳的做法，经上写道(《户籍纪》第27章8节):“一个人死了，若没有儿子，你们应将他的产业转让给他的女儿。”因此，对于人民的福利，法律作出了不合理的规定。

反论3:正如《政治学》所言，对人类社会的保存最有益的莫过于人们通过买卖获得生活的必需品。[②] 但是，《旧约》法律却通过五十年禧年应归还卖主出卖物的规定剥夺了买卖的效力(《肋未纪》第25章28节)。因此，在这个事项上，法律给人民制定了不当的命令。

反论4:不时之需要求人们应当愿意出借，但如果借用者不归还出借物，这种愿意就消失了。因此，经上写道(《德训篇》第29章10节):“许多人不肯出借，并非出于恶意，而是怕白白受骗。”然而，法律却鼓励这种做法。首先，它规定(《申命纪》第15章2节):“人不应再向友人或邻人及兄弟追讨他们所欠的，因为是上主的豁免年”;而且还规定(《出谷纪》第22章15节)如果所借的牲口在原主在场的情况下死掉了，那么借用人就没有赔偿义务。其次，因为它取消了抵押的担保作用。经上写道(《申命纪》第24章10节):“几

① 《政治学》，卷二，第六章(1270a 23)。

② 见上书，卷一，第三章(1257a 14)。

时你借给你邻人什么,不可走进他家索取抵押";而且规定(第12、13节):"倘若他是个贫苦人,你不可带着他的抵押去睡觉,务要当即将抵押还给他。"因此,法律在借贷问题上的规定是不适当的。

反论5:把物品寄存在不诚实的保管人那里,风险相当大,所以要格外谨慎。因此,《玛加伯书》第3章15节写道:众司祭"呼号上天,求存款的立法者,替那些存款的人安全保护这批财宝。"但是,《旧约》法律的训令在寄存物方面却极不谨慎,它规定(《出谷纪》第22章10、11节),"当寄存物丢失时,原主要接受看守者的誓言"。因此,法律在这方面作出了不合理的规定。

反论6:正如工人出租其劳力,人们也出租房屋等物。但是,房客没有必要在拿到房屋后立刻付房租。因此,下述似乎是一条过于严格的规定(《肋未纪》第19章13节):"佣人的工钱,不可在你处过夜,留到第二天早晨。"

反论7:由于通常都有审判的需要,所以应当容易见到法官。因此,法律(《申命纪》第17章8、9节)命令人们在一个选定的地方裁断争议的问题,这是不合理的。

反论8:不仅是两个人,而且三个人或者更多的人都可能同时撒谎。因此,"须凭两个或三个见证的口供,才可定案"(《申命纪》第19章15节),这是不合理的规定。

反论 9:罪刑应当相适应,因为经上写道(《申命纪》第 25 章 2 节):“按他的罪照数鞭打。”然而,法律却对某些罪确定了不平等的处罚,因为经上说(《出谷纪》第 22 章 1 节):窃贼“为一头牛要赔偿五头牛,为一只羊赔四只羊”。而且,对某些轻微的犯罪却规定了严重的惩罚。例如,安息日拾柴要处以石刑(《户籍纪》第 15 章 32 节以下);对于忤逆儿子仅因某些小罪过,例如是“放荡的酒徒”,也要处以石刑(《申命纪》第 21 章 18 节以下)。因此,法律规定惩罚的方式并不合理。

反论 10:奥古斯丁说:“西塞罗曾经写道,法律确认了八种形式的惩罚:赔偿、监禁、鞭笞、报复、公开羞辱、流放、死刑和没为奴。”[①]《旧约》法律之中采用了其中的某些刑罚。赔偿,如窃贼被判处做出五倍或四倍的赔偿。监禁,如《户籍纪》第 15 章 34 节命令把某些人押在看守所内。鞭笞,如《申命纪》第 25 章 2 节:“如有罪的应受鞭刑,判官应命他伏下,当面按他的罪照数鞭打。”公开羞辱对拒绝迎娶自己已逝兄弟的妻子的人适用,她要脱去他的鞋,向他脸上吐唾沫(第 9 节)。法律规定了死刑,这明显地出现在《肋未纪》第 20 章 9 节:“凡辱骂自己父母的,应处死刑。”法律同样规定

---

① 《天主之城》,卷二十一,第十一章(PL 41, 725)。

了报复刑(《出谷纪》第21章24节):"以眼还眼,以牙还牙。"因此,法律没有采用另外两种惩罚,即流放和没为奴,这似乎是不合理的。

反论11:没有罪过就没有刑罚。但是野兽没有罪过。因此,法律惩罚它们是不合理的(《出谷纪》第21章28节):"牛无论牴死男或女,应用石头砸死这牛。"《肋未纪》第20章16节也说:"若女人走近任何走兽,与它交合,应将这女人和这走兽杀死。"因此,法律关于人与人之间关系的规定并不合理。

反论12:还有,主命令(《出谷纪》第21章12节):"凡打人致死的,应受死刑。"但是,野兽的命远不及一个人的死。因此,杀掉一只野兽不能充分地抵偿对杀人者的惩罚。那么,下述规定就是不合理的(《申命纪》第21章1、4节):"发现有人被杀,曝尸原野,却不知道是谁杀了他,……看哪一座城离被杀者最近;然后这城的长老应牵来一头尚未耕作、尚未负轭的母牛犊。这城的长老应把母牛犊牵到尚未耕耘播种的地方,靠近常流的溪水旁,就在那溪水上砍断母牛犊的颈。"

但是相反,正如经上(《圣咏集》第147章20节)所言:"他从未如此恩待过其他任何民族,也没有向他们宣示过自己的法律。"这可以看作一种特殊的恩惠。

我的回答是，正如奥古斯丁在援引西塞罗时说，民族即是人们通过对法律之同意和利益之共享而相互结合的团体。[①] 那么，民族的本质即是公正法律所带来的公民间的相互关系。这种相互关系有两种：一些是在权威者指导之下产生的，另一些则系于私人个体的意志。由于属于个人支配下的事物能够根据其意志安排，那么人与人之间事项的决定以及对犯罪者的惩罚都依赖于那些权威者的指导。另一方面，私人的支配能力往往用在其所拥有的财物上，因而人们对这些财物的交易就取决于他们的意志，例如，买、卖、赠予等。《旧约》法律对人与人之间的这些关系作出了充分的规定。法律设立了法官职位，这在《申命纪》第 16 章 18 节清楚地表明了："在各城镇内，要为各支派设立判官和书记，他们应按照公道审判人民。"也规定了进行公证审判的方式，如《申命纪》第 1 章 16、17 节所说的："你们要听断你们兄弟间的诉讼：无论是兄弟彼此诉讼，或与外方人诉讼，都应秉公审断。审案时不可偏袒。"而且还禁止法官接受贿赂（《出谷纪》第 23 章 8 节，《申命纪》第 16 章 19 节），从而消除作出不公正审判的机会。同样，还规定要有多个证人，

---

① 《天主之城》，卷二，第二十一章（PL 41，67）。——西塞罗，《论共和国》（*De Re Publica*），卷一，第二十五章（p. 24）。

如两个或三个(《申命纪》第 17 章 6 节、第 19 章 15 节);为特定的犯罪分配了特定的刑罚,这是我们后面要进一步说明的。

但是,对于财产占有问题,大哲学家说最好应进行划分,一部分公有,一部分由占有者据其意志处分。[①] 对于这三点,法律都进行了规定。首先,占有物在个人之间进行了分配,经上说(《户籍纪》第 33 章 53、54 节):"我已将那地方给了你们,叫你们占有。你们要按支派抽签分配那地方。"但正如大哲学家所说的,[②]由于对占有问题缺乏管理,许多国家覆灭了,因此法律规定了三种救济措施。第一,它们应当平等分配,所以经上写道(《户籍纪》第 33 章 54 节):"人数多的多给,人数少的少给。"第二,占有物不能永久性转让,经过一段时间后应当返还给原先的主人,以免占有混乱。第三,为了消除这种混乱,死者应由近亲属继承:第一顺位是儿子,第二顺位是女儿,第三顺位是兄弟,第四顺位是叔伯,第五顺位是其他近亲属。而且,为了保持财产权限,法律规定女继承人应当嫁给同支派的男子,这是《户籍纪》第 36 章 6 节所记载的。

---

① 《政治学》,卷二,第二章(1263a 25)。

② 见上书,卷二,第六章(1270a 23)。

其次,法律规定在某些方面财物的使用应当属于全体。第一,在管理方面,法律规定(《申命纪》第22章1—4节):“你如果看见你兄弟的牛、羊迷了路,你不可不顾,应牵回交给你的兄弟。”对于其他事物也是如此。第二,关于果实。允许进入朋友的葡萄园吃果实,但不能带走。尤其是对于那些贫穷者,法律规定忘记的禾捆和枝上的葡萄以及果实都留给他们(《肋未纪》第19章9节,《申命纪》第24章19节)。而且,按照《出谷纪》第23章11节和《肋未纪》第25章4节的说法,第七年所结的果实也属于共同财产。

最后,法律承认所有者对财物的转移有效。有一种是无偿的转让。经上写道(《申命纪》第14章28、29节):每过三年,你应取出全部出产的十分之一……肋未人……外方人、孤儿和寡妇都可来吃喝,得享饱饫。另一种是有对价的转移,例如买卖、租赁、借贷和寄存,对此我们可以发现法律有着丰富的规定。因此,显然法律对于人与人之间的关系规定充分。

答复1:正如宗徒所言(《罗马书》第13章8节):“谁爱别人,就满全了法律”,因为那些关于我们邻人的一切法律训令似乎都以人的相互之爱为目的。人们把自己的财物给予他人是爱的结果,因为《若望一书》第3章17节说:“谁看见自己的弟兄有急难,却对他关闭自己怜悯的心肠,天主的爱怎能存在他内?”因此,法律的目的是使人养成自愿给予的习惯。基于此,宗徒命令(《弟茂德前书》第6章18节)富人要“甘心施舍,乐意通财”。如果一个人甚至不能容忍他人从他那里拿走一丁点东西而且对他没有任何大的伤害的话,他就不会轻易地给予别人。因此,法律规定允许一个人进入邻人的葡萄园吃葡萄,但不能带走,以免这会导致主人较严重的损失,从而破坏安宁。在有教养的人之间,拿走一点并不会破坏安宁,反而会加深相互之间的友谊,使人养成相互给予的习惯。

答复2:法律并没有规定女性应当继承父亲的遗产,缺少男性继承人的情况除外,在那种情况下应当把继承权授予女性继承人以便告慰父亲,否则他会因遗产传给外人而伤感。然而,对此法律保持着慎重,规定那些继承了父亲遗产的女性应当嫁给本支派的人,以避免支派财产的混乱,一如《户籍纪》第36章7、8节所言。

答复3:正如大哲学家所言,财产的管理非常有益于一个国家或民族的保存。[①] 结果正如他自己所观察的,有些异教国家通过法律禁止任何人出卖其财产,除非是为了避免明显的损失。因为如果允许任意地出卖财产,那么这些财

① 《政治学》,卷二,第四章(1266b 14)。

产就很有可能会集中到少数人手中，国家或地区内的居民就必然会匮乏。因此，在《旧约》法律中为了消除这一危险就作出了下述安排：可以在一段时间内出卖财产以备不时之需，同时规定在该时间段之后那些财产应当返还。这条法律的理由是为了防止财产的混乱，确保十二支派的划分持续下去。

但是，城镇的房屋没有分作不同的个人财产，所以法律准许它们可以像动产一样永久性出卖。城镇的房屋数量是不确定的，地产的数量却有限制，不能增加，而房屋的数量却可以增加。另一方面，不是位于城内，而是位于村庄"城外四郊之地"的房屋却不能永久性出卖，因为建造这样的房屋只是为了耕种和照看地产，所以法律对二者作出了相同的规定（《肋未纪》第25章）。

答复4：如前所述，法律的目的是使人养成服从训令的习惯，以自愿相互帮助，这是友谊的极大动因。法律不仅在无偿的、绝对的赠予上，而且也在相互转让上提供了帮助他人的便利，后一种帮助更为频繁，也会使更多的人受益。法律为这种目的的实现规定了多种方式的便利。首先，规定人们应当自愿出借，也不要因为豁免年的临近而不愿这么做，《申命纪》第15章7节以下说明了这种情况。其次，禁止人们向借贷人课加重负，不管是通过高利贷，还是通过索取生活必需品作为抵押。并且规定如果拿了这些,应当尽快返还。因为经上写道(《申命纪》第23章19节):“借给你兄弟银钱、食物或任何能生利之物,你不可取利”;又写道(第24章6节):“不可拿人的磨,或上面的一块磨石作抵押”,因为这无异于要人拿性命作抵押;还写道(《出谷纪》第22章26节):“若是你拿了人的外氅作抵押,日落以前应归还他。”第三,不可急切促债。经上写道(《出谷纪》第22章25节):“如果你借钱给我的一个百姓,即你中间的一个穷人,你不可像个放债的人。”为此法律规定(《申命纪》第24章10、11节):“几时你借给你邻人什么,不可走进他家索取抵押;应站在外面,等那借贷的人把他所有的给你拿出来。”这既是因为家是一个人最安全的庇护所,侵入家里是对他人的冒犯;而且也是因为法律不允许债权人任意拿走他所喜欢的作为抵押,而只要求债务人给予他所最不需要的作为抵押。第四,法律规定每逢第七年要免除整个债务。这是因为那些有余力还债的人很可能在第七年之前就还了,不会无缘由地欺瞒债权人。但是,如果他们完全没有偿债能力,那么就应因对他们的爱而免除债务,同时如果他们急需,还要基于同样的理由再次借给他们。

对于出借的牲口,法律规定如果是由于借用人的疏忽而导致牲口在原主不在场的情况下灭失或受伤,那么借用人就有赔偿义务。但是,如果是在原主在场的情况下,而且借用人照料得当,那么就无需赔偿。在有对价的租用情况下尤其如此,因为即使它们仍然在原主手中也有可能灭失或受伤,而如果牲口通过出借而免于毁损,原主就会通过出借而谋得某些利益,这种出借就不是无偿的了。这在支付对价租用牲口的情况下特别明显,因为原主获得了因牲口使用而带来的某些利益,所以他没有权利收取牲口的赔偿,除非负责牲口的人负有疏忽之责。然而,在不是支付对价租用牲口的情况下,为了公平起见原主应当获得某种赔偿,其价值至少相当于灭失或受伤的牲口的租金。

答复5:借贷和寄存的差别在于,借贷是财物转移给借受人使用,而寄存是为着寄存人的利益。因此,在某些情形下,归还借贷物比归还寄存物的义务更为严格。因为后者可能会以两种方式灭失。其一,不可避免的原因:或者由于自然的原因,例如,寄存的牲口死亡或者价值降低;或者由于外部的原因,例如,它被敌人夺取,或者被野兽吃掉(在这种情况下,应当把牲口的残余部分还给原主)。但是,在上述提到的其他情形中,保管人不需要赔偿,只是需要起誓以澄清欺诈的嫌疑。其二,可以避免的原因。例如,失窃,这时保管人应当由于其疏忽而赔偿。但是,如前所述,借用牲口的人有义务赔偿,即使当牲口死亡或价值降低时他不在场,因为与保管人相比他需要对更小的疏忽承担责任,后者只需要对失窃承担责任。

答复6:出租其劳力的工人是那些为日常生计奔波的穷人,因此,法律很睿智地规定了对他们应当即刻支付工钱,以免他们挨饿。但是,那些出租商品的人常是富人,他们并非即刻需要对价去维持生计。因此,这种类比是不成立的。

答复7:在人们之间设立法官的目的在于裁决正义的疑难问题。疑难问题有两种。首先,在一般的民众之间。为了消除这种疑点,《申命纪》第16章18节说:"要为各支派设立判官和书记,他们应按照公道审判人民。"其次,即使在专家之间也存在疑难问题。为了解决这类疑难问题,法律规定人们应当聚集到某个天主所选定的重要之地,那里既有大祭司以决定与神圣崇拜相关的疑难问题,也有人民的首席法官以裁决与人民诉讼相关的疑难问题。这就像现在的案件通过上诉或者咨询由低级法院移送高级法院那样。因此,经上写道(《申命纪》第17章8节):"若在你城镇内发生了诉讼案件……而又是你难以处决的案件,你应起来上到上主你的天主所选的地方,去见肋未司祭和那在职的判官。"但是,这种疑难问题并非经常发生,因此人们对此没有太多负担。

答复8:在人类事务上不存在证明式的或不可错的证

据,我们必须要满足于某种推断性的或然率,接受演说家所采用的那种劝说。虽然两三个证人会同时同意一个错误的结论,但是,这既不容易也不太可能成功。因此,他们的证言被视为真的,尤其是如果他们在举证时毫不动摇,或者没有疑点。而且,为了使证人不轻易偏离真相,《申命纪》第19章16节以下规定,法律规定要对他们仔细地考问,那些被发现不实的证人应受到严重的惩罚。

然而,对于这个特殊数字的确定是有着某种理由的。它是神圣位格完美真理的象征,这种位格有时是两个,因为圣神是二位的联系,有时是三个。这正如奥古斯丁评论《若望福音》第8章17节所说的:"在你们的法律上写着两个人的证词是真实的。"①

答复9:科处严重的刑罚不仅是因为过错的严重,而且还有其他原因。首先是因为罪质的严重。在其他条件相同的情况下,罪质越大惩罚越严重。其次是习惯性的犯罪。除非通过严重的惩罚,否则就无法制止人们的习惯性犯罪。再次是通过犯罪所获得的较大欲望和满足。除非科处严重的惩罚,否则就无法轻易遏制人们的这类犯罪。第四是由于犯罪的便利性和隐蔽性。对于这些犯罪一旦发现就应当

① 《若望福音释义》,卷三十六(PL 35, 1669)。

严惩以防止其他人犯罪。

关于罪质的严重性,可以分为四个等级,即使在同一事件中也是如此。第一等是不自愿的犯罪,如果是完全不自愿的犯罪,就应当免除惩罚。例如《申命纪》第 22 章 25 节所说的一个在野外遭到强暴的少女就没有犯死罪:因为"少女呼救,也没有人来救她"。如果一个人出于某种自愿而犯罪,但却是由于软弱,例如,激情犯罪,那么这种罪质也会降低。依照公正的裁判,相应的惩罚也要降低,除非如前所述碰巧是公共利益要求对这种罪进行严厉的惩罚以防止他人犯这些罪。第二等是由于无知的犯罪,这要负一定程度的责任,因为他在获得知识上存在过失。但是,他不是由法官判处惩罚,而是通过祭祀补赎。因此,经上写道(《肋未纪》第 4 章 2 节):"若有人不慎,误犯了上主的禁令,等等。"然而,这里是指对事实的无知,而不是对神圣训令的无知,这是都需要知道的。第三等是由于骄傲的犯罪。这是一种基于故意选择或恶意的犯罪,要按照罪的严重程度进行惩罚。第四等是冥顽不灵的犯罪。这种人是对法律诫命的背叛和破坏,应当彻底根除。

相应的,我们必须说在惩罚盗窃罪时法律考虑到了最常发生的情况(《出谷纪》第 22 章 1—9 节)。因此,对于那些容易防止偷窃的东西,窃贼需要返还两倍的价值。但是羊群不容易防止窃贼,因为它们放牧在田野之中,所以羊在田野中经常会被偷走。对此法律就规定了较为严重的惩罚,命令窃贼盗一偿四。对于牛则更难防范,因为它们也是在田野中,但却不像羊那样群牧,所以要科处更为严重的惩罚,就要盗一偿五。除非发现遭窃的牲口还由窃贼占有着,否则上述惩罚都是有效的。如果这些牲口还在,那么窃贼只需像其他情形一样偿还两倍。因为如果牲口还活着就可以假定他有归还的意图。或者,我们可以说,根据《注解》:"牛有五用:作祭品、耕地、作食品、产牛奶、皮革可作各种用途。"[①]因此,应当盗一牛偿五牛。而羊有四用:作祭品、肉可食、奶可饮、毛可用。[②] ——忤逆之子之所以要被杀死,不是因为他是放荡的酒徒,而是因为他的顽固和反逆,这总是要处死的。——安息日拾禾捆的人要被处以石刑是因为他违反了法律,如前所述,法律要求守安息日以作为世界新生信念的见证。[③] 之所以处死他是因为他背叛了信仰。

答复10:《旧约》法律对于更为严重的犯罪处以死刑,例如,冒犯天主的犯罪、杀人罪、盗卖人口的犯罪、不敬父母的犯罪、通奸罪和乱伦罪。偷窃其他的东西,要处以赔偿的惩

---

① 《注解》,关于《出谷纪》第二十二章,第1节(Ⅰ,169F)。

② 同上(Ⅰ,170A)。

③ 问题100,第5节。

罚。对于殴打和伤害,要处以报复的处罚。作假见证也是如此。对于较轻的过犯,法律规定了鞭笞或者公开羞辱的处罚。

法律在两种情况下规定了没为奴的惩罚。首先,本身为奴,在第七年豁免年获得离开的自由时,却不愿利用法律赋予的权利,就罚他永久为奴。其次,根据《出谷纪》第22章3节所说,如果窃贼无力赔偿就罚没为奴。

法律没有规定绝对流放的惩罚。这是因为只有犹太民族崇拜天主,而其他民族都崇拜偶像。所以如果把任何人绝对地流放出去,那么他就处于陷入偶像崇拜的危险之中。正因如此经上记载(《列王纪上》第26章19节,似乎应是《撒慕尔纪上》第26章19节),达味对撒慕尔说:"他们是该诅咒的,因为他们今日将我驱逐,不容我分享上主的产业,无异是说:你去侍奉外邦神罢!"然而,存在着一种有限的流放。经上说(《申命纪》第19章4节):"假使有人无意杀了邻人,彼此又素无仇怨,他就可逃到这些避难城的其中一座城去,留在那里直到大司祭逝世。"那时他返回家里就是合法的,因为当整个民族都遭受损失时,他们会忘记私人的争斗,被杀者的亲属也不那么渴望杀掉那杀人者。

答复11:杀掉牲口不是因为它们本身的错误,而是作为对其主人的惩罚,他们没有防止它们所造成的这些伤害。

因此,如果牛曾经牴过人(这时就应当采取措施避免危险),对主人的惩罚要比牛偶然地牴人要严重。或者说,杀掉这牲口是为了表示对罪的厌恶,也免得使看见的人感到恐惧。

答复12:正如拉比·梅瑟所言,这条诫命的字面原因在于,杀人者经常来自最近的城;[①]杀牛是为了调查隐藏着的凶手。这有三点作用。首先,该城长老要起誓,他们已经采取了一切措施保卫道路安全。其次,母牛犊的主人要免于他的牲口被杀,如果凶手提前发现,那么这牲口就可以免死。第三,宰杀母牛犊的地方不能再耕种。因此,为了避免这双重的损失,那个城的人如果知道谁是凶手就会愿意揭发他,而且很少出现没有一点蛛丝马迹的情况。或者说,这么做也是为了警醒世人,对杀人表示厌恶。因为所要杀的是一头有用的、充满力量的牲口,特别是在它负上轭之前,这代表着无论是谁杀了人,不管他多么有用、多么强大,都应处以死刑;而且是一种残酷的死法,这正是斩首所包含的意义。而且,母牛犊在宰杀之后要曝尸荒野直至腐烂,这也代表着凶手为大家所厌弃的凄凉。

从象征意义上来说,从牛群中牵出母牛犊象征着基督的肉身,没有负轭是因为没有犯过罪;没有耕过田地,即从

---

① 《迷途指津》,卷三,第四十章(p. 343)。

没有沾染叛逆的污点。[①] 在没有耕种的山谷杀死它象征着基督受人鄙视的死亡,以此洗刷所有罪过,并指明魔鬼即是杀人凶手。

第三节　关于外邦人的司法训令规定得是否合理?

我们这么展开第三节:

反论1:关于外邦人的司法训令似乎规定得并不合理。因为伯多禄说(《宗徒大事录》第10章34、35节):"我真正明白了:天主是不看情面的,凡在各民族中,敬畏他而又履行正义的人,都是他所中悦的。"但是,那些天主所中悦的人不应从天主的集会中排除出去。所以下述规定就是不合理的(《申命纪》第23章3节):"阿孟人和摩阿布人不得进入天主的集会;他们的后代,即便到第十代,也不得进入天主的集会。"然而,另一方面对于其他民族它又规定(第7节):"你不可憎恨厄东人,因为他是你的兄弟;也不可憎恨埃及人,因为你曾在他们国内做过侨民。"

反论2:我们不应因那些不在我们控制之下的事情而受罚。但是,成为阉人和私生子并非个人自己的过错。因此,

① 《注解》,关于《申命纪》,第二十一章,第1节(I,354A)。

下述规定是不合理的(《申命纪》第23章1、2节):“凡被阉割的人和私生子,不得进入上主的集会。”

反论3:《旧约》法律仁慈地禁止苛待外邦人,经上说(《出谷纪》第22章21节):“对外侨,不要苛待和压迫,因为你们在埃及也曾侨居过”;而且还说(第23章19节):“不可压迫外侨,因为你们在埃及国也做过外侨,明了在外做客的心情。”但是高利贷也是一种压迫。因此,法律允许以高利贷向东方人出借(《申命纪》第23章19、20节),这是不合理的。

反论4:他人比树与我们更亲近。根据《德训篇》第13章19节:“一切动物都爱自己的同类;同样,人也各爱与自己相近的人。”我们应当对那些与我们更亲近的事物表现出爱心。因此,主命令灭绝所攻陷敌城的所有居民而不应砍掉果树(《申命纪》第20章13—19节),这是不合理的。

反论5:每个人都应当把德性之公益置于私益之上。但是,对公益的追求在战争中体现为与敌人作战。因此,命令把某些人送回家(《申命纪》第20章5—7节),例如建造了新房的,或者栽种了葡萄园的,或者刚娶了妻子的,这是不合理的。

反论6,还有,一个人不能因其过错获利。但是,胆怯却是一种过错,因为它有违勇气之德性。所以,胆怯不应成为厌战的正当借口(《申命纪》第20章8节)。

但是相反,神圣智慧宣布(《箴言》第8章8节):“凡我口述的,无不正直,毫无歪曲或乖僻。”

我的回答是,人与外邦人的关系有两种:一种是和平,另一种是敌对。在指导这些关系时,法律包含着合理的规定。犹太人被提供了三种与外邦人和平相处的机会。首先,外邦人作为游行者穿过他们的领土时。其次,外邦人作为新来的移民定居时。对于这二者法律都作出了友好的规定。经上写道(《出谷纪》第22章21节):“对外侨,不要苛待和压迫”;还写道(第23章9节):“不可压迫外侨”。第三,外邦人希望完全加入他们的群体和崇拜生活时。对于这些人要遵守一定的程序,他们不能立刻被接受为公民。正如大哲学家所说,[①]一些民族的法律规定只有经过两到三代人才能成为公民。这是因为如果在他们一定居下来就允许他们干涉国家事务,那会带来诸多危险,因为他们还没有把公益牢记在心,会做出一些伤害人民的事来。由此,法律规定,对于某些与犹太人关系密切的民族(如犹太人生于斯长于斯的埃及人,以及作为雅各伯之长兄厄撒乌后代的厄东人),三代以后就可以接受为公民。而另外一些民族的人

① 《政治学》,卷三,第一章(1275b 23)。

（他们与犹太人处以敌对关系之中，如阿孟人和摩阿布人）则永远不能接受为公民。而对于阿玛肋克人，他们与犹太人更为敌对，没有任何亲缘，因此被视为永远的敌人。正如经上写道(《出谷纪》第 17 章 16 节)："上主必世世代代与阿玛肋克作战。"

同样的，法律对于与外邦人的敌对关系也有着合理的规定。首先，法律规定要以正当理由宣战。所以，法律命令在围城之前，应当首先进行议和。其次，一旦战争开始就应当信赖天主，勇往直前。为了使这个命令深入人心，法律规定战争临近祭司应当向他们许诺天主的帮助好让他们更加坚定。第三，法律规定应当消除影响战斗的一切障碍，那些有所妨碍的人应当被遣送回家。第四，法律命令要适度利用胜利的结果，不伤害妇孺，不砍掉果树。

答复 1：法律没有把任何民族的人排除在天主崇拜和那些与灵魂安宁相关的事情之外。因为经上写道(《出谷纪》第 12 章 48 节)："若有同你们一起居住的外方人，愿向上主举行逾越节祭餐，他家所有的男子应受割损礼，然后才准备前来举行，如本地人一样。"但是，在关于人民公共生活的现世事务上，由于前述理由，不是立即接受所有人，而只是某些人，例如第三代的埃及人和厄东人；而其他人则永久性地排除在外，以示对他们过去罪恶的反感，如摩阿布人、阿孟人、阿玛肋克人。正如一个人因犯罪而受到惩罚是为了警示其他人不要犯罪,一个民族或城邦犯罪受到惩罚,也是为了使其他民族或城邦不犯相似之罪。

然而,也有可能因一个人的德性行为而特许他成为公民。因此,经上说(《友弟德传》第14章10节):阿孟人的首领阿希约尔"归依以色列家,直到今日"。同样的道理也适用于摩阿布人卢德,她是一位"贤德的妇女"(《卢德传》第3章11节)。但也可以说这条禁令是针对男性而不是女性的,严格来说,女性不享有公民权。

答复2:正如大哲学家所言,可以在两种意义上说一个人是公民:首先,绝对意义上;其次,限定的意义上。[①] 一个人如果具有公民的全部权利,例如在公民大会上具有讨论权和投票权,那么他就是绝对意义上的公民。另一方面,任何居住在国家内的人都可以称之为限定意义上的公民,甚至那些低等人、儿童、老人,他们是不适于在共同福利的事项上享有权利的人。私生子由于出生低贱,直到第十代都不能参加公民大会。同样的道理也适用于阉人,他们无法得到一个父亲应得的荣誉,特别是在犹太人中神圣崇拜是靠世系的传承维持的。正如大哲学家所言,即使在那些异

---

① 《政治学》,卷三,第三章(1278a 2)。

教徒中,多子的人也特别受到尊重。[1] 然而,在关于天主的恩宠方面,阉人和外邦人一样都不受歧视,因为经上说(《依撒意亚书》第 56 章 3 节):"归依上主的异邦人不应说:'上主必将我由他的民族中分别出来!'阉人也不应说:'看!我是一棵枯树。'"

答复 3:法律的本意不是批准对外邦人放高利贷,之所以容忍它,是因为犹太人容易贪财,这么做可以促进他们对那些可以对之谋利的外邦人产生友好感情。

答复 4:对待敌城应遵循一种区分。有些比较遥远不在预许的范围之内。当夺取这些城池之后,要杀掉所有与天主之民战斗的人,而不伤害妇孺。临近的城池则是预许给他们的,要杀掉所有人,这是对他们之前罪恶的惩罚,而以色列人正是天主派去执行这神圣正义的。经上写道(《申命纪》第 9 章 5 节):"你能去占领他们的土地,实是因为这些民族的罪恶。"要保留果树是为了犹太人民自用,在其版图之内的城池注定是属于他们的。

答复 5:把那些建造了新房、种植了葡萄园和刚结婚的丈夫排除在战斗之外是基于两个理由。其一,人常对自己刚获得的东西或者即将获得的东西患得患失,所以他们很

---

① 《政治学》,卷二,第六章(1270b 1)。

可能由于这种感情而更加害怕死亡,在战斗中贪生怕死。其二,正如大哲学家所言,一个人无法获得其控制范围之内的某物,这实为一种不幸。[①] 为了避免生者对那些已经开始享用其占有物品的人的死亡感到悲戚,也是为了使人们不受目睹其不幸的冲击,法律规定把这些人带离战场,远离死亡的威胁。

答复6:胆怯者被送回家中,并不是说他们由此获得了利益,而是免得人们因为他们的存在而失去利益,因为他们的胆怯和溃退会导致其他人的恐惧和逃散。

第四节 《旧约》法律关于家庭成员的训令规定得是否合理?

我们这么展开第四节:

反论1:《旧约》法律关于家庭成员的训令似乎规定得并不合理。因为正如大哲学家所言,奴隶完全是属于其主人的财产。[②] 但是,某人的财产就应该一直为其所有。因此,法律命令在第七年让奴隶"自由离去"(《出谷纪》第21章2

---

① 《物理学》,卷二,第五章(197a 27)。
② 《政治学》,卷一,第二章(1254a 12)。

节），这是不合理的规定。

反论 2：奴隶是主人的财产，就像驴和牛一样。但是，对于牲口，法律规定（《申命纪》第 22 章 1—3 节）：如果发现它们走失了，应当送交原主。所以，下述规定是不合理的（《申命纪》第 23 章 15 节）："凡由主人逃到你这里来的奴仆，你不应将他交给他的主人。"

反论 3：神法应当比人法更鼓励仁慈。但是，根据人法，那些虐待奴仆的人要受到严厉的惩罚。而最为严重的虐待似乎就是造成死亡。所以，下述规定是不合理的（《出谷纪》第 21 章 20、21 节）："假使有人用棍杖打奴仆或婢女……若奴婢还活了一两天，便不受处分，因为是他用银钱买来的。"

反论 4：主奴关系不同于父子关系。但是，主人对奴隶的支配给予了前者出卖后者的权利。[①] 因此，法律允许一个人把女儿卖为奴婢（《出谷纪》第 21 章 7 节），这是不合理的。

反论 5：父对子有支配权。但是，对于犯罪者有支配权的人可以因为他的犯罪而惩罚他。因此，法律规定（《申命纪》第 21 章 18 节以下）：父亲应把儿子带到长老那里接受

① 亚里士多德，《政治学》，卷一，第五章（1259a 37）、第二章（1253b 8）；卷三，第四章（1278b 32）。

惩罚，这是不合理的。

反论6：主禁止人们与外邦人通婚(《申命纪》第7章3节以下)，即使结婚也应离婚(《厄斯德拉上》第10章)。因此，法律准许娶外邦女俘为妻(《申命纪》第21章10节以下)，这是不合理的。

反论7：根据《肋未纪》第18章所说的，主禁止特定亲等的血亲和姻亲通婚。因此，规定一个人死后由其兄弟娶其妻子为妻(《申命纪》第25章5节)，这是不合理的。

反论8：夫妻之间最为亲密，所以也最应相互忠诚。但是，如果婚姻关系可以解除，这就是不可能的。因此，主准许丈夫写下休书让妻子离开，且不准再娶她为妻(《申命纪》第24章1—4节)，这是不合理的。

反论9：还有，正如妻子可以对丈夫不忠，奴隶可以对主人不忠，儿子也可以对父亲不忠。但是，法律并没有命令通过祭祀调查仆人对主人、儿子对父亲所造成的伤害。因此，法律规定为了调查妻子的奸情而献嫉妒祭(《户籍纪》第5章12节)，这似乎是多余的。由此可见，法律似乎在家庭成员方面规定了不合理的司法训令。

但是相反，经上写道(《圣咏集》第19章10节)："上主的判断是真实的，无不公允。"

我的回答是，正如大哲学家所言，家庭成员的相互关系涉及以生活必需品为目标的日常行为。[①] 对于人生命的保存可以从两个角度进行思考。首先,从个人的角度出发,即,就人保存其个人生命而言。从这个角度出发,为了保存生命,人都需要利用外界的物品,以此供给自己食物、衣物和其他生活必需品,为了处理这些事情人需要仆人。其次,人的生命通过代际传承从而在种族的意义上得以保存。为此目的,人需要娶妻生子。由此可见,家庭成员的相互关系包括三种组合:主仆关系、夫妻关系和父子关系。对于这些关系《旧约》法律都有合理的规定。对于仆人,法律命令要善待他们,既包括分配给他们适度的工作,以免他们过度劳作,所以主命令(《申命纪》第5章14节)在安息日时"使你的仆婢能如你一样获得安息";也包括科处适当的惩罚,若因惩罚奴婢致其伤残,主人应还其自由(《出谷纪》第21章26、27节)。对于女仆出嫁时也有相似的规定(第7节以下)。而且,对于那些来自犹太人民的仆人,法律规定要在第七年释放,同时让他带着随身的所有财物,甚至包括他们的衣物(第2节以下);还规定应给予他们路费(《申命纪》第15章13节)。

对于妻子,法律规定了娶妻的问题:例如,她们应当来自本族(《户籍纪》第36章6节),这是为了避免各支派的财

① 亚里士多德,《政治学》,卷一,第一章(1252b 13)。

产发生混乱。而且,如《申命纪》第 25 章 5、6 节所规定的,如果死者无后,其兄弟要娶其妻为妻,这是为了使按照血缘关系没有继承人的人至少有过继的继承人,从而使死者不至于被忘记。同时也禁止犹太人娶某些女性为妻,如异族女子,这是害怕他们丧失自己的信仰;还有那些近亲属,这是为了保持对她们应有的自然尊重。法律还规定了婚后如何对待妻子。没有庄重的理由不得诋毁妻子,对于捏造可耻的事败坏妻子名誉的人应当予以惩罚(《申命纪》第 22 章 13 节以下)。而且,对妻子的嫌恶不得伤害到儿子(《申命纪》第 21 章 15 节以下)。另外,如果嫌恶妻子,也不能虐待她,而是要给她休书,让其离去(《申命纪》第 24 章 1 节)。还有,为了从一开始就培养起夫妻之间的感情,对新婚的丈夫不应分派公务,以便他有时间让妻子欢喜。

对于孩子,法律命令父母通过培养他们的信仰教育他们。经上写道(《出谷纪》第 12 章 26 节以下):"将来你们的子孙若问你们这礼有什么意思,你们应回答说:'这是献于上主的逾越节祭。'"而且父母也受命教导他们正当行为的规则。因此,经上也写道(《申命纪》第 21 章 20 节):父母就要说"我们这个儿子忤逆不孝,不听我们的劝告,是个放荡的酒徒"。

答复 1:正如以色列的子民已经由天主从奴役之中解放出来,也正因如此他们才要服务于天主,所以天主也不希望他们永久为奴。是以经上写道(《肋未纪》第25章39节以下):“若你身旁的兄弟穷了,卖身给你,你不可迫他劳作如同奴隶一样;他在你身旁,应像佣工或外侨……因为他们是我的仆役,是我由埃及地领出来的;他们不能如同出卖奴隶那样卖身。”因此,他们是奴隶,但不是绝对意义上的,而是限定意义上的,在一段时间之后就应当释放他们。

答复2:这条诫命只能被理解为是指这样的一个仆人,他的主人要杀害他,或者命他去帮助实施犯罪。

答复3:关于虐待奴隶,法律似乎要考虑伤害是否确定。如果是确定的,法律就规定惩罚:如果是伤残,惩罚是失去奴隶,还他自由;如果是杀害,奴隶死在了主人的殴打之下,则主人要承担杀人罪的惩罚。但是,如果伤势不确定,或者只是可能,则对于伤害自己奴隶的奴隶主人不受任何惩罚:例如,被打奴隶没有当场死亡,而是几天后死亡;因为这时他是否死于挨打是不确定的。而且,当一个人打自由人时,如果他没有立刻死亡,尚能靠拐杖走路,即使他以后死去,打人者也能逃脱杀人罪。只是他要付被打者的医疗费。但是,如果一个人杀了自己的奴隶则不是这种情况,因为奴隶所有的东西,甚至是他本人,都是主人的财产。所以,主人是不受金钱惩罚,“因为奴隶是他用钱买来的”。

答复4:如前所述,犹太人不能把另一个犹太人当作绝对意义上的奴隶，只能作为一种限定意义上奴隶，即作为一段时间内的雇工看待。因此，法律准许在贫困的压力下出卖自己的儿子或女儿。而且，法律的文字也表明了这一点："假使有人将女儿卖作婢女，她不可像其他婢女那样离去。"而且，不仅可以此方式出卖子女，甚至可以出卖自己，不是做奴隶，而是做雇工。正如《肋未纪》第 25 章 39、40 节所言："若你身旁的兄弟穷了，卖身给你，你不可迫他劳作如同奴隶一样；他在你身旁，应像佣工或外侨。"

答复 5：正如大哲学家所言，父母的权威只具有劝告的权力，[①]没有压制忤逆不孝之子的强制力。因此，在这种情况下，主命令把逆子交给一城的长老处罚。

答复 6：主禁止人们娶外邦女子为妻，是由于存在受诱惑的危险，为了避免他们走上偶像崇拜的歧途。而且，这条禁令特别适用于那些临近的民族，因为她们很可能采用自己的宗教活动。但是，如果她们自愿放弃偶像崇拜，坚守法律，就可以娶她们为妻，正如波阿次可以娶卢德为妻。卢德曾对她的婆婆说(《卢德传》第 1 章 16 节)："你的民族，就是我的民族；你的天主就是我的天主。"相应地，在下述情况下也可以娶女俘为妻：她先剃去头发，修剪指甲，脱去先前穿

① 《伦理学》，卷十，第九章(1180a 18)。

的衣服,哀悼她的父母,以示永久放弃了偶像崇拜。

答复7:正如"金口"克里索斯托(Chrysostom)所言:"对于犹太人而言,死亡是十足的恶,他们所做的一切都带着现世生活的思考。因而,法律规定应由死者之兄弟为死者生子,以此减轻死亡的恶。然而,法律规定不能由兄弟或者近亲属之外的人娶死者之妻,这是因为那种结合所生的后代不容易被视为死者的后代;而且,陌生人也没有承担死者家庭的义务,而死者的兄弟却因为他们的关系出于正义的考虑承担这种义务。"①因此,显而易见,在娶他死去兄弟的妻子时,他取代了后者的位置。

答复8:法律准许休妻,这不是说那是绝对正当的,而是因为如我们的主所宣布的(《玛窦福音》第19章8节):"犹太人心硬。"对此,我们会在后面论婚姻的部分详加讲解。②

答复9:妻子因奸情而对丈夫不忠,这既是容易的,因为有快乐的引诱,也是隐蔽的,因为"奸夫的眼盼望黄昏"(《约伯传》第24章15节)。但是,儿子对父亲、仆人对主人则不是如此,因为他们的不忠不是来自快乐的情欲,而是出于恶意;而且,它也无法像通奸的妇女那样隐藏不忠。

---

① 《玛窦福音释义》,卷四十八(PG 58, 489)。

② 《神学大全》,补编问题67。

问题一百零六　论被称为《新约》法律的福音法律自身

（四节）

按照恰当的顺序，我们现在必须思考福音的法律，它被称为《新约》法律。首先，我们要思考《新约》法律自身；其次，我们要把它与《旧约》法律进行对比；[①]第三，我们要讨论那些包含在《新约》法律之中的内容。[②] 在第一个论题之下

① 问题107。

② 问题108。

有四点需要探讨:(1)它是什么类型的法律,成文的还是灌输于内心的?(2)它的功效,可否使人称义?(3)它的开端,它在创世伊始就颁布了吗?(4)它的终点,它是要持续到世界末日,还是要被另一种法律取代?

第一节　《新约》法律是一种成文法吗?

我们这么展开第一节:

反论1:《新约》法律似乎是成文法。因为《新约》法律就是福音。但是,根据《若望福音》第20章31节:"这些所记录的,是为叫你们信耶稣是默西亚",福音是以成文的形式颁布的。因此,《新约》法律是成文法。

反论2:再者,根据《罗马书》第2章14节:"(异邦人)顺着本性去行法律上的事……法律的精华已刻在他们的心上。"但那灌输于内心的法律是自然法。因此,如果福音的法律灌输于我们的内心,那么它必然与自然法无异。

反论3:再者,福音的法律是那些处于《新约》时代的人所特有法律。但是,灌输于内心的法律对于那些处于《旧约》和《新约》之下的人来说是共同的,因为经上写道(《智慧篇》第7章27节),天主的智慧"世世代代,进入圣善的灵魂,使他们成为天主的朋友和先知"。所以,《新约》法律不是灌输于我们内心的。

但是相反,新法律就是《新约》的法律。但是,《新约》的法律灌输于我们的内心。因为宗徒援引《耶肋米亚》第31章31节的话(看时日将——上主的断语——我必要与以色列家和犹大家订立新约),解释了新约是什么,说:“我要将我的法律放在他们的明悟中,写在他们的心头上”(《希伯来书》第8章8、10节)。因此,《新约》法律是灌输于我们内心的。

我的回答是,正如大哲学家所言,每一事物都由其主要的部分彰显。[①]《新约》法律的主要部分,也是它全部效能的基础,即是信基督所带来的圣神的恩宠。因此,新法律主要就是赐给基督信徒的圣神恩宠本身。这清楚地体现在宗徒的话中(《罗马书》第3章27节):“哪里还有可自夸之处?绝对没有!因什么何种法律而没有自夸之处呢?是因法律上的功行吗?不是的!是因信德的法律。”而且,更为清楚地体现在《罗马书》第8章2节:“在基督耶稣内赐予生命之神的法律,已使我获得自由,脱离了罪恶与死亡的法律。”因此,正如奥古斯丁所言,“功行的法律写在了石版上,信德的

① 《伦理学》,卷九,第八章(1169a 2)。

法律刻在了信众的内心中”；[①]在同书的其他部分他说：“天主写在我们内心中的神法，如果不是其圣神的亲临还能是什么呢？”[②]

然而，新法律之中包含着使我们准备接受圣神恩宠并与这种恩宠的使用相关的内容。这些内容在新法律之中只具有次级的重要性，关于它们的内容信众需要获得教导，既通过言语，也通过文字，既涉及人们应当信什么，也涉及人们应当行什么。因此，我们必须说新法律首先是铭刻在我们内心之中的法律，其次才是一种成文法。

答复1：福音的文字只包含那些与圣神恩宠相关的内容，这或者是使我们对它做好准备，或者是引导我们去使用它。在理智方面，福音包含着与基督神性和人性显现相关的特定内容，这使我们通过信仰做好准备，以此我们获得圣神的恩宠；在情感方面，福音之中包含着轻视世界的内容，以此使人适于获得圣神的恩宠，因为“世界，即尘世的人，不能领受真理之神”（《若望福音》第14章17节）。至于灵性恩宠的使用，这由德性的行为构成，《新约》的文字以各种不同的方式劝勉人们多行德性行为。

---

① 《论精神与文字》，卷二十四（PL 44，225）。

② 见上书，卷二十一（PL 44，222）。

答复2:把一物灌输于人可有两种方式。首先,成为其自然本性的一部分,自然法灌输于人即是如此。其次,借助恩宠的赐予把一物添加到人的自然本性之上。新法律即是以此灌输于人,不仅指示人应当做什么,而且帮助人实现它。

答复3:除非通过明确地或者隐含地信基督,无人能获得圣神的恩宠。人由于信基督而属于《新约》。因此,无论是谁受到恩宠的灌输都属于《新约》。

第二节　新法律可否使人称义?

我们这么展开第二节:

反论1:新法律似乎并不使人称义。因为根据《希伯来书》第5章9节:基督"为一切服从他的人,成了永远救恩的根源",除非服从天主的法律无人能够称义。但是,福音并非总是使人信它,因为经上说(《罗马书》第10章16节):"并不是所有的人都服从了福音。"所以,新法律并不使人称义。

反论2:再者,宗徒在致罗马人的书信中证明《旧约》法律不使人称义,因为它出现后,违法的情况反而增多了。经上说(《罗马书》第4章15节):"法律只能激起天主的义怒:哪里没有法律,哪里就没有违犯。"但是,新法律更是增加了违犯，因为在新法律颁布后违法者应受更大的惩罚，正如《希伯来书》第10章28、29节所言："谁若废弃梅瑟的法律，只要有两三个证人，他就该死，必不得怜恤；那么，你们想一想：那践踏了天主子……的人，应当受怎样更厉害的惩罚啊！"因此，与旧法律一样，新法律也不使人称义。

反论3：根据《罗马书》第8章33节："天主使人称义"，称义是天主的专属效果。但是，新法律和旧法律都是来自天主的。因此，新法律并不比旧法律更使人称义。

但是相反，宗徒说（《罗马书》第1章16节）："我绝不以福音为耻，因为福音正是天主的德能，为使一切有信仰的人获得救恩。"但是，只有义人方能获得拯救。因此，福音的法律使人称义。

我的回答是，如前所述，福音的法律有两部分因素。首要的部分是灌输于内心的圣神恩宠。对于这部分而言，新法律使人称义。因此，奥古斯丁说："那里"，即在《旧约》法律之中，"法律以一种外在的形式提出，不义者将感到畏惧"；"这里"，即在《新约》法律之中，"它以一种内在的方式颁行，使人称义"。[①] 福音法律的另一部分因素是次级的，即信仰的教义和指引人类感情和行为的诫命。对于这部分而

---

① 《论精神与文字》，卷十七（PL 44, 218）。

言,新法律不使人称义。因此,宗徒说(《格林多后书》第3章6节):"文字叫人死,神却叫人活。"奥古斯丁解释说,文字代表着外在于人的任何文字,甚至包括那些福音之内的道德训令。[①] 因此,除非信仰的治愈性恩宠在内心显现出来,福音的文字也能使人死亡。

答复1:这个论证对于新法律的次要部分是成立的,但对其主要部分却不成立,前者即以语言或文字呈现给人的教义和训令。

答复2:尽管《新约》的恩宠助人避免犯罪,但它并不使人那么信善而不能犯罪,因为这只属于荣耀的时代。因此,如果一个人在获得《新约》的恩宠之后仍然犯罪,那么他就应受更大的惩罚,因为他辜负了更大的恩惠,而没有使用给予他的帮助。正因如此,不能说新法律"激起义怒",因为就其本身而言,它给予了人们避免犯罪的充分帮助。

答复3:同一天主颁布了新旧法律,但却是以不同的方式。正如宗徒所说明的(《格林多后书》第3章3节),他颁布的旧法律写在石版上,而颁布的新法律却写在"血肉的心版上"。因此,奥古斯丁说:"宗徒称写在人外的文字是死亡和永罚的帮助,而他称另一种文字,即《新约》的法律,是精

---

① 《论精神与文字》,卷十四、卷十七(PL 44, 215; 219)。

神和正义的帮助,因为通过圣神的恩宠我们践行正义,并从违法应受的永罚中脱离出来。”[①]

第三节　新法律应当从创世伊始即颁布吗?

我们这么展开第三节:

反论1:新法律似乎应当在创世伊始即颁布。因为“天主绝不顾情面”(《罗马书》第2章11节)。但是,“所有的人都犯了罪,都失掉了天主的光荣”(第3章23节)。因此,在创世伊始就应当颁布新法律,以便给所有人都带来帮助。

反论2:再者,人类居住于不同的地方,也生活于不同的时代。但是天主,“愿意所有的人都得救”(《弟茂德前书》第2章4节),命令把福音传布到各地,这可以从《玛窦福音》和《马尔谷福音》后面的章节中看出。因此,世世代代都应有福音的法律,在创世伊始就应当颁布它。

反论3:与身体的拯救相比,那只是暂时的事情,人更需要灵魂的拯救,这才是永恒的。但是,天主在创世伊始就为人身体提供了必需之物,把为人所创造的东西都交给了人(《创世纪》第1章26—29节)。因此,新法律也应从创世伊

① 《论精神与文字》,卷十八(PL 44, 219)。

始就把人灵魂所必需之物交付给人。

但是相反,宗徒说(《格林多前书》第15章46节):“属神的不是在先,而是属生灵的。”但是,新法律是最为属神的,所以不应在创世伊始就颁布。

我的回答是,对于为何不在创世伊始就颁布新法律可以提出三点原因。

第一点,如前所述,新法律主要由圣神的恩宠构成,它不应该在没有通过基督的救赎消除阻碍恩宠的罪之前就丰厚地赐予人。因此,经上写道(《若望福音》第7章39节):“圣神还没有赐下,因为耶稣还没有受到光荣。”对于这个原因宗徒也说得很清楚(《罗马书》第8章2节以下)。在那儿宗徒在谈过“生命之神的法律”之后,补充说:“天主派遣了自己的儿子,带着罪恶肉身的形状,当作赎罪祭,在这肉身上定了罪恶的罪案,为使法律所要求的正义,成全在我们身上。”

第二个原因可以从新法律的完美上进行思考。一个事物不会从一开始就是完美的,而是需要时间臻至完善。对于人来说,首先是个孩童,其次才是成人。对于这个原因,宗徒说(《迦拉达书》第3章24、25节):“法律就成了我们的启蒙师,领我们归于基督,好使我们由于信仰而成义。但是‘信仰’一到,我们就不再处于启蒙师权下了。”

第三个原因在于新法律是恩宠的法律这一事实,它应当首先任人处于旧法律的状态之下，使人通过陷落于罪从而认识到自己的虚弱，承认自己需要恩宠。宗徒也写下了这个原因（《罗马书》第5章20节）："法律本是后加的，是为增多过犯；但是罪恶在哪里越多，恩宠在哪里也格外丰富。"

答复1：人类由于始祖的罪理当被剥夺恩宠的扶助。正如奥古斯丁所言，"不给予谁，这是出于正义；给予谁，这是出于仁爱"。[①] 结果，如前所述，天主没有从创始伊始就把恩宠的法律赐予所有人，这一事实并不能推出他是看情面，而是说这法律要在正当的时间颁布。

答复2：人类的状况并不随地方而改变，而是随时代有所不同。因此，新法律虽有助于各地，但并非有助于各时，尽管如前所述各个时代都有属于新法律的人存在。

答复3：关于人身体拯救方面的事物满足于人自然本性的需要，不因罪而受到破坏；但是，关于人灵魂拯救方面的事物却指向恩宠，因罪而丧失。因此，上述对比不成立。

第四节　新法律要持续到世界末日吗？

我们这么展开第四节：

反论1：新法律似乎不会持续到世界末日。因为正如宗

① 参照《书信集》，第二百零七篇，第五章（PL 33, 984）。

徒所言(《格林多书》第13章10节):“及至那圆满的一来到,局部的就必要消逝。”但是,新法律是局部的,因为宗徒说(第9节):“我们现在所知道的,只是局部的;我们作先知所讲的,也只是局部的。”所以,新法律会消逝,而更圆满的将继之而起。[①]

反论2:再者,主许诺宗徒们在圣神到来后认识一切真理(《若望福音》第16章13节)。但是,在《新约》时代,教会尚不能认识一切真理。因此,我们必须期待另一个时代的到来,那时圣神揭示一切真理。[②]

反论3:再者,圣父不同于圣子,圣子也不同于圣父,而圣神既不同于圣父也不同于圣子。但是,既然存在着一个与圣父的位格相应的时代,即旧法律的时代,那时人们专注于繁衍后代;也存在着一个与圣子的位格相应的时代,即新法律的时代,那时教士专注于智慧(与圣子相应),占据着主导地位;那么还应存在着一个与圣神相应的时代,那时神性的人将占据着首要的位置。[③]

反论4:还有,我们的主说(《玛窦福音》第24章14节):

---

① 参照H.德尼夫勒(H. Denifle),《档案》(*Chartularium*),第243号(Ⅰ,272)。

② 同上,第243号(Ⅰ,274)。

③ 同上。

“天国的福音必先在全世界宣讲，给万民作证；然后结局才会到来。”但是，基督的福音已经在全世界宣讲过了，而结局仍未到来。因此，基督的福音不是天国的福音，而另一种福音，即圣神的福音，即将到来，作为另一种法律。①

但是相反，我们的主说（《玛窦福音》第 24 章 34 节）：“我实在告诉你们：非到这一切发生了，这一代绝不会过去。”对于这段，“金口”克里索斯托解释说是指“基督信徒的一代”。② 因此，基督信徒的时代会一直延续到世界末日。

我的回答是，时代的变更有两种方式。一种是根据法律的变化而变更。以此来说，没有任何其他的时代会接续新法律的时代。因为新法律的时代承接着旧法律的时代，就像更完美的法律承接着较不完美的法律。在现世生活中没有比新法律的时代更加完美的时代了，因为没有比最终目的的直接原因更接近最终目的的了。而这就是新约法律所要实现的，正如宗徒所言（《希伯来书》第 10 章 19—22 节）：“弟兄们！我们既然怀着大胆的信心，靠着耶稣的宝血得以进入圣殿，即进入由他给我们开创的一条……道路，我们就应去接近天主。”因此，没有比新约法律更为完美的时

---

① 参照 H. 德尼夫勒，《档案》，第 243 号（I，272）。

② 《玛窦福音释义》，卷七十八（PG 58，702）。

代了，离最终目的越近，它就越完美。

在另一种方式下，人类时代根据人与同一种法律的不同程度的完美关系而变革。以此来说，旧法律的时代经历着频繁的变更，有时它得到了很好的遵守，而有时它却遭到忽视。同样，新法律也根据圣神的恩宠在人内的完美程度不同，从而随着不同的地点、时间和人发生变更。然而，我们不期待另一个时代的到来，设想那时人能比他已经拥有的更为完美地拥有圣神的恩宠，尤其是与那些宗徒相比，正如《注解》在解释《罗马书》第8章23节时所说的，他们"比别人更早、更丰富地获得了圣神的初果"。[①]

答复1：正如狄奥尼修斯所言，人类有三个阶段。[②] 第一个是处于旧法律的阶段，第二个是处于新法律的阶段，第三个是将要到来的阶段，但不是在现世，而是在天堂。但是，正如第一个阶段与福音的时代相比是象征性的、不完美的，现世的状态与天堂的状态相比也是象征性的、不完美的。随着天堂状态的到来，现世状态就会消逝，正如作者在那里所说的（第12节）："我们现在是借着镜子模糊地观看，但是到那时就要对面直观了。"

---

① 《注解》（Ⅵ，191）；彼得·伦巴德，《罗马书释义》，关于第八章，第23节（PL 191，1444）。

② 《论上天的层级》，卷五（PG 3，501）。

答复2：奥古斯丁说，孟他努（Montanus）和普里西拉（Priscilla）自诩主许诺赐予的圣神在他们身上而不是在宗徒身上实现了。[①] 相似地，摩尼教徒坚持认为在他们视之为告慰者的摩尼身上实现了。[②] 因此，他们均不接受《宗徒大事录》，因为那上面清晰地表明前述的许诺在宗徒身上实现了，我们的主在那里向他们许诺了两次（《宗徒大事录》第1章5节）："不多几天以后，你们要因圣神受洗"（我们可以读到在第二章就实现了）。然而，那些愚蠢的观念也可以由以下陈述加以拒绝（《若望福音》第7章39节）："圣神还没有赐下，因为耶稣还没有受到光荣。"由此我们可以推断圣神在基督复活和升天之后立刻就赐下了。而且，这也排除了圣神预期在未来某个时代到来的愚蠢观念。[③]

圣神教导了宗徒关于拯救所需的一切真理，那些是我们必须相信和应行的事项。但是，他没有教给他们所有未来之事，因为这与他们无关，如《宗徒大事录》第1章7节所言："父以自己的权柄所定的时候和日期，不是你们应当知道的。"

答复3：旧法律不仅与圣父对应，而且与圣子对应，因为它已经预示了基督。由此，我们的主说（《若望福音》第5章

---

① 参照圣·奥古斯丁，《论异端》，第二十六篇（PL 42, 30）。

② 见上书，第四十六篇（PL 42, 38）。

③ 例如，约阿希姆（Abbot Joachim）的观念。参见上述反论1—4的说明。

46 节)："若是你们相信梅瑟，必会相信我，因为他是指着我而写的。"同样的道理，新法律对应的也不只是基督，而且还有圣神，因为《罗马书》第 8 章 2 节说："在基督耶稣内赐予生命之神的法律，等等。"因此，我们不应期待与圣神相对应的另一种法律。

答复 4：由于基督在宣讲福音伊始即说："天国临近了"(《玛窦福音》第 4 章 17 节)，说基督的福音不是天国的福音这是荒谬的。然而，基督福音的宣讲可以从两个方面进行理解。首先，它是指基督声名的向外传播。就此而论，正如"金口"克里索斯托所言，福音甚至在宗徒时代即已传遍世界。[①] 在这个意义上，"然后结局才能来到"(《玛窦福音》第 24 章 14 节)这些话是指耶路撒冷的毁坏，这是字面上的意思。其次，可以把福音的宣讲理解为福音扩展到全世界并产生最大的效果，即在各个民族之中都建立起教会。就这个意义而言，正如奥古斯丁在写给黑西基阿斯的信中所言，[②]福音尚未传遍整个世界，待到那时，世界圆满就会到来。

① 《玛窦福音释义》，卷七十五(PG 58, 688)。

② 《书信集》，第一百九十九篇，第十二章(PL 33, 923)。

问题一百零七　论新法律与旧法律的关系

（四节）

我们现在要思考新法律与旧法律之间的关系。在这一论题之下有四点需要探讨:(1)新法律是否与旧法律不同?(2)新法律是否成全旧法律?(3)新法律是否包含于旧法律之中?(4)新旧法律相比哪个更为繁重?

第一节　新法律是否与旧法律不同?

我们这么展开第一节:

反论1:新法律似乎与旧法律并无不同。因为这二者都是为那些信仰天主的人订立的,而"没有信德,是不可能中悦天主的"(《希伯来书》第 11 章 6 节)。但是,正如《注解》在评论《玛窦福音》第 21 章 9 节时所言,新旧时代的信仰是相同的。[①] 因此,法律也是一样的。

反论 2:再者,奥古斯丁说,"法律与福音之间的差别极小,等同于畏惧与爱"。[②] 但是,新旧法律不能以这两个方面进行区别,因为即使是旧法律也包含着爱的训令:"应爱人如己"(《肋未纪》第 19 章 18 节);"你当爱上主你的天主"(《申命纪》第 6 章 5 节)。同样,它们也无法用奥古斯丁所提出的其他差别进行区分,即是说,"《旧约》包含着现世的许诺,而《新约》包含着精神的和永恒的许诺"。[③] 因为即使是《新约》也包含着现世的许诺,如《马尔谷福音》第 10 章 30 节所言:"没有不在今时就得百倍的房屋,兄弟,等等";而在《旧约》中人们也希望精神的和永恒的许诺,如在论到先祖们《希伯来书》第 11 章 16 节说:"其实他们如今所渴念的,实是一个更美丽的家乡,即天上的家乡。"因此,新法律与旧法律似乎并无不同。

---

① 《注解》,关于《格林多后书》,第四章,第 13 节(Ⅵ, 66A)。——参照圣·奥古斯丁,《圣咏释义》,关于第一章,第 14 节(PL 36, 596)。

② 《驳阿迪曼特》(*Gontra Adimant*),卷十七(PL 42, 159)。

③ 《驳法斯特》,卷四,第二章(PL 42, 217)。

反论 3：还有，宗徒称旧法律为一种“功行的法律”，称新法律为一种“信德的法律”（《罗马书》第 3 章 27 节），似乎以此区分这两种法律。但是，根据《希伯来书》第 11 章 39 节在论及《旧约》的先祖们时说：“这一切人因着信德获得了褒扬”，可见旧法律也是关于信德的法律。同样，新法律也是关于功行的法律，如经上写道（《玛窦福音》第 5 章 44 节）：“你们当爱你们的仇人”；《路加福音》第 22 章 19 节写道：“你们应行此礼，为纪念我。”因此，新法律并非不同于旧法律。

但是相反，宗徒说（《希伯来书》第 7 章 12 节）：“司祭职一变更，法律也必然变更。”而宗徒也在那里说《新约》的司祭职不同于《旧约》。因此，法律也应不同。

我的回答是，如前所述，每一法律都把人类行为引向某种目的。[1] 从目的的角度来看，指向目的的事物可以分为两种。首先，指向不同的目的，这种不同是种类上的，尤其是如果这些目的是直接的。其次，看与目的的关联是紧密还是松散。因此，如果运动指向不同的终点，那么它在种类上就有所不同；而如果运动的一个部分比另一个部分更接近终点，那么就有完美运动和不完美运动之分。这是显而易

① 问题 90，第 2 节；问题 91，第 4 节。

见的。

相应地，就存在两种区分法律的方式。首先，它们指向不同的目的，这样的法律完全不同。因此，指向民主政体的法律就与指向贵族政体的法律分属于不同类别。其次，在两种法律中，一种与目的的联系更为紧密，而另一种较为松散，以此二者相互区别。因此，在同一国家内就存在一种命令成年人的法律，要求即刻实现共同善的相关事项；还存在一种管理幼年教育的法律，教导他们如何去实施未来的成年行为。

由此，我们必须说根据第一种方式，新法律与旧法律并无不同，因为它们具有相同的目的，即服从天主；但是，《新约》和《旧约》只是一个天主，根据《罗马书》第3章30节："天主只有一个，他使受割损的由于信德而成义，也使未受割损的凭信德而成义。"根据第二种方式则新法律不同于旧法律，因为根据宗徒所言（《迦拉达书》第3章24节），旧法律就像儿童的启蒙师，而新法律是一种全德的法律，因为它是一种爱的法律。对于这种爱宗徒说（《哥罗森书》第3章14节）它是"全德的联系"。

答复1：新旧约之下信仰的一致证明了二者目的的一致，因为上面已经说明神学德性的目标就是最终的目的，而信仰即包括其中。[①] 然而，信仰在新旧法律之中处于不同的阶段，因为他们视为未来之物的，我们却视为已经发生。

答复2：新旧法律的一切不同都可以从它们的相对完美和不完美推断出来。每一法律的训令都规定德性的行为。尚未形成德性习惯的不完美者以某种方式指向德性行为，而那些形成了德性习惯的完美者却以另一种方式指向目标。那些尚不具有德性习惯的人通过一些外在的原因指向德性行为，例如，惩罚的威胁，或者某些外在奖励的许诺，诸如荣誉、财富等。旧法律是颁给那些不完美的人的，他们尚未获得神性的恩宠，它通过惩罚的威胁促使他们遵守法律，因而称之为“畏惧的法律”，同时也说它包含着现世的许诺。另一方面，那些拥有了德性的人倾向于行善行，不是因为某些外在的惩罚或奖励，而是因为对德性的爱。因此，新法律从灌输于我们内心的神性恩宠获得其卓越性，被称作“爱的法律”；它包含着精神的和永恒的许诺，这些都是德性的目标，而且主要是爱的对象。具有德性的人倾向于这些目标，不是作为某种异己之物，而是作为他们自身固有之物。正因如此，说旧法律“抑制着手而不是意志”。[②] 因为当一个人

---

① 问题62，第2节。

② 参照彼得·伦巴德，《嘉言录》，卷三，第四十章，第一节（Ⅱ，734）。

因畏惧惩罚而抑制某些犯罪时，他的意志并不像一个因正义之爱而抑制犯罪的人那样绝对地退缩。因此，新法律是爱的法律，它抑制的是意志。

然而，在《旧约》时代也有一些人拥有圣神的爱和恩宠，他们渴念的主要是精神的和永恒的许诺。就此而论，他们属于新法律。同样，在《新约》时代也有一些世俗的人尚未达到新法律的完美。正因如此，即使在《新约》之下也需要通过惩罚的威胁和现世的许诺引导他们行德性行为。

但是，尽管旧法律也包含着爱的训令，它却不赐予人圣神，而正是借着圣神"天主的爱倾注在我们心中"(《罗马书》第5章5节)。

答复3：如前所述，新法律被称作"信德的法律"，因为它的卓越性派生于内在地赐予信仰者的恩宠，由此它也被称为"信德的恩宠"。[①] 然而，它在次要意义上也由特定的行为构成，其中包括道德的行为和圣礼的行为。但是，新法律不像旧法律那样，主要由后面的这些东西构成。那些处于《旧约》之下通过信德而为天主中悦的人，从这方面来说也属于《新约》，因为他们称义只是因为对基督的信仰，基督正是《新约》的根源。因此，对于梅瑟，宗徒说(《希伯来书》第11

① 问题106，第1节和第2节。

章 26 节）：他“以默西亚的耻辱比埃及的宝藏更为宝贵”。

第二节　新法律是否成全旧法律？

我们这么展开第二节：

反论 1：新法律似乎不成全旧法律。因为成全和废除恰恰相反。但是新法律废除或者排除对旧法律的遵守，宗徒说（《迦拉达书》第 5 章 2 节）：“若你们还愿意受割损，基督对你们就没有什么益处。”所以，新法律并不成全旧法律。

反论 2：再者，对立面不会成全相反的一面。但是，我们的主在新法律的训令中提出了与旧法律的训令相反的东西。因为我们读到（《玛窦福音》第 5 章 27—32 节）：“你们一向听说过给古人说……‘谁若休妻，就该给她休书’，我却给你们说：……凡休自己的妻子的，便是叫她受奸污。”而且，这也适用于禁止发誓、禁止报复和禁止恨仇人的禁令。同样地，我们的主似乎也废除了关于区分不同种类的食物的旧法律训令（《玛窦福音》第 15 章 11 节）：“不是入于口的，使人污秽；而是出于口的，才使人污秽。”因此，新法律并不成全旧法律。

反论 3：再者，任何违反法律的行为都不成全法律。但是基督的行为在某些情况下却违反了法律。因为他曾接触癞病人(《玛窦福音》第8章3节),这是违反法律的。同样,他也似乎经常破坏安息日的规定,犹太人经常说他(《若望福音》第9章16节):“这人不是从天主来的,因为他不遵守安息日。”因此,基督没有成全法律,他颁布的新法律也不是旧法律的成全。

反论4:还有,如前所述,旧法律包括道德训令、礼仪训令和司法训令。[①] 但是,我们的主(《玛窦福音》第5章)在某些方面对法律有所成全,却没有提到司法训令和礼仪训令。因此,新法律似乎不是旧法律的全面成全。

但是相反,我们的主说(《玛窦福音》第5章17节):“我来不是为废除,而是为成全。”他接着说(第18节):“一撇或一画也绝不会从法律上过去,必待一切完成。”

我的回答是,正如前述,新法律与旧法律的对比就像完美者与不完美者的对比。那么,完美之物必然是不完美之物的成全。因此,新法律会通过为旧法律补充其所缺乏之物而成全它。

旧法律中有两个方面有待思考:它的目的以及它所包含的训令。

---

① 问题99,第4节。

如前所述,任何法律的目的都在于使人正义并富有德性。[①] 因此,旧法律的目的也是使人称义。然而,这法律没能实现这一点,而只是通过某些礼仪行为象征了它,并借助话语许诺了它。就此而论,新法律基于基督苦难的效能使人称义从而成全了旧法律。这就是宗徒所说的(《罗马书》第 8 章 3、4 节):"法律因肉性的软弱所不能行的,天主却行了:他派遣了自己的儿子,带着罪恶肉身的形状,作赎罪祭,在这肉身上定了罪恶的罪案,为使法律所要求的正义,成全在我们今后不随从肉性而随从圣神生活的人身上。"在这一点上,新法律给了旧法律所许诺的,正如《格林多后书》第 1 章 20 节所言:"天主的一切恩许,在他内(即在基督内)都成了'是'。"在这一点上,新法律也成全了旧法律所象征的。因此,经上说(《哥罗森书》第 2 章 17 节)礼仪训令是"未来事物的阴影,至于实体乃是基督"。换言之,真理出现在基督之中。因此,新法律又称为真理的法律,而旧法律则称为"影子"或"象征"的法律。

基督对旧法律训令的成全既在于他的行动,也在于他的教义。在行动上,他愿意行割损礼,并履行其他的法律守则,这些在那里具有约束力,正如《迦拉达书》第 4 章 4 节所

---

① 问题 92,第 1 节。

言:“生于法律之下。”在教义上,他以三种方式成全着法律的训令。首先,他解释了法律的真正含义。这清楚地表现在对于杀人和奸淫的解释上。经师和法利赛人认为对它们的禁令只涉及外在的行为;而我们的主则指出这禁令也延伸到内在的罪,以此成全法律。其次,他通过规定服从旧法律条文的最妥当的方式成全了法律的训令。例如,旧法律禁止假誓,那么整个地戒除发誓,紧急情况除外,就更能避免这一点。第三,我们的主通过增加一些劝告成全了法律的训令。这可以从《玛窦福音》第19章21节明显看出,该处主对自称遵守了旧法律全部训令的人说:“你还缺少一样,你若愿意成全的,去!变卖你所有的一切,等等。”

答复1:如前所述,除了礼仪训令,新法律并没有废除对旧法律的遵守。① 礼仪训令是对某些未来之事的象征。如果它们所预示的那些事物已经实现,那么这些礼仪训令就得到了遵守。这个事实也表明它们不需要再遵守。如果它们还要遵守,那么就意味着它们仍是有待实现、尚未成全之物。对未来恩赐的许诺在该恩赐交付完成后就不再有效。同样,法律的礼仪实现后就废除了。

答复2:正如奥古斯丁所言,我们主的那些训令并不违

① 问题103,第3节和第4节。

反旧法律的训令。[1] 我们的主命令不准休妻，这并不违反法律的规定。"因为法律不是说：谁愿意休妻，就该休妻。若这样的话，不休妻反而与法律相反了。但是，法律不愿意丈夫休妻，于是就规定了一个拖延，旨在通过写休书的过程弱化过度的离婚渴望，并直至它消失殆尽。因此，为了强调不应轻易休妻的事实，我们的主规定除了奸淫之外，不准许其他例外。"[2]同样的道理也适用于禁止发誓的禁令。对于报复的禁令也非常清楚。法律规定了报复的限制，禁止人们不合理的报复。我们的主命令人们戒除报复，更为彻底地防止了报复。关于对敌人的仇恨，主消除了法利赛人的错误解释，劝告我们要仇恨的不是人，而是罪恶。对于不同种类食物的区分，这是礼仪的问题，我们的主并没有禁止对它们的遵守。但是，如前所述，他表示没有自然地不洁净的食物，只是在象征其他事物时如此。[3]

答复3：法律禁止接触癞病人，这是因为如前文所述，[4]这么做人会招致不洁，接触尸体也是如此。但是，我们的主治愈癞病人，而不会染上不洁。他在安息日所行之事并不

---

① 《驳法斯特》，卷十九，第二十六章（PL 42, 364）。

② 参照圣·奥古斯丁，《登山宝训注论》（*De Serm. Dom.*），卷一，第十四章（PL 34, 1248）。

③ 问题 102，第 6 节，答复 1。

④ 同上，第 5 节，答复 4。

会真正地打破安息日，这就像导师自己在福音中所指出的。这既是因为他以神圣的大能行奇迹，而这种大能在万物之中都一直是活动的；也是因为他的行动涉及人的拯救，而法利赛人也在安息日关心动物；还因为他在紧急情况下允许其门徒在安息日掐麦穗吃。而根据法利赛人的迷信解释，他似乎打破了安息日，他们认为人应当在安息日戒绝一切活动，甚至是善良的活动。这是与法律的目的相悖的。

答复4：之所以在《玛窦福音》第5章没有提到法律的礼仪训令是因为，如前所述，它们的遵守因完成而废除了。但是，对于司法训令他提到了报复。因此，他对它所说的内容应当也适用其他的内容。关于这条训令，他教导说，法律的目的要求以出于正义之爱追求报复，而不是作为出于仇恨怨气的惩罚，这是他所禁止的。为此，他劝导人们准备接受更大的侮辱。这点在新法律中仍然存在。

第三节　新法律是否包含在旧法律之中？

我们这么展开第三节：

反论1：新法律似乎不包含在旧法律之中。因为新法律主要由信德构成，由此它也称作“信德的法律”（《罗马书》第3章27节）。但是，新法律之中所提出的许多信仰问题并不包含在旧法律之中。因此,新法律不包含在旧法律之中。

反论2:再者,对《玛窦福音》第5章19节经文("谁若废除了这些诫命中最小的一条")的一个注解说,那些法律的诫命是较小的诫命,而福音所包括的那些诫命是较大的诫命。[①] 而大的不能包含于小的之中。因此,新法律不包含于旧法律之中。

反论3:还有,谁拥有了容器便拥有了里面的内容。因此,如果新法律包含于旧法律之中,那么在人们已经有了旧法律之后再给他新法律就颇为多余了。因此,新法律并不包含于旧法律之中。

但是相反,《厄则克耳》第1章16节说:"轮子套在轮子里。"教宗格列高利对此的解释是:"新法律处于旧法律之中。"[②]

我的回答是,说一件事物包含于另一件事物之中这有两种意思。首先,现实地,如形体物处于某处空间;其次,潜能地,如结果处于原因之中,或者完成的处于未完成的之中。因此,属包含着它的类,而一粒种子在潜能上包含着整株大树。在这个意义上,新法律包含于旧法律之中,因为前

---

① 参照圣·奥古斯丁,《登山宝训注论》,卷一,第一章(PL 34, 1231)。

② 《厄则克耳释义》,卷一,第六章(PL 76, 834)。

面已经说过,新法律与旧法律相比就像完美者之于不完美者。因此,“金口”克里索斯托在解释《马尔谷福音》第4章28节(“土地自然生长果实:先发苗,后吐穗,最后穗上满了麦粒”)时说:“他先显示了苗,即自然法;后显示了穗,即梅瑟的法;最后显示了满粒,即福音的法。”[①]是以,新法律包含于旧法律之中就像麦粒包含于麦穗之中。

答复1:关于信仰《新约》是以明确和清晰的方式提出的,而在《旧约》之中则是以隐含和象征的方式提出的。相应地,甚至对于信仰的内容,新法律也包含于旧法律之中。

答复2:之所以说新法律的训令比旧法律的大是因为它们规定得更为明确。但是,就《新约》训令的本质而言,它们都包含于《旧约》之中。因此,奥古斯丁说,“主用‘我却给你们说’所劝告和命令的,几乎在那些旧约的经卷中都可以发现”。[②] 然而,“由于他们认为杀人仅仅是对人身体的杀戮,我们的主对他们宣布伤害兄弟的每一恶念都算作一种杀人”。[③] 正是这些宣布才使得有人说新法律的训令比旧法律的训令更大。然而,没什么东西可以阻止更大的以潜能的形式包含于更小的之中,这就像一棵树可以包含于种子之

① 显然不是圣·若望·克里索斯托(St. John Chrysostom)的观点。

② 《驳法斯特》,卷十九,第二十八章(PL 42, 366)。

③ 见前揭书,卷十九,第二十三章(PL 42, 361)。

中一样。

答复3:隐含之物有待明确地宣布。因此,在旧法律公布之后,就必须颁布一种新法律。

第四节　新法律比旧法律更为繁重吗?

我们这么展开第四节:

反论1:新法律似乎比旧法律更为繁重。因为"金口"克里索斯托说:"梅瑟的诫命容易遵守:如不可杀人,不可奸淫。但是,基督的诫命难以执行,如不可发怒,不可贪恋。"① 因此,新法律比旧法律更为繁重。

反论2:再者,享受现世的荣华比承担困苦更为容易。但是,在《旧约》之中遵守法律的结果是现世的荣华,这可以从《申命纪》第28章1—14节推论出来。而遵守新法律的那些人则要承受诸多的困苦,正如《格林多后书》第6章4—10节所言:"处处表现我们自己,有如天主的仆役,就是以持久的坚忍,在艰难、贫乏、困苦之中,等等。"因此,新法律比旧法律繁重。

---

① 参照伪克里索斯托(Pesudo-Chrysostom),《玛窦福音释义》,卷十,关于第五章,第19节(PG 56, 687)。

反论 3：还有，另外增加的东西即是增加的负担。但是，新法律是增加到旧法律之上的东西。旧法律禁止假誓，新法律甚至禁止发誓；旧法律规定不给休书不许休妻，新法律却绝对禁止休妻。按照奥古斯丁的解释，这从《玛窦福音》第 5 章 31 节以下可以清晰地看出来。[①] 因此，新法律比旧法律更为繁重。

但是相反，经上写道（《玛窦福音》第 11 章 28 节）："凡劳苦和负重担的，你们都到我跟前来。"希拉里（Hilary）解释说："他所召唤的是那些人，他们因法律之负担感到困苦，因世界的罪恶而感到负重。"[②]对此他进一步说到福音的轭："因为我的轭是柔和的，我的担子是轻松的"（《玛窦福音》第 11 章 30 节）。因此，新法律比旧法律负担更为轻缓。

我的回答是，关于法律的训令所涉及的德性行为有两重困难。一是在外在的事项上，它们本身具有一些困难和艰难。在这方面，旧法律比新法律更为繁重，因为通过不计其数的礼仪，旧法律比新法律规定了更多的外在行为，而新法律除了自然法之外，对于基督和宗徒的教义尽管圣教父有所规定，但很少增加另外的内容。即使对于这些，奥古斯

---

① 《登山宝训注论》，卷一，第十四章（PL 34，1248）；《驳法斯特》，卷十九，第二十三章及二十六章（PL 42，361；364）。

② 《玛窦福音释义》，关于第十一章，第 28 节（PL 9，984）。

丁说应适当遵守,以免善良的行为变成了信众的负担。他在回答雅纳略(Januarius)时说:"虽然天主以其仁爱要求宗教成为一种自由的服务,只有少数最为简单圣礼的庆祝,但是某些人却使它成了奴役般的负担,以致犹太人只是遵守法律的的圣礼,而不遵守人为的设置,反而更可容忍。"①

另一种困难在于行善时的内心方面,例如,要人迅捷、快乐地行善。这个困难正是德性所要解决的,因为这么行为对于没有德性的人是困难的,但是如果有德性却是容易的。就此而言,新法律的训令比旧法律更为繁重,因为新法律禁止制止灵魂的内在运动,这在旧法律之中并没有明确地禁止,尽管它们在某些情况下是禁止的,但是却没有任何的惩罚。这对于没有德性的人是十分困难的。正如大哲学家所言,行义人之行并不难,但是,以同样的方式去行,即快乐、迅捷地去行,对于不是义人的人却是困难的。② 相应地,我们在经上读到(《若望福音》第5章3节):"他的诫命并不沉重。"奥古斯丁在解释这句话时说:"对于那些喜欢的人而言并不沉重,但是对于那些不喜欢的人却是沉重的。"③

---

① 《书信集》,第五十五篇,第十九章(PL 33, 221)。

② 《伦理学》,卷五,第九章(1137a 5)。

③ 《论自然与恩宠》(*De Nat. et Grat.*),卷六十九(PL 44, 289);《论完美正义》(*De Rerfect. Iust.*),卷十(PL 44, 302)。

答复1:所援引的段落明确地说明了新法律在有意抑制内在活动方面的困难。

答复2:遵守新法律的人所遭受的苦难并不是法律本身所施加的。而且它们也容易忍受,因为那法律是由爱构成的。正如奥古斯丁所言:"爱似乎使一切困苦甚至超出我们能力的事物变得轻微和容易。"[1]

答复3:正如奥古斯丁所言,为旧法律的训令添加这些内容的目标是要更为容易地践行它所规定的行为。[2] 因此,这并不能证明新法律更为繁重,相反却可以表明它的负担更轻。

---

① 《证道集》(*Serm.*),卷七十,第三章(PL 38, 444)。

② 《登山宝训注论》,卷一,第十七章及第二十一章(PL 34, 1256; 1265);《驳法斯特》,卷十九,第二十三章及第二十六章(PL 42, 362; 365)。

问题一百零八　论新法律的内容

（四节）

我们现在要思考新法律所包含的内容。在这一论题之下有四点需要探讨:(1)新法律是否应当命令或禁止任何外在行为？(2)新法律在命令或禁止外在行为上是否作出了充分的规定？(3)在内在行为上它对人的指导是否充分？(4)它是否以一种合理的方式把劝告添加于训令之上？

第一节 新法律是否应当命令或禁止任何外在行为?

我们这么展开第一节:

反论1:新法律似乎不应命令或禁止任何外在行为。因为新法律是天国的福音,《玛窦福音》第24章14节说:"天国的福音必先在全世界宣讲。"但是,天主的国不在外在行为,而在内在行为。正如《路加福音》第17章21节所言:"天主的国就在你们内";《罗马书》第14章17节也说:"天主的国并不在于吃喝,而在于义德、平安以及在圣神内的喜乐。"因此,新法律不应当命令或禁止任何的外在行为。

反论2:再者,新法律是"圣神的法律"(《罗马书》第8章2节)。但是,"主的神在哪里,哪里就有自由"(《格林多后书》第3章17节)。当人必须去做或不做某些外在行为时就没有自由。所以,新法律没有命令或禁止任何外在的行为。

反论3:还有,一切外在行为都被视为与手相关,正如内在行为与灵魂相关。但是,这种区别对应于新旧法律即是:"旧法律抑制手,而新法律抑制灵魂。"[①]因此,新法律不应包

① 彼得·伦巴德,《嘉言录》,卷三,第四十章,第一节(Ⅱ,734)。

含关于外在行为的命令和禁止，而仅仅是关注内在行为。

但是相反，新法律使人成为“光明之子”。因此，经上写道(《若望福音》第12章36节)：“你们应当信从光，好成为光明之子。”要变成光明之子就应行光明的事迹，抛弃黑暗的羁绊，正如《厄弗所书》第5章8节所言：“从前你们原是黑暗，但现在你们在主内却是光明的，生活自然要像光明之子一样。”

我的回答是，正如我们前述所言，新法律主要由圣神的恩宠构成，它表现为以爱行事的信仰。[①] 人通过天主化身为人的子成为这种恩宠的接受者，恩宠首先充满他的人性，然后流到我们之中。因此，经上说(《若望福音》第1章14节)：“圣言成了肉身”，接着说，“满溢恩宠和真理”，后面又说，“从他的满盈中，我们都领受了恩宠，而且恩宠上加恩宠”。还补充说，“恩宠和真理是由耶稣基督而来的”。因此，这就变成了从道成肉身而来的恩宠应当通过某些可以外部感知的东西传递给我们，并且从这使肉身服从精神的内在恩宠中产生一些外在活动。

相应地，外在行为与恩宠有两种联系。首先，以某种方式导向恩宠。这就是新法律之中规定的圣事行为，例如，洗

① 问题106，第1节和第2节。

礼、圣餐,等等。

其次,有些外在行为是恩宠推动产生的。对此也有所分别。有些外在行为与内在恩宠,即以爱行事的信仰,必然相符或者必然相悖。这些外在行为是新法律所命令或禁止的。因此,信仰的告白是受命令的,而信仰的否认则是被禁止的。因为经上写道(《玛窦福音》第10章32、33节):“凡在人前承认我的,我在我天上的父前也承认他;但谁若在人前否认我,我在我天上的父前也必否认他。”另一方面,有些外在行为并不必然与以爱行事的信仰相符或者相悖。这些行为在新法律之中并没有通过其原初的规定加以命令或者禁止,立法者基督把它们留待个人决定。于是每个人都可以自由地决定应当做什么或者不做什么,每个上级都可以自由地指导下级应当做什么或者不做什么。因此,就此而论,福音也被称作“自由的法律”,因为旧法律规定甚多,留待个人自由选择和决定的地方很少。

答复1:天主的国主要由内在行为构成,但是,作为结果,内在行为所必要的一切事物也都属于天主的国。因此,如果天主的国是内在的正义、和平和精神的喜乐,那么所有与正义、和平和精神的喜乐不相容的外在行为都与天主的国相悖。另一方面,那些与前述无关的事项,例如吃这种食物还是那种食物,都不属于天主的国。正因如此,宗徒才在援引的段落前说:“天主的国并不在吃喝。”

答复2:按照大哲学家的说法,谁是自己的原因便是自由的。[①] 所以自愿地去行为就是自由的行为。出于自愿的行为即是出于习惯的行为,这是合于自然本性的,因为习惯倾向于按照自然的方式行为。然而,如果习惯与自然相悖,那么人就不是在按照其自然本性行为,而是按照影响其自然本性的某种腐败状况行为。由于圣神的恩宠类似于赐给我们的一种内在习惯,使我们倾向于正当地行为,它使我们选择那些与恩宠相符的事情,同时避免相反的事情。

相应地,新法律被称为自由的法律,这有两个原因。首先,因为它不迫使我们去做或不做某些事情,除非是那些为拯救所必要或者为拯救所反对并处于法律的命令或禁止之内的事情。其次,因为它使我们自由地遵守这些命令或禁止,我们在恩宠的推动下去做这些。正是由于这两个原因,新法律才被称作“赐予自由的完美法律”(《雅各伯书》第1章25节)。

答复3:新法律在抑制灵魂的混乱活动时,也需要抑制手的混乱行为,因为那是内在活动所产生的。

---

① 《形而上学》,卷一,第二章(982b 26)。

第二节　新法律关于外在行为规定得是否充分?

我们这么展开本节:

反论1:新法律关于外在行为似乎规定得不充分。因为以爱行事的信仰似乎主要属于新法律,正如《迦拉达书》第5章6节所言:"在基督耶稣内,割损或不割损都算不得什么,唯有以爱德行事的信德,才算什么。"但是,新法律明确宣布了旧法律中没有直接提出的一些信仰要点:例如,三位一体之信念。因此,它也应增加了某些旧法律没有规定的外在道德行为。

反论2:其次,如前所述,旧法律不仅规定了圣事,也规定了某些圣物。[①] 但是,新法律虽然规定某些圣事,但我们的主似乎没有规定圣物(例如,关于殿宇和器皿的祝圣,或者关于节日的庆祝)。因此,新法律对外在行为规定得不充分。

反论3:再者,正如我们在讨论旧法律的礼仪时所讲到的,[②]旧法律之中既存在着某些与天主的祭司相关的守则,

---

① 问题101,第4节;问题102,第4节。

② 问题101,第4节;问题102,第6节。

也存在着某些关于民众的守则。新法律似乎已经为天主的祭司规定了某些守则，这可以从经文推断出来：《玛窦福音》第10章9节："你们不要在腰带里备下金、银、铜钱"，也不要拥有该处和《路加福音》第9章和第10章所提到的东西。因此，在新法律之中也应当规定了某些与信众相关的守则。

反论4：还有，在旧法律之中，除了道德训令和礼仪训令，还有一些司法训令。但是，新法律没有司法训令。因此，新法律对于外在行为规定得并不充分。

但是相反，我们的主说（《玛窦福音》第7章24节）："凡听了我这些话而实行的，就好像一个聪明人，把自己的房屋建在磐石上。"但是，睿智的建造者不会忽视建筑的必备之物。因此，基督的话包含了人之拯救所必要的一切事物。

我的回答是，正如我们前述所言，新法律必须规定只为恩宠的接受或使用所必要的那些命令或禁止。由于我们自身无法获得恩宠，而只能通过基督，所以基督就规定了那些我们藉以获得恩宠的圣事：例如，洗礼、圣餐、新法律的神品或圣秩（通过宗徒和七十二位弟子的确定）、忏悔和不可解除的婚姻。他通过派遣圣神许诺了坚振，而且我们也读到他规定宗徒们通过涂油治愈病患（《马尔谷福音》第6章13节）。这些都是新法律中的圣事。

恩宠的正确使用要借助爱德的行为。由于它们是德性所必需的,所以与道德训令相关,也构成了旧法律的部分。因此,新法律在外在行为方面没有什么可以添加的了。这些行为在涉及神圣崇拜的限定上属于法律的礼仪训令,在涉及我们的邻人上,则属于司法训令,这在前面都曾言明。[①]因此,由于这些限定结果自身并不必然与内在恩宠相关,而那正是构成新法律的内容,所以它们并不属于新法律的训令,而是留待人的决定。其中有些决定归属于臣民,此时训令是针对个人的;而其他的则归属于上级,世俗的或神性的,这时则与共同善相关。

相应地,除了圣事和那些与德性之本质相关的道德训令,例如,不可杀人、不可偷窃,等等,新法律没有其他的外在行为需要通过命令和禁止加以确定。

答复1:信仰问题超越于人类理性之上,所以除非借助恩宠我们无法获得它们。因此,当赐予了更为丰厚的恩宠,信仰的清晰度也会增加。另一方面,如前所述,[②]通过人类理性,我们被引向德性的行为,因为它是人类行为的尺度。因此,在这类事项上,没有必要在法律的道德训令之外颁布任何其他的训令,这些道德训令本源于理性的指令。

---

① 问题 99,第 4 节。

② 问题 19,第 3 节;问题 63,第 2 节。

答复 2:在新法律的圣事中,恩宠是赐予的,除非通过基督无法获得。因此,它们必须由他规定。但是在圣物上没有恩宠的赐予:例如,殿宇、祭坛等祝圣,或者节日的庆祝。因此,我们的主把这些事情留待信众们的审慎决定,因为它们自身与内在的恩宠没有任何必然的联系。

答复 3:我们的主给宗徒们颁布这些训令不是作为礼仪的守则,而是作为道德的条文。对于它们可以作两种理解。首先,按照奥古斯丁的观点,它们不是命令而是许可。[①] 主准许宗徒们传道时不带钱袋和手杖以及类似之物,因为他们被授权从传道对象那些获得生计。是以他接着说:“因为工人自当有他的工资。”传道者随身带着生活必需品,而不接受传道对象的赠予,就像保禄一样(《格林多前书》第 9 章 4 节以下),这也不是罪,而是职分之外的事情。

其次,根据其他圣人的解释,[②]可以把这些视为对那些宗徒的临时规定,当时他们正处于基督受难之前被派到犹大传道期间。这些宗徒犹如基督照管之下的孩子,他们需要得到基督的某些特别命令,就像所有的下属从其上级那里获得这些命令一样。尤其是,他们需要逐渐习惯于脱离

---

① 《论四福音书之和谐》(*De Consensu Evang.*),卷三十(PL 34, 1114)。

② 参照圣·若望·克里索斯托,《罗马书释义》,卷十六,第三章;圣·比德,《路加福音释义》(*In Luc.*),卷六,关于第二十二章,第 35 节(PL 92, 601)。

对现世事物的挂念,以适合在世界各处传布福音真道。只要旧法律的状态还在持续,而民众尚未获得神性的完美自由,那么我们就不会对他所规定某些固定的生活方式感到惊奇。他在受难之前不久就废除了这些条文,仿佛宗徒们自身已经变得足够熟练。因此,他说(《路加福音》第22章35、36节):"我以前派遣你们的时候,没有带钱囊、口袋及鞋,你们缺少了什么东西没有?他们说:什么也没有缺。"耶稣向他们说:"可是如今,有钱囊的,应当带着;有口袋的也一样。"因为完美自由的时代已经近了,与德性没有必然关系的事项都留待他们自行决定。

答复4:就它们自身而言,司法训令并非在任何特定的限定上都为德性所必需,而只是在正义的一般观念上如此。因此,我们的主把司法训令留待那些对他人具有世俗或神圣职责的人的审慎决定。但是,他却解释了一些旧法律的司法训令,因为正如我们后面所要讲到的,它们被法利赛人曲解了。

第三节　新法律在内在行为方面对人的指导是否充分?

我们这么开始第三章:

反论1:新法律在内在行为方面对人的指导似乎是不充

分的。因为在指导人与天主和邻人的关系上存在着十条诫命。但是,我们的主只部分地完善了它们,即关于禁止杀人、禁止奸淫和禁止假誓这三条。因此,由于忽略了对其他训令的完善,他对人的指导似乎是不充分的。

反论 2:在司法训令方面,我们的主在福音中除了休妻、报复和恨仇人的惩罚之外没有规定其他的东西。但是,如前所述,在旧法律之中还有其他许多的司法训令。[①] 因此,就此而论,他对人的指导是不充分的。

反论 3:旧法律不仅有道德和司法训令,还有礼仪训令,这是我们的主没有规定的。因此,他规定得似乎不充分。

反论 4:为了使心灵处于良好状态,人在行善事时不应为着任何现世的目的。但是,除了人的虚荣之外还存在着许多现世的利益;而且除了斋戒、施舍和祈祷之外,也还存在着许多其他的善行。因此,主教导说只有这三种行为而没有其他的世俗利益是我们需要避免虚荣的,这是不恰当的。

反论 5:对生活必需品的忧虑,这是自然灌输给人的,这种忧虑也是人与动物所共有的。因此,经上写道(《箴言》第 6 章 6、8 节):“懒汉,你去看看蚂蚁,观察它的作风……它在

① 问题 104,第 4 节;问题 105。

夏天却知准备食粮,在秋收时积贮养料。"但是,违背自然倾向的命令是不正义的,因为它与自然法相悖。因此,我们的主禁止对食物和衣物的忧虑似乎是不恰当的。

反论6:德性的行为不在禁止的范围之内。根据《圣咏集》第93章15节:"直到正义变成判断",判断是一种正义的行为。因此,我们的主禁止判断似乎是不恰当的,因此新法律在内在行为方面对人的指导是不充分的。

但是相反,奥古斯丁说:"我们应当谨记,当他说:'凡听了我这些话'时,他清晰地指出了基督徒生活得以成就的一切训令都在主的宝训中饱满了。"①

我的回答是,刚才所援引的奥古斯丁的话可以清楚表明,我们的主在《登山宝训》中囊括了基督徒生活的整个内容。那里人的内在活动得到了完整规定。因为他在宣布了人的至福目的之后,又指明了传教福音的宗徒们的权威,然后又规定了人的内在活动,首先是针对自身,其次是针对邻人。

针对自身有两点。这与人的两种内在活动相关,它们涉及任何未来的行为,即行为之意志和目的之意向。因此,首先,他在与各种法律训令的相互关系中规定了人的意志,

---

① 《登山宝训注论》,卷一,第一章(PL 34, 1231)。

规定人不仅要抑制那些本身即恶的外在行为，而且要抑制不良的内在活动和恶的机会。其次，他规定人的目的之意向，教导人们在行善时，既不应追求世人的虚荣，也不应追求世俗的财富，这些只是地上的财宝。

然后，他规定了与邻人相关的内在活动，一方面禁止我们仓促地、不公正地或专横地评判他人；另一方面也禁止我们轻易地把圣物托付给不值得信赖的人。

最后，他教导我们怎么履行福音的教义，即，要恳求天主的助佑，要努力进入完美德性的窄门，要小心谨慎不可因恶的影响而误入歧途。而且，他指出，我们必须遵守他的诫命，仅仅有信仰的表白、行奇迹，或者只听他的言，这些是不够的。

答复1：我们的主解释了完善经师和法利赛人所未能正确理解的那些训令的方法。因为他们认为禁止奸淫和禁止杀人只涉及外在的行为，不包括内心的欲望。而且，与偷窃和作假证相比，他们更容易对杀人和奸淫采取这种看法。因为杀人的愤怒和奸淫的欲望似乎在某种意义上来自我们的自然本性，而偷窃和作假证的想法却不是。他们对假誓也坚持着一种错误的观点。他们认为虽然假誓是一种罪，但起誓本身却是值得追求的，而且也经常采用它们，因为这些誓言似乎起源于对天主的尊敬。因此，我们的主指出誓言并不是一件值得追求的好事，最好不发誓言，除非在不得已的情况下。

答复2：经师和法利赛人在司法训令上的错误表现在两个方面。首先，他们认为某些在梅瑟法律之中以许可方式存在的事项自身即是正当的：如休妻、向外邦人放高利贷。而我们的主禁止休妻（《玛窦福音》第5章32节），以及禁止收取高利（《路加福音》第6章35节），他说："借出，不要再有希望。"

其次，他们错在认为旧法律之中因正义之故而应行之事应当出于报复的欲望，或者出于世俗利益的贪恋，或者出于对敌人的仇恨。这正是关于那三条训令的。他们认为报复是合法的，因为训令本身即涉及报复的惩罚。殊不知这条训令是为了保障正义，而不是为追求报复而颁布的。因此，为了废除这一点，我们的主教导人要做好思想准备以在必要时承受更大的痛苦。他们认为贪恋也是合法的，因为如前文所述，[①]司法训令规定赔偿被偷窃的东西要有所增加。殊不知法律规定这么做是为了保障正义，而不是鼓励贪婪。因此，我们的主教导我们不应当因贪心而索取财物，相反却应当随时准备以在必要的时候付出更多。他们还认

① 问题105，第2节，答复9。

为憎恨是合法的，因为在法律的诫命上有杀死敌人的规定。殊不知法律如此规定是为着正义的执行，而不是为了满足仇恨的心理，一如前述所言。[①] 因此，我们的主教导我们应当爱我们的敌人，做好准备以在必要时对他们行善事。正如奥古斯丁所言，这些训令都可以看作是"锻造成就它们的心灵"的。[②]

答复3：道德训令在新法律中必然仍具效力，因为它们自身即具德性之本质；而司法训令不一定要像旧法律已经确定的那样继续有效，而是要留待人们以某种方式自由决定。因此，我们的主对这两种训令作出了适当的指导。另外，在真理现身之后，礼仪训令的守则整个地被废除了，所以对于这些训令，他在颁布教义的概括要点时没有作出任何命令。然而，他在其他地方清楚地表明法律所确定的身体崇拜应变为精神崇拜，这从《若望福音》第4章21、23节可以明显地看出，他在该处说："到了时候，你们将不在这座山，也不在耶路撒冷朝拜父……那些真正朝拜的人，将以心神、以真理朝拜父。"

答复4：一切尘世的善都可以还原为三类，即荣誉、财富

---

① 问题105，第3节，答复4。

② 《登山宝训注论》，卷一，第十九章（PL 34，1260）。

和快乐。按照《若望一书》第2章16节的说法:"原来世界上的一切:肉身的贪欲",这指的是肉体的快乐;以及"眼目的贪欲",这指的是财富;"以及人生的骄奢",这指的是荣誉。旧法律不仅不准许过度的肉体快乐,而且相反还禁止它们。但是,它却准许高贵的荣誉和充裕的财富。对于前者它写道(《申命纪》第28章11节):"你若实在听从上主你的天主的话……上主你的天主必使你远超过地上所有的民族";对于后者我们进一步读到(第11节):"上主必使你满享幸福"。但是,犹太人误解了这些许诺的真正含义,以致认为我们应当以这些东西作为服侍天主的目的。因此,我们的主排除了它们,首先教导我们不应为虚荣而行德性行为。他提到了三件事,其他的一切东西都可以还原于它们。任何为了遏制人的欲望所做的都可归之于斋戒;任何为了邻人之爱所做的都可归之于施舍;而任何为了天主之崇拜所做的都可归之于祈祷。他之所以特别提到这些是因为它们占据首要的位置,而且是人为了虚荣最常做的。其次,他教导我们一定不要以财富为目的,他说:"你们不要在地上为自己积蓄财宝"(《玛窦福音》第6章19节)。

答复5:我们的主禁止的不是必要的忧虑,而是过度的忧虑。在现世之物中有四种忧虑是要避免的。第一,我们不要把衣食作为目的,也不要为它们而服侍天主。因而他说:“你们不要在地上为自己积蓄财宝。”第二,我们不要那么担心现世之物,以致对天主的助佑丧失信心。因此我们的主说(《玛窦福音》第6章32节):“你们的天父原晓得你们需要这一切。”第三,我们不要对自己的忧虑过于自持。换言之,我们不要对没有天主的助佑而以自己的努力取得生活必需品过于自信。我们的主说人不能运用思虑,使自己的寿数增加(第27节)。第四,我们不应提前忧虑的时间,即不去忧虑现在的需要,而去忧虑未来的需要。所以他说(第34节):“不要为明天忧虑。”

答复6:我们的主不禁止正义的判断,没有它就无法使圣物远离不值得信赖的人。但是如前文所述,他禁止不正当的判断。

第四节　在新法律中提出了某些固定的劝告合理吗?

我们这么展开第四节:

反论1:在新法律中提出某些明确的劝告似乎是不合理的。因为如前面在讨论劝告时所说的,劝告是有益于实现目的的。[①] 但是,同一事物并非对所有人都适宜。因此,不

① 问题14,第2节。

应当为所有人提出某些固定的劝告。

反论 2:其次,劝告与较大的善相关。但是对于较大的善不存在固定的等级。因此,不应当给予固定的劝告。

反论 3:再者,劝告与生活的完美相关。但是,服从属于生活的完美。因此,福音中没有包括服从的劝告,这是不合理的。

反论 4:还有,与生活的完美相关的许多事项都出现在诫命之中,例如,你们当爱你们的仇人(《玛窦福音》第 5 章 44 节),还有那些我们的主颁给宗徒们的训令(第 10 节)。因此,在新法律中规定劝告是不合理的,既是因为没有提到它们的全部,也是因为它们与诫命没有区别。

但是相反,智慧的朋友提出的劝告使人受益匪浅,正如《箴言》第 27 章 9 节所说:"香油和香料,能畅快人心;朋友的劝勉,能抚慰人灵。"但是,基督是我们最智慧和最伟大的朋友。因此,他的劝告也至为有用和最为合理。

我的回答是,劝告和诫命的区别在于,诫命包含着义务,而劝告则有待劝告对象的选择。因此,新法律作为自由的法律把劝告添加在诫命之上是合理的,但在旧法律中就不合理了,因为它是束缚的法律。我们必须要知道新法律的诫命已经规定了那些实现至福的目的所必需的事项,这个目的正是新法律直接指向的。但是,劝告就是那些使得这一目的更为确定、更为迅捷实现的东西。

人处于尘世之物和神性之物中间,后者则构成了永福;人越是贴近一个就会相应地疏远另一个。因此,人要是整个地贴近尘世之物,把它们作为自己的目的,并把它们视为自己行为的原因和规则,那么就会远离精神之物。诫命可以清除这种混乱。然而,人要想实现前述的目的,他无需一并抛弃尘世之物,因为他在利用尘世之物的同时,也可以实现永福,只要不把它们作为目的。但是,如果他全部放弃尘世之物,他就会更快地获得永福,这就是为何要颁布福音劝告的原因所在。

人生所用的尘世之物主要有三个部分:根据《若望一书》第2章16节所言,外在的财富与"眼目的贪欲"相关;肉体的快乐与"肉体的贪欲"相关;以及荣誉与"人生的骄奢"相关。福音劝告的内容就在于尽可能地全部放弃这三者。而且,任何宣称完美状态的宗教生活形式都建立在这三者之上:人生的清贫摈弃身外的财物,永恒的贞洁断绝肉体的快乐,顺服的束缚放弃生活的骄奢。

如果一个人绝对地遵守这些,这就属于绝对的劝告。但是,如果一个人只在特殊情况下遵守其中的一种,那么这就是限定意义上的劝告,即只适用于特殊情况。例如,一个人对一个穷人施舍,这不是他必须要做的,这是他在特殊的情况下遵从了劝告。相似地，当一个人在固定时段放弃肉体的快乐而安心祈祷，这也是在特定情况下遵从了劝告。还有，当一个人虽然可以根据他所愿意的行为，却没有按照他的意志去做时，他也是在特定情况下遵从了劝告：例如，他没有义务去善待敌人，他却善待了；或者他宽恕了伤害他的人，而他本可以正当地对此进行报复。以此类推，一切个别的劝告都可以还原为这三种一般的、完整的劝告。

答复1：前述的劝告就其自身而言，对于所有人都是适用的，只是因为有些人抱有恶意，结果就有点不适合他们，他们的性情不倾向于它们。因此，我们的主在提出福音的劝告时总是提到人遵守这些劝告的适应性。在提出终身清贫的劝告时（《玛窦福音》第19章21节），他先以此开始："你若愿意是成全的"；然后又补充："去！变卖你所有的。"同样，在提出永恒的贞洁时，他说（第12节）："有些阉人，却是为了天国，而自阉的"；然后又径直补充："能领悟的，就领悟罢"。宗徒在给出童贞的劝告后说（《格林多前书》第7章35节）："我说这话，是为你们的益处，并不是设下圈套陷害你们。"

答复2：较大的善在个别情况下是不固定的，但是，普遍的、无限的和绝对的较大的善是固定的。如前所述，所有个别的善都可以还原于它们。

答复3:即使是服从的劝告也可以被认为已经在我们的主的这句话中给出了:“来跟随我”(《玛窦福音》第16章24节)。因为我们不仅通过效法他的行迹跟随他,而且服从他的诫命也是跟随他,正如《若望福音》第10章27节所言:“我的羊听我的声音……他们也跟随我。”

答复4:我们的主关于真爱我们的敌人等说法所规定的那些事情(《玛窦福音》第5章和《路加福音》第6章),可以是指对心态的锻造,所以它们对于拯救而言就是必需的。例如,在必要的时候,人应当准备对其敌人行善,以及做出类似的行为。因此,它们被置于训令之列。但是,正如前述所言,当不存在特别的需要时,任何人也都应当真实地、迅捷地对敌人做出那样的行为,则属于特别的劝告。至于《玛窦福音》第10章和《路加福音》第9章、第10章所规定的那些事情,如前所述,它们或者是特定时间的训诫命令,或者是许可。因此,它们都不能被确定为劝告。

译后记

翻译并非总是一件令人愉悦的工作,尤其是像翻译托马斯·阿奎那《神学大全》(*Summa Theologica*)这样的作品,尽管这里译出的不过是这部鸿篇巨制的一个片段。没有人会怀疑《神学大全》是一部伟大的作品,伟大到足以忽视作者是如何创作出它的,伟大到足以忽视同一作者的其他作品。阿奎那在整个人类思想史上的地位都是毋庸置疑的。但与其法学思想相比,人们通常更关注他作为经院主义伟大神哲学家的身份。在《神学大全》这部宏伟著作之中他试图阐发一种究天人之际的庞大理论。就此而论,一部纯粹的法学著作对于他而言既无可能亦无必要。然而,如果离开法的观念就无法理解影响人类行动的外部因素,进而无法建立一种指向共同善的伦理体系,而这种伦理体系恰恰是阿奎那期许以之对抗异教伦理的理论追求。因此,最终我们在《神学大全》的道德神学部分发现了《论法律》(*De Lege*)。

阿奎那不是一个在修道院苦思冥想的僧侣,同样也不是一个躲进书斋与上帝静静对话的学者,相反,不论是在那不勒斯、巴黎还是罗马,他都是公共知识生活的积极参与者,他可以在巴黎大学的讲坛上与波纳文都激烈辩论神学问题,也可以在修道院职位上四处奔波,同时也不会拒绝担任法王路易八世国事顾问的邀请。就创作活动而言,阿奎那不是以一个法学家、法官或者律师的身份写作,但毫无疑问他精通之前的法学理论,了解当时的立法者、法官和监狱。因此,阿奎那在谈论法律时并不局限于实在法的思想,而是从启示、神学、形而上学、伦理学以及其他哲学分支中汲取养分,这既是13世纪的思想氛围使然,也是阿奎那自身理论的特色。今天我们反观阿奎那的法学思想,除了要明确定位其语词表达的含义,还要探究其写作的材料和方法,以此方得评估其对法律思想史的影响与贡献。

严格来说,阿奎那并非一个原创性很强的法学理论家。他在论及法律时借助了相当多的前人成果,他的独到之处在于把这些人的论点、论据加以融合，辨明真理谬误，从而形成逻辑连贯的理论。《论法律》中从问题九十到问题九十七就有141处权威引注，分别来自13位当时公认的或者阿奎那自认的权威。其中58处源自《圣经》，35处源自亚里士多德，26处源自圣·奥古斯丁，15处源自圣·伊西多尔，其余则涉及西塞罗等人。显然，《圣经》、亚里士多德、圣·奥古斯丁以及圣·伊西多尔在文本中具有举足轻重的作用。但对于圣·伊西多尔的引注来说，情况有些特殊。阿奎那在涉及法律部分频频引述他的原因在于他对古典时期的罗马法律思想多有评述，而且这些述评可以作为反论的论据加以澄清。因此，阿奎那对圣·伊西多尔的引述更多的是为了辨明这位先前法律专家的相应观点。就此而论，真正为《论法律》提供理论根基的则是《圣经》、亚里士多德和圣·奥古斯丁。这三者分别代表了启示、哲学（理性）和神学。因此，启示与理性、哲学与神学之间的张力就构成了《论法律》的整个理论基底。如果阿奎那在这一点上倒向了启示和神学，那么他在法学上的建树将会大打折扣。相反，通过把哲学思考贯彻始终，他提出了某种法哲学或法律理论。

本部分篇幅不大，但翻译过程颇费心力，虽已百般谨慎，但错漏之处仍在所难免。唯愿这些错漏成为以后努力的动力,督促笔者再次启程。最后,感谢本书编辑为笔者消除了诸多不堪卒读的错误,同时也感谢各位师友多年以来提供的无私帮助。

杨天江

2016 年 2 月 23 日于西南政法大学

图书在版编目(CIP)数据

论法律/(意)阿奎那著;杨天江译.—北京:商务印书馆,2016(2021.10重印)
(自然法名著译丛)
ISBN 978-7-100-12225-2

Ⅰ.①论… Ⅱ.①阿… ②杨… Ⅲ.①法理学—研究 Ⅳ.①D90

中国版本图书馆CIP数据核字(2016)第100793号

自然法名著译丛

论法律

〔意〕阿奎那 著

杨天江 译

商务印书馆出版
(北京王府井大街36号 邮政编码100710)
商务印书馆发行
北京通州皇家印刷厂印刷
ISBN 978-7-100-12225-2

2016年8月第1版　　开本880×1230 1/32
2021年10月北京第2次印刷　　印张13⅞

定价:42.00元